Hier hast du Libyen

Ein Leben im Dienst für die islamische Welt

Greg Livingstone

VTR

frontiers
überwindet Grenzen

Die englische Originalausgabe erschien unter dem Titel „You've Got Libya“ bei Monarch Books, an imprint of Lion Hudson plc

ISBN 978-3-95776-049-4
VTR, Gogolstr. 33, 90475 Nürnberg, Deutschland
http://www.vtr-online.com

Aus dem Englischen übersetzt von Christoph Herm

Umschlaggestaltung und Satz: Susanna Hansen
Umschlaghintergrundbild: Lion Hudson plc

Printed in Germany

Vielleicht setzen manche voraus, dass man solch ein Buch einfach der eigenen Frau widmet. Aber es gibt tatsächlich keinen Menschen auf der Erde oder im Himmel, der mir je mehr bedeutet hätte. Sally bewahrte mich davor, nach rechts oder nach links vom Weg abzukommen. Sie hielt mit mir durch, als andere aufgegeben hätten.

Geduldig hat sie uns 27-mal ein Zuhause eingerichtet!... von Pasadena nach Kuala Lumpur, von Beirut nach Toronto, von Uttar Pradesch nach Brüssel, von Philadelphia nach Buckinghamshire... und viele Male mehr. Meine Pionierin hörte nie auf, an mich zu glauben.

Ich werde dir, Sally, in alle Ewigkeit danken!

Inhalt

Vorwort

von George Verwer

Gründer und ehemaliger Internationaler Direktor von Operation Mobilisation

Dieses Vorwort schreibe ich mitten auf einer Konferenz in Atlanta, bei der es ausschließlich um die islamische Welt geht. Natürlich wurde Greg schon erwähnt. Sein Name und der Sallys sind allen geläufig, die diese Vision und Leidenschaft haben. Bevor er mithalf, Frontiers zu gründen (die einen fantastischen Dienst tun), arbeitete er mit uns bei OM – und dieses erstaunliche Stück Geschichte findet sich in diesem Buch.

Die islamische Welt und Länder wie Libyen repräsentieren die mit Abstand größte Gruppe von Völkern, die mit der Nachricht von Jesus als Retter noch nicht erreicht sind. Jeder, der der Bibel glaubt, sollte daran beteiligt sein, dagegen etwas zu unternehmen. Im Vergleich zu 1964, als Greg und ich zum ersten Mal in Indien unter Muslimen arbeiteten, haben wir einige große Durchbrüche in der islamischen Welt erlebt. Es gibt jetzt Dutzende von Volksgruppen wie die Berber in Algerien, unter denen sich eine ansehnliche Zahl von Muslimen Jesus zuwendet. Das liegt an Leuten wie Greg und Sally. Sie halfen, das Tempo anzugeben und begannen, den Lauf der Geschichte zu verändern. Aber es ist unser Gebet, dass dieses Buch dazu beitragen wird, dass sich noch mehr Leute beteiligen.

Das ist einer der Gründe dafür, dass ich dich dringend bitten möchte, dieses Buch mit offenem Herzen und Verstand zu lesen. Ich möchte dich auch dazu drängen, mehr als eins zu kaufen und es an jemanden weiterzugeben. Ich selbst plane, viele Hundert Exemplare zu kaufen und an Freunde und christliche Leiter zu verschenken.

Dieses Buch kann helfen, unseren Glauben wachsen zu lassen und uns einen Geist der Erwartung für die Zukunft zu geben. Heute werden Menschen wie Greg oft vor ihrer Geburt abgetrieben, was bestimmt eines der größten Verbrechen in der Geschichte der Menschheit ist. Ich bete, dass dieses Buch dazu dienen wird, dass Menschen sich von der Abtreibung als einer Möglichkeit abwenden und nach Alternativen wie einer Adoption suchen. Dann dürfen wir vielleicht noch mehr Greg Livingstones erwarten.

Greg und Sally scheinen in ihren reifen Jahren so hingegeben und aktiv zu sein wie eh und je – ein Vorbild für uns alle. Gott segne sie – und er segne dieses Buch.

Vorwort

von Mathias Schreiber

Leiter von Frontiers Deutschland

Nach der letzten Seite dieses Buches stand für mich etwas fest: Greg Livingstone gehört zu einer fast ausgestorbenen „Menschenrasse", die uns zunehmend verloren gegangen ist. Beim Lesen seiner Lebensgeschichte fühle ich mich bis in die Zeiten der Apostelgeschichte zurückversetzt.

Eine chaotische und schmerzliche Kindheit endet nicht in Kriminalität oder Psychiatrie, weil Jesus selbst Gregs Leben in den Griff bekommt. Und mit Jesus an der Seite erlebt er erstaunliche Dinge, die mich oft tief Luft holen lassen. Es ist Jesus, der ihn führt, aber es ist Greg, der sich darauf im Vertrauen einlässt. Ständig kommen mir beim Lesen Fragen nach Vernunft, Konsequenzen oder Machbarkeit in den Sinn. Kann man so etwas Frau und Kindern zumuten? Ist der Preis seines Handelns zu hoch? Wird das Geld reichen? Kann man wirklich mit dem Auto bis Indien fahren – und das ohne ADAC, Rückhol-Versicherung usw.? Was für ein herausforderndes Leben, oft ohne doppelten Boden.

In diesem Buch beschreibt ein Apostel sein Leben und Werk. Von Jesus beauftragt und ausgerüstet, die Gute Botschaft dorthin zu bringen, wo sie nicht bekannt ist. Diese Priorität steht bis heute über seinem Leben. Es ist die apostolische Gabe, die sein Familienleben, seine Freizeit (wo war die noch?) und seinen Dienst bestimmt. Vielleicht ist genau diese apostolische Gabe das, was in unserer westlichen Gemeindelandschaft ausgestorben ist. Jemand der groß denkt und träumt, der Impulse Gottes aufnimmt und ihnen nachgeht. Jemand, der bereit ist zu leiden, auf Schlaf zu verzichten, unbequeme Situationen in Kauf zu nehmen. Jemand, dessen Handeln nicht von Konsequenzen und Machbarkeit bestimmt ist. Von Jesus hören und tun. Auf geht's.

Ich kenne Greg seit über 25 Jahren. Greg ist kein Heiliger. Er denkt quer, provoziert, fordert zu neuem Denken heraus. Enttäuschungen, schwierige Situationen, Krankheiten oder familiäre Herausforderungen gehören zu seinem Weg. Aber an Jesus und seinem Auftrag hat er immer festgehalten. Greg setzt auch heute noch alles daran, dass Muslimen in der Liebe Jesu gedient wird. Ein Apostel in Rente? Nicht mit Greg.

Danke, lieber Bruder. Und danke, Sally, denn ohne Dich gäbe es diese Biografie nicht. Dein dienendes Herz, Deine Bereitschaft, den Mangel des Apostels auszugleichen und Deine Hingabe an den gleichen Auftrag sind uns ein großes Vorbild.

In Jesu Liebe verbunden!

Einführung

„Schmetterlinge im Bauch" beschreibt nur dürftig meine Gefühle, als ich bei der *Urbana* Missionskonferenz 1984 vor 17.000 Studenten sprechen sollte. Ich war der jüngste von vier Teilnehmern eines Podiumsgesprächs – und der, der am meisten Angst hatte. Die anderen Redner waren bekannte Größen der Weltmission: Ralph Winter, Sam Wilson und Warren Webster.

Was konnte ich sagen, ohne die Studenten zu langweilen? Ich hoffte, dass mir Billy Grahams Händedruck wenige Minuten zuvor eine besondere Salbung verliehen hatte. Und ich konnte nur sagen, was ich seitdem in unzähligen Veranstaltungen gesagt habe: „Ich war einmal ein ganz normaler Mensch."

Nun, ich war insofern normal, dass meine Welt aus dem bestand, was ich tun wollte. Ich tat das Nötige, um Schwierigkeiten zu vermeiden. Wie viele andere konzentrierte ich mich darauf, Freunde zu finden und Menschen so zu beeinflussen, dass es meinen Zielen diente. Ich war wirklich kein schlechter Kerl. Halt einfach normal...

Ich ging davon aus, dass es wichtig war, einen angesehenen Abschluss zu machen, die richtigen Leute kennenzulernen, Karriere zu machen, eine Frau und Kinder zu haben und mit netten Nachbarn in einer schönen Vorstadtsiedlung Amerikas zu leben.

Manche Leute möchten gern reisen und die Welt sehen. Mich interessierte das nicht – schon deshalb, weil ich kein scharfes Essen mag.

Insgesamt mochte ich auch Menschen nicht besonders. Meine Mutter hatte mir beigebracht: „Krieg die anderen, bevor sie dich kriegen." *Hochmütig* war ein Wort, das mich gut beschrieb. Ich hatte nie Freunde gehabt, wie sie die Bibel beschreibt – Menschen, die hingegeben waren, bereit, sich für andere zu opfern, lebenslang treu. Ich konnte mir kaum vorstellen, dass es solche Leute außerhalb von Romanen gab.

Da ich nie mit einem Vater, Onkel oder Brüdern gelebt hatte, war ich nicht mit praktischer Arbeit vertraut. Ich wusste, dass ich eine Arbeit finden musste, bei der ich mein Mundwerk einsetzen konnte, nicht meine Hände. Ich träumte davon, wie Perry Mason zu sein, der Fernseh-Anwalt in meiner Kindheit. Mein Plan war, irgendwie nach *Princeton* zu kommen und anschließend an einer genauso begehrten Universität Jura zu studieren.

Die Kraft, die mich trieb, war der Wunsch, „jemand" zu sein, den Respekt bedeutender Leute zu erlangen, es vielleicht sogar mal auf die Titelseite der *Time* zu schaffen. Noch Jahre später, nachdem ich angefangen hatte, Gottes Willen statt meinem eigenen zu folgen (jedenfalls soweit ich verstand, wie das ging), ließ meine Suche nach Anerkennung nicht merklich nach. Ich änderte nur das ersehnte Titelbild: *Christianity Today* statt der *Time*. Aber davon später mehr...

Es ist mir furchtbar peinlich, über die blödsinnigeren Aspekte meines Lebensweges zu reden. Mit den Jahren zeigte mir unser barmherziger Vater manche der versteckten Fehler, die mich unbewusst beherrschten (wie Psalm 19,13-14 sie beschreibt). Ich habe versucht, diese Fehler auf den folgenden Seiten nicht zu verschweigen. Ich hoffe, dass meine Geschichte die Hoffnung vermittelt, dass Gott uns trotz unserer immensen Unreife als schwache, egoistische Menschen gebraucht, wenn wir danach trachten, ihm zu gefallen.

Niemand kannte mein abstoßendes, wechselhaftes Verhalten mehr als meine fünfte Pflegemutter Ruth Ringle. Nachdem sie mich vor 2.500 Leuten hatte sprechen hören, platze es aus ihr heraus: „Oh Mann! Wenn der Herr Greg gebrauchen kann, kann er jeden gebrauchen!" Sie hatte den Nagel auf den Kopf getroffen.

Ich empfinde mich heute als sehr privilegiert. Mein himmlischer Vater ist so unvorstellbar großartig, dass er sogar mich gebrauchen konnte – ein Kind aus einer furchtbar kaputten „Nicht-Familie" mit dem seelischen Schaden und all den wenig beneidenswerten Eigenarten, die damit verbunden waren.

Für den Fall, dass ich je versucht wäre, mich für großartig zu halten, schickte Gott mir einmal einen demütigenden Traum:

Ich stand Schulter an Schulter mit vielen anderen auf einer Bühne im Himmel. Wir sahen auf eine Menge unzähliger Menschen. Ich merkte, dass der Herr selbst über mich sprach. Er erwähnte einige der Dinge, die in diesem Buch stehen. Ich fühlte mich großartig. Dann wandte ich mich einem Mann neben mir zu, der einen Kopf kleiner war als ich und offensichtlich aus einem anderen Zeitalter stammte. Ich fragte ihn: „Was hast du erlebt, Bruder?“ – „Oh“, antwortete er lässig, „ich wurde auf dem Scheiterhaufen verbrannt.“

Drei Wahrheiten

Ich bin überzeugt von drei Wahrheiten:

- Ungefähr 90 Prozent der Leute Gottes geben sich mit weniger als dem zufrieden, was er durch ihr Leben tun möchte.
- Gott möchte unsere Verfügbarkeit und Ausdauer, was Elisabeth Elliot einen „andauernden Gehorsam in derselben Richtung“ nannte (nach einem Zitat von Nietzsche).
- Es zaubert bestimmt ein Lächeln auf Gottes Gesicht, wenn wir seine Versprechen für bare Münze nehmen und danach handeln. Früher oder später verstehen wir, dass er schwache Menschen gebraucht, die danach hungern und dürsten, von ihm gebraucht zu werden. Meist geschieht das dann, wenn wir uns weisen, göttlichen Leitern unterordnen. Ganz egal woher du kommst, wie kaputt du bist oder wie viel Angst du hast – er wird dich gebrauchen, wenn du von ihm gebraucht werden möchtest und deine Hand nicht vom Pflug nimmst.

Eine Bitte um Verständnis

Durch meine Gedächtnislücken und verlorene Tagebücher habe ich ein paar Teile meiner Geschichte verloren. Die Chronologie ist alles andere als exakt. (Stimmt es, dass in meinem Alter jeden Tag 10.000 Gehirnzellen absterben?) Und es stellt sich die Frage, wie lange jemand über sich selbst daherplappern kann. Ich hätte gern mehr über die Menschen geschrieben, die Gott in meinem Leben gebraucht hat. Aber die Namen vieler, die ein wesentlicher Teil meiner Geschichte sind, wurden weggelassen. Das liegt zum einen an meinem schlechten Gedächtnis und zum anderen daran, dass manche von ihnen nicht genannt werden möchten. Viele unserer engsten Weggefährten verkündigen nach wie vor die Nachricht von Jesus an Orten, aus denen sie lieber wegen ihrer eigenen Fehler (und am liebsten gar nicht) ausgewiesen würden, als aufgrund der Erwähnung ihrer Namen in einem Buch. Trotzdem bedauere ich, dass ich sie nicht namentlich ehren kann. Wenn du einer dieser Weggefährten bist, wenn du einer der Diener des Vaters bist, die Gott zur Heilung in meinem Leben gebraucht hat – mögest du dafür viel Anerkennung im Himmel bekommen.

Greg Livingstone

Ja, ich möchte Christus durch und durch kennen; ich möchte die Kraft, mit der Gott ihn von den Toten auferweckt hat, an mir selbst erfahren und möchte an seinem Leiden teilhaben, sodass ich ihm bis in sein Sterben hinein ähnlich werde. Dann werde auch ich – das ist meine feste Hoffnung – unter denen sein, die von den Toten auferstehen. (NGÜ)

Philipper 3,10-11

KAPITEL 1

Ein unvorteilhafter Beginn

Vielleicht rebellierte mein Vater, Forrest Theodore Foss, damals in Boston im September 1939 innerlich gegen seine kontrollsüchtige jüdische Mutter. Er hatte vor einem Jahr sein Studium in Harvard abgeschlossen und fand seine Arbeit als Sozialforscher für die Stadt wohl nicht besonders spannend. Er hatte viel Spaß daran gehabt, in Harvard verschiedene gesellige Treffen zu organisieren. Aber wie sollte sein Leben weitergehen?

Vermutlich war mein Großvater Foss mit Tausenden anderer jüdischer Landarbeiter vom Typ des „Fiedlers auf dem Dach“ vor dem russischen Zaren nach Amerika geflohen. Unser Nachname könnte ursprünglich Fostoyewsky gelautet haben. Es ist nicht unwahrscheinlich, dass er bei der Einwanderung über *Ellis Island* auf eine „normale amerikanische Länge“ gekürzt wurde: Foss.

1939 hörte Forrest in Berichten, die aus Hitlerdeutschland drangen, dass seine jüdischen Volksgenossen dort wieder verfolgt wurden. Sollte er der Armee beitreten? Aber Präsident Roosevelt bestand darauf, dass es nicht Amerikas Krieg sei. Und Forrest war sowieso nicht der Typ, der unbedingt die Welt retten wollte.

Aber als Harvard-Absolvent erwartete man von ihm, dass er etwas darstellte und nicht nur jeden Tag ins Büro und abends wieder zu seiner Mutter nach Hause ging. Natürlich war sie nicht mit seinen Nachtklubbesuchen einverstanden, besonders, weil er keine Geschwister hatte, die in diesen Lasterhöhlen ein Auge auf ihn hätten werfen können. Aber ich nehme an, dass Foss genügend männlicher Stärke hatte, um passende Ausreden zu finden, damit er ein paar sexy Mädels treffen konnte.

Laura faszinierte ihn. Wie konnte dieses zierliche, hübsche und weniger als eineinhalb Meter kleine Wesen so geistreich sein? Sie war selbstsicher, witzig und verführerisch – ganz zu schweigen davon, dass ihre Kleidung ziemlich viel von ihren Beinen und ihrem gut entwickelten Busen zeigte. Bei ihren Wortgeplänkeln verschwieg sie tunlichst, dass sie es gerade mal so durch die *High School* geschafft hatte. Studieren hieß für sie, das Horoskop und den Unterhaltungsteil des *Boston Herald* zu lesen.

Allerdings gab es keine Zweifel daran, dass Forrests Mutter Natalie ein geeignetes jüdisches Mädchen für ihn aussuchen würde. Naomi Stevenson schien gut zu passen. Immerhin war ihr Bruder Professor an der Bostoner Universität. Als Forrest seiner Mutter eines Tages kleinlaut eröffnete, dass Laura, das heidnische Showgirl, schwanger war, beendete sie das Gespräch abrupt. Es spielte keine Rolle, dass Laura Berge die Tochter eines schwedischen Ingenieurs war, der für den Erfinder Thomas Edison und dessen Sohn Charles arbeitete. Für Natalie Foss war sie nichts als eine Schlampe.

Niemand wollte das Baby. Die Mutter nicht, der Vater nicht und auch keines der Großelternpaare. Tatsächlich gab es aber *jemanden*, der das Baby wollte. Dieser Eine hatte verkündet: „*Ich kannte dich, ehe ich dich im Mutterleibe bereitete, und sonderte dich aus, ehe du von der Mutter geboren wurdest, und bestellte dich zum Propheten für die Völker*" (Jeremia 1,5).

1939 war es nicht leicht, ein Kind abtreiben zu lassen, schon gar nicht im katholisch geprägten Boston. Jedenfalls war Laura nicht gewillt, eine OP in irgendeinem Hinterhof zu riskieren. Es blieb ihr also nichts anderes übrig, als das Kind zur Welt zu bringen.

Laura ließ einen Gegner nicht so einfach vom Haken. Sie machte Forrest unmissverständlich klar, dass er dafür zu sorgen hatte, dass sie das Baby im *Richardson House* in Brookline bekommen konnte (wo auch die Kinder der Roosevelts zur Welt kamen). Andernfalls würde sie mit dem größten Vergnügen die ganze Welt wissen lassen, mit wessen Kind sie schwanger war. Der Erpressungsversuch war erfolgreich. Zusätzlich zum besten Krankenhaus und den vollständig bezahlten Rechnungen bekam Laura noch Geld, um die Stadt verlassen zu können.

Ein unvorteilhafter Beginn

Das Baby Gregory Martindale Foss kam am 3. Mai 1940 zur Welt – wenige Tage vor Hitlers Blitzattacke auf Westeuropa. (Soweit ich weiß, besteht da kein Zusammenhang.) Warum meine Mutter mich Gregory nannte, werde ich nie erfahren. Gregory Peck war noch unbekannt, und einem der sechzehn Päpste namens Gregory zu Ehren hätte sie mich bestimmt nicht so genannt, selbst wenn sie die Kirchengeschichte gekannt hätte. Aber ich habe im Griechischen nachgesehen: Gregory bedeutet entweder „Krieger" oder „Wächter". Ich freue mich an der Idee, dass Jeremia 1,5 (... und sonderte dich aus, ehe du von der Mutter geboren wurdest...) sich auch auf unsere Namensgebung bezieht.

Martindale war der zweite Name meiner Mutter und der Geburtsname ihrer Mutter. Er wurde mir weitergegeben. Laura behauptete gern, ihre Mutter sei eine „Tochter der Amerikanischen Revolution" gewesen. Sie war fest von der Wahrheit dieser Behauptung überzeugt. Dabei war dieser Anspruch genauso fiktiv wie die Geschichte, die Mutter ihrer Mutter sei die Ehefrau eines reichen Farmers aus dem Süden vom Typ der *Scarlett O'Hara* gewesen. Laura behauptete auch, ich sei ein Nachkomme von *„Lighthorse Harry Lee"*, dem frühen amerikanischen Patrioten und Vater von General Robert E. Lee. Aber zu aller Enttäuschung war unser Harry Lee wahrscheinlich nur ein einfacher Schmied.

Meine Mutter fühlte sich der Wahrheit nie verpflichtet und überzeugte das Krankenhauspersonal davon, dass sie verheiratet und ich der legitime Sohn des Harvard-Absolventen Forrest Foss war. Sie unterschrieb sogar den Antrag auf meine Geburtsurkunde mit seinem Namen, sodass ich den Nachnamen Foss bekam.

Vermutlich bestand Forrests Mutter darauf, dass er Naomi Stevenson heiratete. Ich frage mich, warum er danach so schnell in die Armee eintrat. Er absolvierte im 90-Tage-Schnelldurchlauf eine Ausbildung für Offiziersanwärter, konzipiert, um schnellstmöglich viele Leute in den Krieg schicken zu können. Dann wurde er als Leutnant im 349. Regiment der 88. Infanteriedivision in den Dienst gestellt. Vier Jahre später, im Juni 1944, fiel er in Italien und wurde posthum mit der *Purple-Heart-Medaille* ausgezeichnet.

1969 stand ich auf dem amerikanischen Friedhof in Florenz an seinem Grab. Hier lag mein Vater, den ich nie kennengelernt und der mich nie gesehen hatte. Es hat mich immer verwundert, dass auf seinem Davidstern-Gedenkstein derselbe Rang eingraviert war, mit dem er vier Jahre vor seinem Tod seinen Dienst begonnen hatte: Leutnant. Die meisten Offiziere wurden während des Krieges schnell befördert. Ich frage mich, ob er runtergemacht, ob ihm die Beförderung verweigert worden war, weil er Jude war – oder ob er einfach (so wie ich) nicht in eine hierarchische Organisation gepasst hatte.

Will nicht jeder wissen, wie der eigene Vater war? Was hatte ein Mann, der mit Auszeichnung von Harvard absolviert hatte, überhaupt in der Infanterie verloren? War er der Streber, als den die Aufzeichnungen in Harvard ihn beschreiben, der gesellige Anlässe lediglich organisierte? Oder war er selbst der Partymensch?

Es scheint so, dass ich durch Gottes Fürsorge die entscheidenden Fähigkeiten meines Vaters vererbt bekam. Ich stelle mir gern meinen himmlischen Vater und Schöpfer vor, wie er 1939 auf die Erde heruntersieht und sinniert: „Die Missionare werden ein bisschen fade und stereotyp. Ich glaube, ich werde mal einen jüdischen Wissenschaftler mit einer lebhaften Revuetänzerin und Entertainerin zusammenbringen."

Viele Jahre später lernte ich den Typen-Indikator von Myers-Briggs, einen Persönlichkeitstest, kennen. Er half mir zu verstehen, dass vieles was wir tun und wie wir es tun, weder lobenswert noch sündig ist. Jeder von uns ist ein Original, das Gott der Vater als der perfekte Künstler zusammengesetzt hat. Ich lachte peinlich berührt als ich las, dass mein Persönlichkeits-Typ (ENTP) am wenigsten in der Gemeinde zu finden ist – es sei denn vorn auf der Bühne.

Da ich nie gelernt habe, mit meinen Händen praktisch zu arbeiten, danke ich Gott, dass ich Menschen unterhalten kann wie meine Mutter – aber dass ich es mit einer gedanklichen Tiefe tun kann, weil mein biologischer Vater mir einige entscheidende Fähigkeiten geschenkt hat.

KAPITEL 2

In Pflegefamilien

Laura Berge kam es nicht in den Sinn, Gregory zur Adoption freizugeben. Vielleicht war es der damit verbundene Papierkram, den sie zeitlebens hasste. Vielleicht war es einfach zu kompliziert. Jedenfalls stieg sie mit dem Baby unter dem Arm in einen Zug von Boston nach San Diego, um dort eine Arbeit als Entertainerin für die Soldaten zu finden. Zu diesem Zweck nahm sie den Vornamen ihrer Mutter und schuf sich damit den Künstlernamen Laura LaVanche.

Als wir in Chicago umsteigen mussten, trafen wir uns mit drei ihrer Tanten auf dem Bahnhof. Die Tanten boten an, den kleinen Gregory zu sich zu nehmen. Zweifellos spürten sie, dass Laura mehr daran interessiert war, in Nachtklubs zu singen als Mutter zu sein. Vielleicht wollte sie nicht zugeben, dass sie einen Fehler gemacht hatte. Unerklärlicherweise bestand sie darauf, das Baby zu behalten. Ihre Entschlossenheit schmolz aber dahin, sobald sie eine Arbeit als Sängerin in San Diego gefunden hatte. So war es nur praktisch, eine Pflegestelle für den kleinen Gregory zu finden.

Obwohl Laura nicht mütterlich war, kam sie gelegentlich zu Besuch. Einmal fand sie mich in einem Laufgitter außerhalb des Hauses, als es regnete – ohne eine Aufsichtsperson weit und breit. Also nahm sie mich mit und schlug wieder die Gelben Seiten auf, um die zweite Pflegestelle zu finden.

Ich weiß nicht, warum es bei der zweiten Stelle nicht funktionierte, aber die dritte war der emotionale Hauptgewinn. Fred Blauvelt war Veteran des Ersten Weltkrieges. Er hatte einen Granatsplitter im Bein und durch eine Gasvergiftung in den Schützengräben Frankreichs stark angegriffene Bronchien. 1941 gehörte er als Hausmeister in der *San Diego High School* praktisch zum Inventar. Seine Lieblingsgeschichten handelten von Ted Williams, einem Jungen aus San Diego, der mit den Red Sox aus Boston die höchsten Baseball-Ligen eroberte. Fred erinnerte sich noch daran, dass Ted früher durch die Schule gegangen war und einen abgesägten Baseball-Schläger geschwungen hatte, um seine Handgelenke zu stärken. (Da ich in Boston zur Welt kam und in San Diego „im Schatten von Ted William" aufgewachsen bin, ist es sicher nicht verwunderlich, dass ich ein leidenschaftlicher Fan der Red Sox bin, seit ich sieben war.)

Wenn ich wenigstens etwas emotionale Stabilität besitze, dann verdanke ich sie Gottes Planung. Er brachte mich in das bescheidene Heim der Blauvelts in San Diego. Mama Helen war eine starke Frau, die einen kleinen Jungen so an ihre Brust drücken konnte, dass es sich sicherer anfühlte als Fort Knox. Fred und Helen waren meine Freude.

Ich habe immer noch ein paar selbst gebastelte Alben, die an die großartigen Geburtstagsfeiern mit allen Nachbarkindern erinnern. Ich muss über die Fotos lächeln, die Papa Fred zeigen, wie er einem Fünfjährigen beizubringen versucht, Hammer und Säge zu gebrauchen oder den Garten mit einem Schlauch zu bewässern. Nicht alle Lektionen machten Spaß. Als ich eines Tages nicht gehorchen wollte, nahm Papa Fred einen kleinen Zweig vom Pfefferbaum vor dem Haus und gab mir einen Schlag damit. Ich war geschockt von meiner ersten „Tracht Prügel".

Offensichtlich nahmen die Blauvelts mich gelegentlich mit zur Gemeinde. Mein Album zeigt eine Bescheinigung der Sonntagschule, die ich als Sechsjähriger von der *Christian Church* bekommen hatte, der Denomination, die Blauvelts zumindest gelegentlich besucht haben müssen. Ich erinnere mich dunkel daran, dass ich davon fasziniert war, dass die Gemeinde sich in einem Kino versammelte und als Auftakt einen kurzen Film zeigte.

Wesentlich klarer erinnere ich mich daran, dass ich zehn Jahre später mit sechzehn durch die Tür eines anderen Kinos in Aspen, Colorado, in einen Gottesdienst ging. Die Figuren auf der Flanelltafel wirkten irgendwie vertraut. Hatte ich vielleicht die Geschichten vom Herrn Jesus gehört, als ich fünf war? Waren diese

Geschichten der Grund dafür, dass ich als Teenager der Botschaft vom Kreuz positiver gegenüberstand?

Gelegentlich kam meine Mutter zu den Blauvelts und nahm mich mit zu einer Show, in der sie sang. Ich saß dann jeweils bei dem Marinesoldaten, mit dem sie gerade befreundet war. Während im Pazifik immer noch der Zweite Weltkrieg tobte, fand ich mich in einem überfüllten Zuschauerraum mit Marinesoldaten und Seeleuten wieder. Plötzlich schlängelte sich das Bein einer Frau durch den Vorhang, umhüllt mit einem französischen Netzstrumpf. Die Männer tobten, schrien und warfen ihre Mützen in die Luft. Ich kann immer noch die gemischten Gefühle nachempfinden, die ich damals erlebte. Stolz: „Wow, das ist meine Mutter!“ Dann Sorge: „Wie werden sie alle ihre Mützen wiederfinden? Die sehen doch alle gleich aus!“

Die Begegnungen mit meiner Mutter während meiner ersten sieben Lebensjahre waren kurz. Nur wenige waren einprägsam, aber ein Ausflug sticht aus allen heraus. Als ich etwa vier war, nahm sie mich mit in die Innenstadt von San Diego und versprach, dass wir uns bei der *„Soda Fountain“*[1] einen Milchshake holen würden. Ich umklammerte meine kleine Fünf-Cent-Münze wie einen großen Schatz. Mama setzte mich am Tresen auf einen Barhocker und schärfte mir ein, dort sitzen zu bleiben, solange sie in einem anderen Laden Zigaretten holte.

Der Verkäufer schaute auf mich herunter und fragte: „Was willst'n, Kleiner?“ Ich brachte keine Antwort heraus, aber ich wusste, was ein Milchshake war, und wartete sehnsüchtig darauf. Er sah die Münze in meiner Hand, nahm sie und brachte mir eine Eiswaffel. Das war nun wirklich nicht das, was ich gewollt hatte. Fassungslos und mit Tränen in den Augen stieg ich von dem Hocker und lief aus der Tür, um meine Mutter zu suchen. Sie musste dieses Unrecht geraderücken! Geistesabwesend hielt ich das Eis in meiner Hand, aß es aber nicht, weil ich einen Milchshake wollte. Als ich meine Mutter auf der anderen Straßenseite sah, lief ich auf sie zu und übersah dabei völlig den Verkehr. Meine Mutter packte

1 „Soda Fountain“ war ein extra Tresen in einem Geschäft, z. B. einer Apotheke oder einer Drogerie, an dem Erfrischungsgetränke und Eis verkauft wurden; während Gregs Kindheit waren sie in den USA weit verbreitet.

mich und das Eis fiel auf den Gehweg. Bevor ich ihr von dem Missverständnis berichten konnte, schockte sie mich, indem sie mir den Hintern versohlte. Das war meine erste hautnahe Erfahrung mit Ungerechtigkeit.

Dieses Ereignis zeigt im Kleinen, wie unsere ganze Beziehung war. Wir verstanden uns nie wirklich. Ich wusste nie, was sie dachte, und sie machte sich nie die Mühe, nach meinen Gedanken zu fragen.

Auch das Glück bei den Blauvelts in San Diego war nicht von Dauer. Vor meinem siebten Geburtstag schlang Papa Fred seine Arme um mich und weinte unkontrolliert. Mama Helen war weg. Ich hatte keine Ahnung davon, dass sie mit Krebs im Sterben lag. Für mich war sie einfach „weggegangen". Vielleicht nahm ich an, dass Mama Helens Familie sich um uns kümmern würde. Schließlich besaß ihr Vater ein Chevrolet-Autohaus in der Stadt. Aber ihre Treue galt nur Helen, nicht mir und nicht einmal Fred, den sie immer für unter ihrem Niveau angesehen hatten.

Papa Fred wusste ganz bestimmt nicht, was er einem Siebenjährigen sagen sollte, der einmal mehr zurückgelassen worden war. Genauso wenig konnte er sich vorstellen, wie er mich allein aufziehen sollte. Er musste arbeiten gehen. Also rief er meine Mutter an.

KAPITEL 3

Verletzungen

Dass ich zu meiner Mutter zurückgeschickt wurde, bedeutete für uns beide kein schönes Wiedersehen. Zu dem Zeitpunkt war Laura Alkoholikerin und konnte nicht mehr singen. Aber genau wie ich ließ sie sich von ihren Schwächen nicht unterkriegen und hörte deshalb ihr ganzes Leben lang nicht auf zu arbeiten. 1947 hatte sie eine Arbeit als Bedienung in *Morrie's Bar & Grill* in La Jolla in Kalifornien gefunden.

La Jolla liegt nur 20 Kilometer nördlich von San Diego und ist ein weiterer wunderschöner Ort für die Reichen. Die Palmen und Kakteen werden an drei Seiten von Klippen und Stränden umgeben. Nicht dass mir das damals aufgefallen wäre. Ich war nie Surfer oder sonst ständig am Strand. Im Rückblick frage ich mich, warum ich damals so selten dort war. In meinem späteren Leben wurden Spaziergänge an verlassenen Stränden meine liebsten Rückzugsorte mit meinem Schöpfer. (Ich schaue immer noch voller Sehnsucht Jachten hinterher, aber ich werde wohl bis zur Wiederkunft des Herrn warten müssen!)

Laura war weder in der Lage noch willens, ihre Rolle als Mutter wieder einzunehmen. Deshalb rief sie ihre geschiedene, aber kinderlose ältere Schwester an und bat sie, ihre Arbeit als Empfangsdame in Manhattan aufzugeben und nach Kalifornien zu kommen.

Tante Charlotte war so verschieden von meiner Mutter wie Schwestern, die achtzehn Monate auseinander sind, es nur sein können. Charlotte war das Erbarmen in Person. Sie ging sogar davon aus, dass Hitler und Stalin „es wohl gut gemeint hatten“. Sie war nie westlich von Chicago gewesen. Aber ihr Mitgefühl muss sie bewogen haben, in den Süden Kaliforniens zu ziehen.

Wir werden erst in der Ewigkeit sehen, wie Gott durch Tante Charlotte wieder für mich sorgte. Sie blieb mit mir zu Hause, während meine Mutter bis in die frühen Morgenstunden bei *Morrie's Bar & Grill* arbeitete.

Gelegentlich musste Tante Charlotte abends noch lange bei der San Diego Times arbeiten. Dann nahm meine Mutter mich nach der Schule mit zu *Morrie's*. Die Gäste waren meist Männer und spendierten mir Cola und Erdnüsse. Ich sehnte mich nach Aufmerksamkeit von Männern. Sie zu bekommen war für mich ein bisschen so, als hätte ich Onkel. Es machte mir nichts aus, dass der Rauch so dicht war, dass man kaum ans andere Ende des Raumes sehen konnte. Bis heute fühle ich mich in Bars entspannter als in mancher Kirche.

Meine Mutter erzählte manchmal davon, dass sie sich einmal entschieden hatte, zu einem Treffen zwischen Eltern und Lehrern zu gehen. Als ich versuchte, sie davon abzuhalten, wollte sie unbedingt den Grund wissen. Verlegen gab ich zu, dass ich mich schämte, weil sie so klein war.

1949 ging meine Tante Charlotte nach New York City zurück. Meine Mutter setzte mich ohne die Begleitung eines Erwachsenen in ein Propellerflugzeug nach New Jersey. (Ich war erst neun. Das war wirklich schon sehr modern.) Opa und Oma Berge lächelten selten. Ich fühlte mich nie willkommen oder gewollt. Vielleicht empfanden sie, dass ihre verantwortungslose Tochter mich ihnen aufgehalst hatte.

Sie waren davon überzeugt, dass es ihre Pflicht war, mir Disziplin und gute Gewohnheiten beizubringen, weil es meine Mutter offensichtlich nicht konnte. Als ich bei einer Mahlzeit verpasste, die Schüssel mit den Kartoffeln anzunehmen, die Großvater mir reichte, ließ er sie fallen. Ich nehme an, dass die zerbrochene Schüssel mir eine Art von Lektion erteilen sollte.

Es war nicht alles schlecht dort. Zumindest war ich nicht allein. Opa Berge pendelte immer noch zur Fabrik der Edisons in Long Island. Mehrmals nahm er mich mit, um mir ein Stück Geschichte beizubringen. Bis zu seinem Tod bekam er Lizenzgebühren, weil er eine bessere Zündkerze für Autos entwickelt hatte. Ich war so hungrig nach seiner Zuneigung, dass ich ihn „Großkumpel" nannte – aber er verstand es irgendwie nicht.

Außer Charlotte hatte meine Mutter noch Martindale (Mart), Bob und Jim als Geschwister. Meine Großeltern drängten so oft wie möglich meinen Onkel Jim dazu, mich zu seinen Rendezvous mit meiner zukünftigen Tante Beth mitzunehmen. Noch Jahre später erinnerten wir beide uns daran, dass er mich mit Geld für Eis bestach, damit ich hundert Meter von der Parkbank entfernt spielte, auf der sie sich trafen.

Am Ende des Sommers 1949 kehrte ich nach La Jolla zurück. Ich war total überrascht, dass meine Mutter Bob Livingston geheiratet hatte. Bobs bescheidene Arbeit als Koch auf einem Thunfisch-Trawler war kein Spiegelbild seiner recht berühmten Eltern. Sein Vater hatte als Gegenüber von Tom Mix in Stummfilmen den bösen Buben mit dem schwarzen Hut auf dem schwarzen Pferd gespielt. Seine Mutter, bekannt als Madame Delorié, hatte den „Lov-é-Büstenhalter" der Firma *May* erfunden.

Als Neunjähriger hoffte ich, in Bob einen richtigen Vater zu bekommen. Aber diese Hoffnung wurde schnell zerschlagen. Wieder! Bob und meine Mutter stritten sich oft heftig und mit voller Lautstärke. Ich erinnere mich, dass ich oft aus der Hintertür lief, auf einen hohen Eukalyptusbaum kletterte und eine Stunde wartete, bis ihre Rage vorüber war.

Laura und Bob empfanden mich ganz klar als zusätzliche, ungewollte Pflicht, sodass ich oft zu Oma Livingston auf ihre Ranch in Valley Center bei Escondido abgeschoben wurde. Weit und breit gab es keine Geschäfte oder andere Möglichkeiten, mich zu vergnügen. Also vergnügte ich mich mit einem interessanten, aber einsamen Zeitvertreib, indem ich durch die Büsche in Omas riesiger Voliere streifte, die voller Fasanen und Pfaue war. Oder ich war in höchster Verlegenheit, wenn sie mich mit in die Läden der Firma May nahm und dort Damen ihre Büstenhalter persönlich anpasste.

Während eines Besuches auf der Farm versuchte Bob, „einen Mann aus mir zu machen", indem er mich auf ein störrisches Pferd setzte. Es schien mir, ich sei mindestens fünf Meter über dem Boden. Das war der Beginn meiner lebenslangen Aversion gegen Pferde.

Obwohl wir immer wussten, dass wir nicht blutsverwandt waren, war Oma Livingston sehr freundlich zu mir. Vielleicht war ich doch so etwas wie ein Enkel für sie. Noch als ich zwanzig war hatte ich einen so guten Draht zu Großmutter Livingston, dass ich sie bat, mir 500 Dollar zu leihen. Ich wollte mir einen Kombi kaufen, um damit über den Sommer einen Missionseinsatz in Honduras zu machen. Ich versprach, ihr das Geld noch im Laufe des Jahres zurückzuzahlen. Sie gab es mir, und ich hielt mein Versprechen.

Eines der traurigen Geheimnisse meines Lebens ist, dass ich es nicht geschafft habe, in engem Kontakt mit den Hauptfiguren meiner Kindheit zu bleiben. Ich hielt keine enge Verbindung zu Oma Livingston, Großmutter Foss, den Tanten meiner Mutter oder anderen, die ich in La Jolla gekannt hatte. Mit Fred Blauvelt schaffte ich es gerade so. Ich hatte einfach keine Vorstellung davon, wie Familie funktionierte. Es war auch keine Hilfe, dass ich keine Geschwister und keinen wirklichen Kontakt mit meinen neun Cousinen und Cousins hatte. Sieben von ihnen traf ich das erste Mal, als ich schon über dreißig war.

Meine Mutter, Bob Livingston und ich teilten uns zwei elende Jahre lang ein Haus mit nur einem Schlafzimmer. Deshalb hatte ich wohl gemischte Gefühle, als Bob eines Nachts an mein Bett auf der überdachten Terrasse kam und mir zuflüsterte, er würde „für eine Zeit verschwinden“. Als ich ihn fragte, wohin er gehe, meinte er nur, er würde nach Smaragden suchen. Wenn er wiederkäme, wären wir reich.

Ich traf ihn nur noch einmal, viele Jahre später, als er mir eine Flinte vors Gesicht hielt. In meiner Sehnsucht, „Familienbande zu knüpfen“, hatte ich all meinen Mut zusammengerafft, um zu Oma Livingstons Ranch zu fahren und nach Bob zu suchen. An der Einfahrt zur Ranch hing ein Schild: „Achtung! Eindringlinge werden erschossen!“ Wie versprochen fand ich am Ende der langen Zufahrt einen Mann mit Vollbart, struppigem Haar... und einem Gewehr. So schnell ich konnte platzte ich damit heraus, dass ich der Sohn von Laura Livingston war – der Junge, mit dem er zwei

Jahre in einem Haus gelebt hatte. Bobs wütender Blick wurde kein bisschen freundlicher, als er fluchte: „Wegen Deiner ***** Mutter bin ich in der Gosse gelandet!“ Ohne das Gewehr zu senken, forderte er mich auf, zu gehen.

Nachdem Bob uns verlassen hatte, schien das Leben friedvoller zu sein – oder vielleicht war es lediglich einsam. Meine Mutter und ich waren selten zur selben Zeit zu Hause. Im Prinzip lebte ich allein. Entweder machte das meiner Mutter etwas aus oder sie brauchte mehr Geld – sie vermietete unser einziges Schlafzimmer an ein jung verheiratetes Paar. Aber das ging nicht lange gut. Also warf sie die beiden wieder raus.

„Ach, was soll's“, meinte sie achselzuckend, „du bist alt genug, um auf dich selbst aufzupassen.“ Ich halte ihr zugute, dass sie trotz ihrer Nachlässigkeit von ihrem Trinkgeld immer genügend Münzen für mein Mittagessen in der Schule daließ. Ich nahm sie mir dann, wenn ich morgens aufstand um mich fertigzumachen, um die fünf Kilometer zur meiner 5. Klasse zu radeln. Ich schätze es, dass sie immer dafür gesorgt hat, dass meine Klamotten genauso schön waren wie die irgendeines anderen Kindes. Ich denke, dass sie darauf auch stolz war. Bis heute fühle ich mich dem Kaufhaus *JCPenney* verbunden.

An jenem Weihnachten nahm der Marinesoldat, mit dem meine Mutter gerade befreundet war, uns mit zu einem Kinderfest in *Camp Pendleton*. Der Weihnachtsmann kam in einem Hubschrauber und teilte Geschenke aus, indem er die einzelnen Kinder mit Namen aufrief. Alle waren sehr aufgeregt. Ich wartete total konzentriert, aber mein Name wurde nicht aufgerufen. Ich war der Einzige, der kein Geschenk bekam. Obwohl ich inzwischen über 70 bin, ruft diese Begebenheit immer noch Traurigkeit in mir hervor.

Als meine Mutter sah, dass mir Tränen die Wangen herunterliefen, schimpfte sie mich dafür aus: „Du bist zu alt, um Geschenke vom Weihnachtsmann zu bekommen!“ Trotzdem sollte es vielleicht eine Art Wiedergutmachung sein, dass ich auf einem Pferd reiten durfte. Dummerweise war der Sattel nicht fest genug verzurrt und rutschte seitlich weg. Ich fiel unter das Pferd und wurde durch einen Tritt bewusstlos. Erst im Krankenhaus wachte ich wieder auf.

Dass ich so oft allein zu Hause gelassen wurde, war vor allem deshalb schlimm, weil ich keine Geschwister hatte und keine Freunde, die mich besuchen kamen. Vielleicht habe ich damals gelernt, dass man rausgehen und sich Gemeinschaft suchen muss, wenn man welche möchte. Oft fuhr ich mit meinem Rad zu Ralph Dam nach Hause. Sein Zuhause war das einzige, in dem ich mich geduldet fühlte, wenn auch nicht übermäßig willkommen. Ich wusste genug um zu merken, dass seine Mutter mich nicht nach Hause schickte, wenn ich ausreichend höflich war.

In der 6. Klasse der *Elementary School* in La Jolla machte ich zwei neue, aufregende Entdeckungen: Mädchen und Leiterschaft! Ich konnte mich nicht zwischen den blonden Zwillingen Marilyn und Marsha entscheiden. Oder doch lieber die kleine dunkelhaarige Dorothy? Indem ich die Münzen sparte, die meine Mutter mir von ihrem Trinkgeld gab, konnte ich alle drei Mädels zu einer *Cherry Coke* für fünf Cent an unserer örtlichen *Soda Fountain* einladen.

Aber noch spannender, als über Mädchen nachzudenken, war der Tanzkurs. Dort konnte ich sie sogar anfassen. Mit zwölf Jahren dazu eingeladen zu werden, die Hand eines Mädchens zu halten und meine Hand an ihren Rücken zu legen, wurde der hellste Augenblick meines Lebens. Da meine Mutter Sängerin und Tänzerin gewesen war, war sie bereit, mir einen Tanzkurs zu bezahlen. Endlich hatte ich etwas, das ich gut konnte.

Sport war etwas völlig anderes. Wenn wir in den Pausen *Kickball* (eine Art Baseball mit einem Fußball) spielten, war es sehr demütigend, dass meistens ein Mädchen vor mir gewählt wurde. Es half auch nicht gerade, dass ich zu der Zeit stark übergewichtig war. Statt zu rennen konnte ich nur watscheln wie eine Ente.

So wurde ich als Sechstklässler mit dem Augenblick der Entscheidung konfrontiert. Würde ich mich brodelnd vor Groll von der Gesellschaft absondern? Oder würde ich einen positiven Weg finden, zu bekommen, was ich wollte?

Eines Tages lief ich als Erster aus der Tür, als der Pausengong erklang, und rief entschlossen und mit Autorität: „Bobby und ich sind die Mannschaftskapitäne. Ich wähle Joey!“ Zu meiner Verwunderung wurde mein plötzlicher Aufstieg zum Leiter akzeptiert.

Ich schloss daraus, dass es durchaus funktionieren kann, wenn du dich wie ein Leiter verhältst und Verantwortung übernimmst.

Meine nächste Herausforderung im Bereich Leiterschaft war die Wahl des Präsidenten der *La Jolla Elementary School*. Ich ließ mich aufstellen und musste gegen Barbara antreten, die Tochter einer reichen Familie. Sie bestach unsere Klassenkameraden mit Kaugummi. Unerschrocken holte ich die Jungs zusammen und machte ihnen klar, was für eine Schande es wäre, wenn ein Mädchen Präsident würde. Mein Plan war, dass jeder von ihnen zusätzliche Wahlzettel in die Wahlurne werfen sollte. Ich wurde gewählt. Der verlassene fette Junge hatte sich entschieden, die Welt einzunehmen.

Aber ich gehörte immer noch nirgendwohin.

In der Nähe unseres Hauses war das *Little League* Baseballfeld. Ich wollte mich dort einer Mannschaft anschließen, aber es war klar, dass ich kein Sportler war. Abgelehnt und nach Hause geschickt, war ich am Boden zerstört. Mit einer überwältigenden Traurigkeit erinnere ich mich daran, dass ich mich vollkommen allein fühlte und mir voller Wut fast „das Herz aus dem Leib" heulte. Angetrieben von der Wut in mir, warf ich stundenlang einen Tennisball an die Stufen des Hauses. Der Fürst der Dunkelheit war dabei, in mir einen Embryo von Zorn und Hass auf die Welt wachsen zu lassen, die sehr ungerecht schien.

Einige Jahre später versteckte sich ein Student der Universität von Texas in einem Turm oberhalb eines überfüllten Platzes auf dem Unigelände und erschoss so viele Studenten wie er konnte. Ich konnte mich mit ihm identifizieren. Ich erinnere mich, dass ich auch Menschen erschießen wollte. Aber ich war im Gegensatz zu ihm nicht bereit zu sterben.

Meine manipulierte Wahl, dieser erste Schritt in die Kriminalität, führte schnell zum nächsten. Bobby Morrison brachte mir bei, wie man in Geschäften Schokoriegel mitgehen lassen konnte. Einer von uns lenkte den Angestellten ab, während der andere seine Taschen mit Mars, Snickers und anderen Riegeln vollstopfte. Später hörte ich, dass Bobby im Gefängnis gelandet war. Ich frage mich, ob es mir genauso ergangen wäre, wenn ich in La Jolla und Bobbys Freund geblieben wäre. Vielleicht waren die Diebstähle für mich ein Schritt in meinem Bestreben, Revanche von einer feindlichen Welt zu fordern.

Wie gut, dass der Eine, der mich kannte, bevor ich geschaffen wurde, andere Pläne hatte.

Im Jahr darauf ging ich zur *La Jolla High School*, die von der 7. bis zur 12. Klasse ging. Ich war wieder niemand. Nachdem ich ganz oben gewesen war, landete ich im Stapel wieder ganz unten. Da ich ansonsten nicht viel zu tun hatte, entschloss ich mich, der Band beizutreten. Da mir niemand erklärt hatte, wo die Proben stattfanden, kam ich beim ersten Mal zu spät. Da mich die anderen Instrumente völlig verwirrten, wählte ich das Schlagzeug.

Um zur Band zu gehören, musste ich früh aufstehen und fast fünf Kilometer mit dem Rad fahren, um rechtzeitig zur Probe um sieben Uhr morgens in der Schule zu sein. Trotzdem war es besser, früh in der Schule als zu Hause allein zu sein. Seltsamerweise kann ich mich nicht daran erinnern, während des ersten Jahres in der neuen Schule auch nur einen Freund gehabt zu haben. Im Rückblick bin ich froh, dass Kinder damals noch keine Drogen nahmen. Ich bin mir sicher, dass ich damit angefangen hätte – einfach in dem Bestreben, zur Gruppe dazuzugehören.

Am Palmsonntag 1952 (ich war zwölf) geschah etwas Unerklärliches. Meine Mutter beschloss, dass wir zum Gottesdienst gehen würden. Rausgeputzt landeten wir in der örtlichen Episkopalen Kirche. Als wir aus dem Gottesdienst kamen, verkündete meine Mutter mit einer triumphierenden Miene: „Ab jetzt gehen wir immer zur Kirche!“ Ich habe keine Ahnung, was in ihrem Kopf vorging.

Natürlich war am nächsten Sonntag Ostern. Die Episkopale Kirche war so voll, dass wir abgewiesen wurden. Meine Mutter meinte achselzuckend: „Alle Kirchen sind gleich.“ Unerschrocken trotteten wir Richtung Presbyterianischer Kirche davon.

„Tut uns leid. Die Kirche ist voll“, erklärten sie uns. Also gingen wir zur römisch katholischen Kirche. Aber auch da bekamen wir keinen Platz. Erbost rief meine Mutter der Welt zu: „Heuchlerisches Pack! Ihr geht alle nur am Ostersonntag zur Kirche!“ Sie trat nie wieder durch die Tür einer Kirche, mit Ausnahme meiner Hochzeit zehn Jahre später (was mich sehr erstaunte).

Am Ende der 7. Klasse schickte meine Mutter mich wieder zurück zu Großvater Berge nach *Sea Girt*, New Jersey. Den Sommer über arbeitete ich für Opa im Haushalt und spielte auf dem Flugfeld Baseball, auf dem Hindenburgs Zeppelin Jahre zuvor explodiert war. Noch interessanter war, meine erste Freundin zu treffen, die Küsse mochte.

Dieses Mal war Onkel Bob das Familienmitglied, das nach mir schauen sollte. Er befand sich im Prozess einer Scheidung von Tante Lynn und lebte in New York City. Er und meine Tante Charlotte brachten mir bei, wie ich mir Essen aus Manhattans trendiger Verkaufsmaschine, dem „Automaten", holen konnte. Onkel Bob half mir auch, ein Modellflugzeug zu basteln. Aber bevor ich es in Ruhe bewundern konnte, überzog er es mit Gummikitt, zündete es an und warf es im dritten Stock aus dem Fenster. Er wollte damit demonstrieren, wie katastrophal der Zweite Weltkrieg war. Ich gab vor, das Spektakel zu genießen, aber ich war wortkarg und verärgert darüber, dass er nicht danach gefragt hatte, was ich vielleicht gern mit meinem neuen Flugzeug gemacht hätte.

Onkel Bob war Alkoholiker und angeblich verantwortungslos. Aber ich muss zugeben, dass er der Onkel war, mit dem ich den meisten Spaß hatte und der am liebevollsten war. Ich sah ihn das letzte Mal, als er uns ein paar Jahre später besuchte, um sich von meiner Mutter Geld zu borgen. Ich habe gehört, er soll in der Gosse in Los Angeles gestorben sein. Ich hoffe, dass das nicht stimmt.

Es macht mich traurig, wenn ich über meiner Mutter und ihre vier Geschwister nachdenke. Ich glaube nicht, dass sie gefunden haben, worauf sie in ihrem Leben gehofft hatten.

KAPITEL 4

Wieder unterwegs

Am Ende des Sommers bei meinen Verwandten in New Jersey und New York rechnete ich damit, nach Kalifornien zurückzukehren. Stattdessen sagte man mir, ich solle den Zug von New York nach Colorado nehmen. In diesem Sommer hatte meine Mutter bei *Morrie's Bar & Grill* Oberst Dutton kennengelernt. Er hatte ihr eine Arbeit als Bedienung in der Bar eines Hotels in Aspen angeboten, in dem er der neue Manager war. Ich hatte immer ein ungutes Gefühl, was den Charakter ihrer Beziehung anging.

Meine Mutter verabscheute Banken und Papierkram zutiefst. Deshalb hatte sie unser Haus in La Jolla einfach zurückgelassen, obwohl es ihr entsprechend der Scheidungsvereinbarung mit Bob Livingston gehörte. Also hatten wir kein Geld, um ein vernünftiges Haus in Aspen zu mieten.

Heute ist Aspen in Colorado als mondänes, schillerndes Skigebiet für die Reichen und Berühmten bekannt. Im Herbst 1953 hatte es einen einzigen klapprigen Sessellift auf einen der Berge. Nach seiner Blütezeit durch den Silberbergbau in den 80er-Jahren des 19. Jahrhunderts war es eine Geisterstadt mit nur 1250 Einwohnern geworden.

Trotzdem hatte es etwas Großartiges. Die Talsohle liegt auf 2.700 Metern und die Gipfel rund um Aspen erreichen knapp 4.300 Meter. Stellt man sich am nahe gelegenen *Independence Pass* auf der Wasserscheide des Kontinents im Regen mit gespreizten Beinen hin, fließen die Tropfen am einen Bein letztlich in den Pazifik, die am anderen durch den Golf von Mexiko in den Atlantik. Der Fluss *Roaring Fork*, der durch Aspen fließt, ergießt sich in den Colorado, der durch den *Grand Canyon* wandert und schließlich Los Angeles bewässert.

Die Unterbringung der Angestellten im Hotel Jerome war dürftig. Mein sogenanntes Schlafzimmer war das Ende eines Raumes von sechs auf zweieinhalb Meter, der auch als Küche und Wohnzimmer diente. Meine Mutter schlief auf einem Schlafsofa am anderen Ende. Mit wachsendem Zorn zuckte ich zusammen und knirschte mit den Zähnen, wenn ich morgens auf dem Weg zur Schule am Bett meiner Mutter vorbeimusste. Ich vermied es absichtlich zu sehen, welcher neue Mann jetzt schon wieder mit ihr unter der Bettdecke lag.

Meine Mutter erwartete, dass ich einer Arbeit nachging und sorgte dafür, dass ich an den Abenden und Wochenenden als Hilfskraft im Speisezimmer des Hotels arbeiten konnte. Der beste Teil meiner Arbeit war, wenn ich einen Tisch abräumte, an dem irgendein verwöhntes reiches Kind ein Steak kaum angerührt hatte. Dann trug ich den Teller in eine Ecke der Küche, wo ich mir ein Stück abschneiden und schlemmen konnte. Aber ich erinnere mich auch noch gut an eine sehr peinliche Begebenheit. Als Oberst Dutton mir einmal zusah, wollte ich ihn beeindrucken und versuchte, ein sehr großes Tablett mit Tellern wegzutragen. Aber ich hob es zu schnell hoch, sodass es in Richtung meiner Schulter rutschte und das Porzellan krachend auf den eleganten Teppichen des Speisezimmers zerbrach. Vielleicht verstärkte dieses Erlebnis meine Entschlossenheit, mir eine Arbeit in der Verwaltung zu suchen.

Dass ich als Dreizehnjähriger ohne eine Erklärung und ohne jegliche Vorbereitung in ein Bergdorf ziehen musste, brachte mich aus der Fassung und machte mich bitter, nachtragend und perplex. Wenn ich mit meiner coolen Gelfrisur (von der Art, wie sie in der Stadt üblich war und später durch Elvis Presley berühmt wurde) in meinen billigen Slippern daherschlurfte, fühlte ich mich als „Fonz“[1], lange bevor es ihn überhaupt gab. Nur dass man mich jetzt in ein kleines Kuhkaff ohne geteerte Straßen verfrachtet hatte. Für mich waren die anderen Kinder – die Kinder von Ranchern und den Besitzern kleiner Läden – einfach Hinterwäldler.

1 Coole Figur einer amerikanischen Comedy-Serie 1974–1984.

Keith Patterson, der Sohn eines Ranchers, mochte mich von Anfang an nicht. „Los, Kleiner, wir prügeln uns, falls du kein Schlappschwanz bist!“ Ich spürte, dass ich diesen Kampf nicht gewinnen konnte, und verließ mich auf meine wachsenden Redekünste. „Also, nehmen wir an, du schlägst mich zusammen. Wirst du dich dann als Held fühlen? Und außerdem, willst du dein Leben damit verbringen, dich zu prügeln? Hast du keine höheren Ziele?“ Es funktionierte. Beschämt ging er davon. Nachdem ich ihm ein paar Monate später mit ein paar Hausaufgaben geholfen hatte, wurden wir sogar Freunde. Allerdings mochte ich die Besuche auf der Ranch seines Vaters nie. Ich habe nämlich außer meiner Aversion gegen Pferde auch eine gegen Kühe.

Wenn ich nicht im Hotel Tische abräumte, brachte ich viel Zeit im Sportgeschäft von Gene Mason zu. Er hatte keine Kinder, und ich hatte weder Brüder noch einen Vater. Gene gab mir immer wieder Ausgaben der Zeitschrift *Sports Illustrated.* Ich denke, dass er mich wirklich gern hatte, obwohl er das nie im Entferntesten geäußert hätte.

Meine Mutter war die Königin der Manipulation – und ich fürchte, dass ich diese Fähigkeit von ihr gelernt habe. Sie ließ sich von niemandem einschüchtern und fand immer Wege, das zu bekommen, was sie wollte. Einmal bediente sie in der Hotelbar den Direktor des FBI, J. Edgar Hoover. „Warum haben sie denn jemand so Kleines wie dich angestellt, Mädchen?“, machte er sich über sie lustig. Schnell wie der Blitz erwiderte meine Mutter scharf: „Um Leute wie Sie zu bedienen, wenn sie unter dem Tisch liegen.“

Meine Mutter blieb nie lange an einem Ort. Im Jahr darauf verkündete sie, dass sie und der norwegische Barkeeper Carl Fagerstrom Aspen verlassen würden. „Du willst doch nicht etwa mit, oder?“, fragte sie mich. „Nein, nicht wirklich“, antwortete ich. Um ehrlich zu sein, war ich ziemlich erleichtert.

Als eine der für sie typischen schnellen Lösungen vereinbarte meine Mutter, dass ich in einem Restaurant am Ort arbeiten konnte. Also verdiente ich mir mit vierzehn Kost und Logis (auf dem Dachboden), indem ich jeden Abend die Tische abräumte und das Geschirr spülte. Für das Football-Training der *High School* auf einem alten Spielfeld in der Ortsmitte bekam ich immer frei. Da der

Boden mit feinen Bruchstücken aus den Zinnbergwerken übersät war, versuchten wir, so wenig wie möglich hinzufallen.

Ein Teil des Schullebens in Colorado unterschied sich grundlegend von dem in Kalifornien: Skifahren gehörte zum Lehrplan. Während des Winters zogen fast alle Kinder jeden Mittwochnachmittag Richtung Berge los. Ich hatte mit dieser Sportart erst sehr spät angefangen und musste betroffen realisieren, dass ich dadurch einer der schlechtesten Skifahrer auf den Pisten war. Jedes Mal, wenn ich an einem der Rennen über sechs Kilometer teilnahm, hatte ich das Gefühl, mein Leben zu riskieren. Ich war auch wackelig auf Inlinern, ein langsamer Läufer und hatte nie Football oder Basketball gespielt. In diesem Bergdorf gab es keinen Platz, der groß genug gewesen wäre, um meine Lieblingssportart Baseball zu spielen. Aber wann immer ich konnte, warf ich mit meinem Klassenkameraden und besten Freund Jim Glidden einen Baseball hin und her.

Jims Vater war ein berühmter Autor von Cowboy-Romanen und schrieb unter dem Pseudonym Luke Short. Jim und ich träumten gemeinsam davon, an die Universität Princeton zu gehen, und beide waren wir entschlossen, Anwälte zu werden. Mein Ziel war, der Mafia Rechtsbeistand zu geben, da ich annahm, sie hätten das meiste Geld. Ich orientierte mich an einem der wenigen Werte, die meine Mutter mir mitgegeben hatte: „Krieg die anderen bevor sie dich kriegen!“

Obwohl ich allein lebte, ging es mir in der 9. Klasse ganz ordentlich. Ich lernte gern, also gefiel mir die Schule. Ich wollte so viel wie möglich dort sein. Letztlich waren dort ja meine Leute. Algebra schien sinnlos zu sein, aber Literatur, Geschichte und andere gesellschaftliche Themen faszinierten mich. Ich war entschlossen, ein Stück weit zu verstehen, wie die Welt funktionierte. Warum waren die Menschen so, wie ich sie erlebt hatte?

Ich sparte so viel wie möglich von meinem Arbeitslohn im Restaurant und schaffte es irgendwie, im Sommer 1954 eine Hin- und Rückfahrkarte für den Bus von Aspen nach Los Angeles zu kaufen. Dort wollte ich Zeit mit meinem Onkel Martindale und meinen Cousins Dennis und Jo verbringen. Tante Charlotte, die einzige Verbindung zur Familie meiner Mutter, hatte uns zusammengebracht. Da sie mich am Ende meines Besuches nicht einluden, bei ihnen zu bleiben, fuhr ich zum Beginn der 10. Klasse nach Aspen zurück.

Ich war fassungslos, als ich das Restaurant dort verschlossen und leer vorfand. Die Betreiber hatten ihre Rechnungen nicht zahlen können und waren bei Nacht und Nebel mit ihrem Hab und Gut verschwunden – und mit meinem auch. Wieder war ich völlig verlassen.

Mir kam nur eine Idee, was ich tun konnte: zum Haus von Ralph und Marion Bohrson zu gehen, die Englisch und Hauswirtschaft an der *High School* in Aspen unterrichteten. Irgendwie gelang es ihnen, meine Mutter per Telefon zu erreichen. Sie versprach natürlich, ihnen Geld für Unterkunft und Verpflegung zu schicken, wenn sie mich aufnähmen. Sie taten es. Meine Mutter tat es nicht. Sie hatten keine eigenen Kinder, und so behielten sie mich trotzdem.

Herr Bohrson dachte, ein gewisses intellektuelles Potenzial in mir zu erkennen. Für mich sieht es im Rückblick wie eine männliche Variante von *My Fair Lady* aus, dass er sich entschied, mich zu einem Intellektuellen zu machen, der einmal jemand Bedeutendes werden würde. Berechtigterweise, aber ohne Zweifel auch fälschlicherweise, flößte Bohrson mir den Ehrgeiz ein, „jemand" zu sein und das Wort „durchschnittlich" zu verabscheuen. Seine Anleitung entfachte in mir das Verlangen, jemand zu sein, den andere beachteten. Vielleicht konnte ich sogar US-Senator werden. Ich rechnete mir aus, dass ich anfangen würde, die Leiter hinaufzuklettern, indem ich das höchste Amt für einen Schüler an der High School in Aspen erreichte.

KAPITEL 5

Endlich ein Vater

Mit sechzehn verliebte ich mich in Judy Ringle, die Tochter des Herausgebers von *The Aspen Times*. Zu meiner Enttäuschung fühlte nur ich mich von ihr angezogen. Trotzdem nahm ich all meinen Mut zusammen und lud sie ins Kino ein: „Würdest du mit mir am Samstagabend ins *Isis Theater* gehen?“ Ich war ermutigt, dass ihre Antwort kein klares „Nein“ war. Stattdessen sagte sie: Am Samstagabend kann ich nicht, aber wir können gern am Sonntagmorgen ins Kino gehen.“

Mir war nicht bewusst, dass am Sonntagmorgen im *Isis* Filme gezeigt wurden, aber sie fragte nach: „Willst du mich nun mitnehmen oder nicht?“ Ich wollte jede Gelegenheit nutzen und sagte willig zu. Am Sonntag holte ich sie ab und wir gingen zusammen zum Kino. Aber ich war völlig verwirrt, als wir nach drinnen kamen. Keiner meiner Schulkameraden war hier. Nur Familien, deren Kinder herumrannten. Es gab keine Anzeichen dafür, dass ein Film gezeigt werden würde. Still folgte ich ihrer Aufforderung, mich hinzusetzen und zu warten. Zu meiner großen Überraschung trug ein junger Cowboy in seinen Stiefeln und seiner Weste ein Rednerpult und ein dickes schwarzes Buch nach vorn. Dann begann er, über Gott zu reden.

Im Hinterkopf ging ich davon aus, dass es einen Gott gab. Wenn ich darüber nachdachte, stellte ich mir vor, dass er wahrscheinlich ein ganz netter Kerl war und es keinen Grund für ihn gab, mich nicht zu mögen (oder zumindest zu tolerieren). Im Prinzip ging ich davon aus, dass er sich um seine Angelegenheiten kümmerte und ich mich um meine.

Aber der dreiundzwanzigjährige Dan Raley sprach über Gott, als hätte er irgendwelche Insider-Informationen. Ich sackte in meinem Sessel zusammen. Darauf war ich nicht vorbereitet. Dan erzählte die Geschichte von Gottes Kommen auf die Erde. Das hörte sich nach einer ziemlich coolen Reise durch das Weltall an, wie ich sie in den Filmen von Buck Rogers gesehen hatte. Aber dieser Cowboy-Prediger schien zu glauben, dass Gott sich selbst zum Menschen gemacht hatte. Als wäre das nicht seltsam genug gewesen, wurde dieser Gott-Mensch gefoltert und an ein Kreuz genagelt. Ich verzog die Augenbrauen zu einem Grinsen. Ich war total skeptisch. Wie könnte jemand Gott töten? Wäre er nicht härter als *Superman*, sodass Kugeln von ihm abprallen würden?

Dan war Gottes Werkzeug, um mir zum ersten Mal die gute Nachricht von Jesus zu bringen. Er erklärte, dass der Schöpfer freiwillig dazu bereit war, sein Leben zu opfern – für mich! Plötzlich bekam ich ganz große Augen. Nervös fragte ich mich, was für verrückte Leute mich hier in diesem Kino umgaben. Wie kam denn gerade ich in diese Geschichte von Gott?

Aber den Gedanken konnte ich einfach nicht loswerden: „Wie kann das sein? Wie konnte der Ober-Boss des Universums so etwas für mich tun?“ Aus meiner Sicht hatte nie jemand irgendetwas von Bedeutung für mich getan. Konnte es wirklich einen Gott geben, der an mir und meinem Wohl interessiert war? Irgendwie (danke, lieber Heiliger Geist) war ich fasziniert genug um zu entscheiden, dass ich herausfinden musste, was es mit all dem auf sich hatte. Könnte es womöglich wahr sein?

Der Gottesdienst war zu Ende. Während ich über meinen nächsten Schachzug mit Judy nachdachte, kamen ihre Eltern, Verlin und Ruth, und machten mir ein äußerst reizvolles Angebot: „Hättest du Interesse, zum Abendessen mit uns nach Hause zu kommen? Es gibt Brathähnchen.“ Ich musste nicht lange nachdenken. *Hmmmm, ein von der Gastgeberin selbst gekochtes Essen UND die Möglichkeit, Zeit mit Judy zu verbringen...* „Darauf können Sie wetten!“, antwortete ich schnell.

Während des Abendessens fragte Herr Ringle, ob ich mich für einen gebildeten Menschen hielte. Ich nickte. „Dann hast du doch sicher die Bibel gelesen?“ Ich schüttelte den Kopf. Aber er bestand darauf: „Alle gebildeten Menschen haben die Bibel gelesen!“ – „Ich besitze noch nicht einmal eine Bibel“, gab ich zu. Tatsächlich war ich mir ziemlich unsicher, was die Bibel überhaupt war.

Herr Ringle gab mir ein Johannesevangelium und eine damit verbundene Herausforderung: „Du liest das“, ordnete er an, „und betest. Bitte Gott, dass er dir zeigt, ob das wahr ist!“ – „Aber Herr Ringle“, protestierte ich, „ich habe noch nie im Leben gebetet. Und ich kenne keine Gebete.“ – „Sprich einfach mit Gott, als würdest du mit irgendeiner wichtigen Person sprechen“, beharrte er ohne jede weitere Erklärung.

Zurück in meinem Zimmer bei den Bohrsons entschied ich, dass es ein ausreichend logisches Experiment war. Also las ich während der nächsten sechs Wochen immer mal wieder Teile des Johannesevangeliums der King James Version in einer sehr alten Sprache aus der Zeit Elisabeths I. (1533 bis 1603). Dann schaute ich zur Decke und betete: „Gott, ich weiß nicht, ob ich zur Glühbirne rede oder ob es da draußen jemanden gibt, aber wenn das hier wahr ist, dann zeige es mir!“

Unerklärlicherweise ging ich auch weiter zu der kleinen Gemeindeversammlung im Kino. Nach etwa sechs Wochen fragte ich mich beunruhigt, was mit mir geschah. Ein Gefühl hatte mich ergriffen, mit dem ich überhaupt nicht vertraut war. Ich fühlte mich schwach, als würde ich meine Männlichkeit verlieren. Ich hatte Angst, verletzlich zu werden, nicht mehr auf der Hut zu sein und meine trotzig-abwehrende Haltung der Welt gegenüber zu verlieren.

Eine Zeit später merkte ich, dass ich erobert worden war. Jesus Christus, der Mann aus Galiläa, war lebendig und hatte sein Domizil in mir aufgeschlagen. Ich war „wiedergeboren“ worden. Ich begann zu verstehen, dass dieses Gefühl der Schwachheit überhaupt nichts mit Schwäche zu tun hatte. Es war einfach etwas, das ich nie zuvor gekannt hatte – das Verlangen, Menschen zu helfen. Die elterliche Handschrift meiner Mutter („Kriege die Leute, bevor sie dich kriegen!“) begann sich aufzulösen.

Ich denke, dass es treffend ist, zu sagen, dass ich im Laufschritt in dieses neue Leben geboren wurde. Es wäre mir nie in den Sinn gekommen, mit Gott zu verhandeln. Ich kam nicht auf den Gedanken, dass es eine Option war, Gottes Anweisungen nicht zu gehorchen. Ich habe die Leute nie verstehen können, die sagen, dass sie an die Bibel als echte Botschaft von Gott selbst glauben, aber kalkulieren, mit wie wenig Einsatz sie noch in den Himmel kommen können. Ich schien schnell zu verstehen, dass die Furcht des Herrn der Weisheit Anfang ist. Ich hatte begonnen zu entdecken, dass gebeugte Knie vor Jesus als dem Herrn die Tür öffneten, um die Geschichte, die Gegenwart und mein eigenes Leben zu verstehen.

An einem Tag im nächsten Sommer mähte ich bei den Ringles den Rasen und ertappte mich dabei, dass ich buchstäblich hüpfte und Gott lobte – wie der gelähmte Mann, den Jesus geheilt hatte. (Ich war froh, dass der sehr laute Benzinmotor ihres Rasenmähers meinen Gesang übertönte.) Ich weiß nicht, ob ich die Taufe mit dem Heiligen Geist erlebte oder einfach Gott begegnete und mich in seiner Liebe sonnte. Aber ich weiß, dass ich verloren war und Jesus mich gefunden hat. Endlich war ich von einem Vater adoptiert worden, der bei mir bleiben würde.

Wenn ich bis September 1956 gefragt worden wäre, wer Jesus ist, hätte ich gezögert, gegrübelt und dann vorsichtig vorgeschlagen: „Ich denke, dass er vor langer Zeit gelebt hat, ein weißes Gewand anhatte und ein Schaf umhertrug." Jetzt war ich einer der privilegierten Menschen unter der Weltbevölkerung, denen der Vater offenbart hatte, dass Jesus der Christus ist, der Sohn des lebendigen Gottes, der Retter, der Schöpfer und der wiederkommende König aller Könige! Aber dann kam natürlich der Test.

Die Band der *High School* in Aspen fuhr mit dem Bus zu einem Musikwettbewerb in die große Stadt *Grand Junction.* Wir traten gegen etwa dreißig andere Bands von der Westseite der *Colorado Rockies* an. Nachdem ich unsere Band durch die Marschübungen getrommelt hatte, schnappten einer meiner Kumpels und ich uns zwei Mädels aus einer anderen High School. Wir fanden ein Auto, das nicht abgeschlossen war, und gaben uns dort einer heftigen Knutscherei hin. Plötzlich wurde ich wie vom Blitz von der Überzeugung getroffen, dass das falsch war. Mir wurde klar, dass ich das Mädchen nur benutzte. Ich schockierte sie und verwirrte das andere Pärchen völlig, indem ich herausplatze: „Es tut mir leid! Es tut mir leid! Das ist nicht richtig!" Dann sprang ich aus dem Auto und floh. Die Furcht des Herrn ist tatsächlich der Anfang der Weisheit.

So unglaublich es auch klingt, kann ich ehrlich bezeugen, dass ich seit dieser Begebenheit 1956 bis heute immer bewusst danach getrachtet habe, Gottes Geboten so zu gehorchen, wie ich sie verstanden habe. Natürlich stellte sich vieles, wovon ich dachte, es seien Gottes Gebote, als reine menschliche Tradition heraus. Aber ich bin mir ziemlich sicher, dass mein Vater im Himmel auch dann den Wunsch meines Herzens sah, ihm zu gehorchen.

Der junge Dan Raley musste wegen unbezahlter Rechnungen die Stadt hastig verlassen. Ich liebte den Mann, der mich mit meinem Retter bekannt gemacht hatte, so sehr, dass ich die 250 Dollar auf meinem Konto abhob und darauf bestand, dass er sie nahm. Er zahlte sie zurück, sobald er konnte.

Das nächste Kapitel meines Lebens an der High School in Aspen lief nicht gut. Dans Nachfolger in der Baptistengemeinde im Kino war Pastor Roy Tubbs. Ihm fiel also nun die Verantwortung zu, mich als den jungen Mann, der ganz neu im Glauben an Jesus war, in der Jüngerschaft anzuleiten. Roy und seine liebe Frau Fern waren extrem konservativ. Sie trug lange Röcke und formlose Blusen. Als ich später in meinem Leben muslimische Frauen in Burkas traf, musste ich an Frau Tubbs denken. Pastor Tubbs brachte mir die konservativen moralischen Vorstellungen bei, die er selbst gelernt hatte:

- Billy Graham war liberal und machte falsche Kompromisse, weil er Katholiken an seinen evangelistischen Einsätzen beteiligte.
- Die theologische Hochschule *Denver Seminary* bewegte sich an einem schlüpfrigen Abhang, weil sie Billy Graham nicht für seine Zusammenarbeit mit katholischen Priestern verurteilte.
- Ein wahrer Christ konnte nur glauben, dass Gott die Welt in sechs buchstäblichen Tagen à vierundzwanzig Stunden geschaffen hatte.
- Die Bob-Jones-Universität könnte die einzige Hochschule des Landes sein, die Gott anerkennt.
- Rauchen, Alkohol und jegliche Art des Kartenspiels sind von Natur aus sündige Aktivitäten.
- Und (was mich am meisten umwarf): Christen tanzen nicht!

„Was?“, dachte ich. „Sag mir, dass Christen keinen Sport treiben oder nicht studieren, aber sag mir nicht, dass Christen nicht tanzen. Das ist das Einzige, was ich richtig gut kann!“

Auch wenn ich während dieser Zeit langsam „eine neue Schöpfung in Christus“ wurde, war mein Streben danach, „jemand“ zu sein, unvermindert. In einer der unteren Klassen hatte ich es durch politische Schachzüge geschafft, Präsident der Schülerschaft an der High School in Aspen zu werden. Aber das bedeutete mir wesentlich weniger als mein größter Anspruch auf Ruhm: Ich war der beste Tänzer der Schule. Meine Lieblingspartnerin war Sylvia, die Tochter des Bürgermeisters von Aspen. Beim Jitterbug waren wir so gut, dass die anderen Tänzer manchmal einfach stehen blieben, um uns zuzuschauen. Wir hatten schon daran gedacht, bei Tanzwettbewerben anzutreten. Mit dem typischen Selbstvertrauen von Teenagern dachten wir, dass *Bill Haley and the Comets* Beethoven und Tschaikowsky an musikalischer Leistung noch überragten.

Stell dir vor, wie vollständig geknickt ich war, als ich hörte, dass Tanzen Gott nicht gefällt. Hier war mein Test, auf einer Ebene mit Abraham, der seinen Sohn Isaak opfern sollte.

Die Situation wurde dadurch noch schlimmer, dass erwartet wurde, dass ich als Präsident der Schülerschaft die Tanzveranstaltungen der Schule als Zeremonienmeister leitete. Beim ersten Tanzen, nachdem Pastor Tubbs mir die niederschmetternde Nachricht überbracht hatte, dass Tanzen Sünde war, wollte ich einfach den ganzen Abend hinterm Mikrofon bleiben. Aber Sylvia und ein paar andere Mädels schlichen sich an mich heran und wollten mich auf die Tanzfläche locken. In die Ecke getrieben und voller Panik, platzte ich übers Mikrofon heraus: „Christen tanzen nicht!“ Plötzlich war die ganze Halle so still, dass man eine Nadel hätte fallen hören. „Was soll das?“, fragte jemand fordernd. „Ich habe keine Ahnung. Sie machen es einfach nicht“, antwortete ich schwach.

In der Annahme, ich sei nur launisch, gingen die Bewerberinnen um einen Tanz weg. Ich ging auch. Ich verließ das Gebäude, fühlte mich sehr traurig und allein und fragte mich, warum Christen nicht tanzten.

Ich war in diesem Schuljahr nicht ganz allein. Immerhin war ja Judy Ringle auch Christin. Aber sie war auch verliebt in King

Fisher und hatte deshalb wenig Zeit für mich. Ich entdeckte, dass noch ein anderer Schüler und der Football-Trainer Earl Burrows Christen waren. Aber wir hatten wenig Ahnung vom Konzept der Gemeinschaft in Christus. Ich kann mich nicht erinnern, dass wir je einmal miteinander oder füreinander gebetet hätten. Wir waren Mitglieder der Baptistengemeinde, aber das war auch so ziemlich alles. Man brachte mir bei, dass wir die Glücklichen waren – und tatsächlich auch die Einzigen, die es richtig machten. Obwohl die Gruppe andere ausschloss, gehörte ich zumindest zum ersten Mal in meinem Leben zu einer Gruppe. Ich frage mich, ob ich es geschafft hätte, auf Jesus ausgerichtet zu bleiben, wenn ich der einzige Gläubige in Aspen gewesen wäre.

Heute frage ich mich: Wie können die einsamen Gläubigen aus muslimischem Hintergrund in Libyen, Eritrea oder Afghanistan dem Herrn Jesus im Gehorsam treu bleiben? Wenn wir christlichen Mitarbeiter keine Gemeinschaften Gläubiger in muslimischen Ländern gründen, bevor wir wieder gehen, dann bleiben wir hinter dem zurück, was Gott sich gedacht hat.

Judy lud mich ein, mich mit ihr zusammen in einer Baptistengemeinde in Glenwood Springs, fünfundsechzig Kilometer entfernt, taufen zu lassen. Pastor Jim Warnock taufte uns. Vierundfünfzig Jahre später spürte er mich auf. Er schrieb mir, dass er all die Jahre für seinen „Sohn im Glauben" gebetet hatte. Ich habe mich oft gefragt, wie viele Menschen Gott im Gebet für mich gebraucht hat, sogar ohne dass ich es wusste.

Judy und ich luden meinen Freund Jim Glidden zur Gemeinde ein. Er fühlte sich auch von Judy angezogen (eine weitere Gemeinsamkeit), aber er spottete über Gott. Nachdem er ein paarmal im Gottesdienst gewesen war, blieb er weg. Zu der Zeit konnte ich nicht verstehen, warum unsere Freundschaft nicht mehr dieselbe war wir früher. Ich war zutiefst traurig darüber, dass mein bester Freund mich im Stich ließ und auch Jesus den Rücken kehrte.

Judy und Monte waren mir in der Schule ein Jahr voraus. Judy ging nach dem Abschluss zum Wheaton College bei Chicago. Monte zog nach Arizona. Auch Trainer Burrows verließ Aspen, und der neue Trainer war Mormone. Der liebe Pastor Tubbs schien von einem anderen Stern zu sein. Die einzige andere Schülerin der High

School in der winzigen Gemeinde war Sharon, die neu in der Schule war und eine Gaumenspalte hatte. Ich fühlte mich als Gottes Einzelkämpfer.

Warum führte mich der Gehorsam Jesus gegenüber wieder in die Einsamkeit? Keiner konnte mir helfen herauszufinden, wie ich sowohl Jim als auch Jesus als Freund behalten konnte. Sogar mit Jesus kam es mir manchmal so vor, als gingen unsere „Gespräche" nur in eine Richtung.

Auch wenn ich es schaffte, fast alle Positionen an der High School zu bekleiden, die nichts mit Sport zu tun hatten, fühlte sich niemand mehr zu diesem seltsamen, gesetzlichen und arroganten Jungen hingezogen, der Hölle und Verdammnis predigte.

Aber es kam noch schlimmer. Als ich Ralph Bohrson, meinem Leiter, Lehrer, Förderer und großzügigen Gastgeber meinen neuen Glauben lauthals verkündete, erwiderte er ebenso klar: „Wenn du darauf bestehst, Christ zu sein, musst du dir ein anderes Zuhause suchen!" Ich war entgeistert. Er hatte mich gehegt und gepflegt, aber offensichtlich hatte ich sein Experiment ruiniert, indem ich gläubig geworden war.

Schockiert ging ich schweigend aus der Tür und schlenderte hinüber zum Haus der Ringles. Als ich ihnen von Bohrsons Ultimatum erzählte, luden sie mich ein, zu ihnen zu ziehen. Gestärkt durch dieses Angebot ließ ich die Bohrsons wissen, dass ich meinen neu gefundenen Retter nicht verlassen konnte. „Ich bin entschieden zu folgen Jesus. Niemals zurück!", gab ich ihnen mit dem Zitat aus einem damals beliebten Lied zu verstehen. Ich packte meinen Koffer, und Ralph Bohrson brachte mich zur Tür. Wieder im Stich gelassen...

Ich empfand ein bisschen wie Petrus. Als die Menschenmengen Jesus verließen, hatte Petrus Angst, dass die Nachfolge ihn zum Verlierer machen könnte. So ging es mir auch. Aber wie Petrus bekam auch ich den Durchblick und realisierte, dass die Alternativen schlechter waren: „Herr, zu wem sollten wir gehen? Du hast Worte des ewigen Lebens" (Johannes 6,68). Ich hatte mich entschieden, Jesus zu folgen, und dabei blieb es. Zur Hölle mit dem Rest der Welt.

Die Ringles nahmen mich in die erste christliche Familie auf, die ich seit meinen Tagen als Kleinkind bei den Blauvelts kennengelernt hatte. Papa Ringle gab mir schnell zu verstehen, dass ich seinen Regeln gehorchen würde, solange ich meine Füße unter seinen Esstisch streckte. Seltsamerweise gefiel mir das. Die meisten Teenager sehnen sich danach, frei von Kontrolle, Regeln und Autorität anderer zu sein. Aber für mich hatte Freiheit in meinem bisherigen Leben das Empfinden bedeutet, dass niemand sich einen Dreck scherte. Vorgaben gaben Sicherheit; totale Freiheit hatte Einsamkeit bedeutet. Judy Ringle, meine Pflegeschwester, schrieb später über mein Kommen in ihre Familie:

> *Es erstaunt mich, dass ein heimatloser Jugendlicher bei uns zu Hause auftauchte. Du wurdest von Neuem geboren, berufen zu radikaler Jüngerschaft und dann mit einer bleibenden Verbindung zu unserer Familie ausgesandt.*
>
> *Unsere Eltern beteten täglich für dich und verfolgten deine Reisepläne durch die ganze Welt. Mama wurde manchmal nachts wach, um dann für dich zu beten, weil sie wusste, dass Gehorsam für dich äußerst wichtig war. Ich weiß, dass dein Dienst wirklich das Resultat der Gebete vieler treuer Menschen war, aber es gab niemand, der dich so liebte wie unsere Eltern.*
>
> *Mein Papa war manchmal frustriert wegen der Jacken, die du verloren hast, deiner (in seinen Augen) übertriebenen Großzügigkeit und der Tatsache, dass du noch grundlegende Pflichten zu lernen hattest. Aber sie haben das als Investition in dein Leben gesehen. Sie waren stolz auf dich und haben das oft gesagt.*

Ich war jetzt in meinem letzten Jahr an der High School. Es gab nur fünfundsiebzig Schüler an der ganzen Schule und nur neunzehn in der Abschlussklasse. Um im Sport Mannschaften bilden zu können, wurde erwartet, dass sich die Jungs in allen Sportarten versuchten. Um etwas mit den anderen Jungs gemeinsam zu haben, gab ich meinen Beitrag dazu.

Football ging ganz gut, obwohl meine Mannschaftskameraden bis heute nicht vergessen haben, dass ich einen unserer eigenen Spieler angegriffen und ihm ein Bein gebrochen habe. Ein anderes Mal erwischte ich einen freien Ball und lief auf die Torlinie zu, um meinen ersten und einzigen *Touchdown** (*Ein *Touchdown* wird erzielt, wenn ein Team den Ball in die gegnerische Endzone trägt oder er dort gefangen oder erobert wird.) zu schaffen – nur um vier Meter vor der Linie über meine eigenen Beine zu stolpern. Wir blieben ohne Punkte.

Im Basketball spielte ich als Schüler der Abschlussklasse, der schon einen Bart trug, mit den vierzehnjährigen Schülern der 8. Klasse.

Dann gab es noch die Leichtathletik. Einmal wurde ich für die 400 Meter eingeteilt. Wir traten in einem Treffen gegen fünf andere Schulen an. Jede Schule musste für alle Wettbewerbe drei Sportler stellen. Wir hatten zwei gute 400-Meter-Läufer. Ich wurde nur gebeten, an den Start zu gehen, um den nötigen dritten Läufer zu stellen. Niemand erwartete, dass ich ans Ziel kommen würde. Ich empfand das als Beleidigung und entschied mich, zu gewinnen. Wahrscheinlich legte ich einen Frühstart hin und lief dann, als ginge es um mein Leben. Nach 200 Metern führte ich das Feld an, als ich den Trainer ausrufen hörte: „Mein Gott, das ist Livingston!"

Nun ja, meine Teamkollegen wurden Erster und Zweiter, und auf den letzten Metern überholte Mickey aus New Castle mich noch. Aber ich wurde vierter von achtzehn Läufern, und ich habe immer noch das gelbe Preisband, mit dem ich es beweisen kann. Aber ich zahlte einen Preis dafür, dass ich lief, um zu gewinnen. Für die nächsten paar Stunden konnte ich nicht aufhören, mich zu übergeben. Mein einziger Trost war, dass ich wegen der Übelkeit meinen Verpflichtungen als Klassenpräsident nicht nachkommen konnte, den abendlichen Abschlussball zu leiten.

Der Apostel Paulus fordert uns auf, so zu laufen, dass wir gewinnen (1. Korinther 9,24). Wegen meiner Anstrengung beim 400-Meter-Rennen verstehe ich, was er meint. Bis zum heutigen Tag ist es Grundlage meines Handelns, für Gottes Reich 110 Prozent zu geben. Paulus schrieb, er hätte „mehr gearbeitet als sie alle" (1. Korinther 15,10). Die Anweisungen in der Bibel, die harte Arbeit empfehlen, fordern mich heraus. Es ist ein Marathonlauf, Jesus nachzufolgen.

An der High School in Aspen begann ich zu verstehen, dass es kontraproduktiv war, das Höllenfeuer zu predigen. Auch meine mittelmäßigen Leistungen als Sportler würden mir nie Ruhm einbringen. Also entdeckte ich passendere Wege wieder, um „jemand" zu sein. Ich schrieb für die Aspen Times eine Kolumne über Ereignisse an der Schule. Während der 11. und 12. Klasse wurde ich Herausgeber der Schulzeitung und des Schuljahrbuches. Auch politisch war ich klug genug, um in der Abschlussklasse als Präsident des Schülerrates wiedergewählt zu werden. Ich war immer noch der verschlagene Politiker, der das Kickball-Team in der 6. Klasse kommandiert hatte.

Fleeta Rowland und ich wurden zum Schulabschluss mit der Auszeichnung als „Vielseitigste Schüler" geehrt. Einmal versuchte ich, sie zu küssen, aber ihre Brille war im Weg. Fünfzig Jahre lang hatten wir keinen Kontakt, aber bei unserem Klassentreffen erfuhr ich, dass Fleeta durch einen furchtbaren Autounfall gelähmt ist. Aber ich fand auch heraus, dass sie jetzt eine wunderbar reife Schwester in Christus ist.

So langsam verstand ich, dass es nicht zum Ziel führte, meinen Mitschülern zu sagen, sie würden in der Hölle landen. Trotzdem war ich ernsthaft besorgt um sie. Irgendwie wusste ich schon damals trotz minimaler Unterweisung, dass ich von Gott für seine Rettungsaktion angeworben worden war. Ich stellte den Trainer, der Mormone war, vor allen Teamkameraden infrage. Ich diskutierte mit dem einzigen meiner Freunde, der auch Baseball spielte, einem Katholiken, weil er am Aschermittwoch Asche auf seiner Stirn trug. Das schien nicht das zu sein, was gerettete Menschen taten.

1974, siebzehn Jahre nach meinem Abschluss an der High School, kam ich aus Indien nach Aspen zurück, um als Pastor in derselben kleinen Gemeinde zu arbeiten, in der ich zum Glauben gekommen war. Ich lud meine früheren Klassenkameraden zu meinen Predigten ein. „Wir haben dich schon gehört!", war die übliche Antwort. Gott sei Dank ist es mir im Laufe der Jahre gelungen, in kleinen Schritten die Verbindung zu den Klassenkameraden wieder aufzunehmen, die ich als junger Christ gekränkt hatte.

Im Laufe des Herbstes fühlte ich mich in meiner fünften Pflegefamilie fast wie ein Adoptivkind. Gott hatte mir mit der Familie

Ringle ein wunderbares Geschenk gemacht. Es war ein wahrhaft christliches Zuhause, aber trotzdem dauerte es sehr lange, bevor ich mich wirklich entspannen konnte. Ich dachte lange, es würde nicht halten; irgendetwas würde ganz bestimmt schiefgehen. Sicher würden sie mich irgendwann aufgeben.

Nach der Schule arbeitete ich in der Wäscherei von Aspen. Das war ein krasser Kontrast zur Wärme im Haus der Ringles. Mein Chef rief fast in jedem zweiten Satz aus: „Ich werde Gott-verdammt sein!“ Da ich noch nicht gelernt hatte, auf gewinnende Weise Zeugnis von Jesus zu geben, murmelte ich oft als Antwort: „Wahrscheinlich!“

Eigentlich hatte ich nur so lange in der Wäscherei arbeiten wollen, bis ich genügend Geld hatte, um Weihnachtsgeschenke für die Ringles zu kaufen. Aber als ich ihnen sagte, dass ich mit der Arbeit aufhören würde, antwortete Papa Ringle: „Du gehst sofort wieder dorthin zurück und nimmst deine Arbeit wieder auf!“ Ich gehorchte ohne Widerspruch.

Papa Ringle lehrte mich nicht nur Arbeitsethik, sondern er brachte mir auch bei, dass „das Wort eines Mannes seine Ehre“ ist und „zu sagen, was man meint, und zu meinen, was man sagt“. Und er lehrte mich, nachzuprüfen, was die Bibel tatsächlich lehrt – unabhängig davon, was jemand anderes dazu sagt.

KAPITEL 6

Entscheidungen

In meiner verzweifelten Sehnsucht nach gläubigen Freunden saugte ich jedes Wort von Judy auf, als sie an Weihnachten vom College nach Hause kam. Mit einem Augenzwinkern machte sie mir Mut, mich beim Wheaton College zu bewerben – wo eintausend gläubige Frauen studierten!

Ihre Einladung war verlockend für mich, aber ich kämpfte mit mir selbst. Wer hatte je von Wheaton College gehört? Ich dachte immer noch, dass meine Zukunft im Gerichtssaal läge. Nachdem ich meine Knie vor dem lebendigen Christus gebeugt hatte, war ich auf seine Seite getreten. Also plante ich jetzt nicht mehr, für die Mafia zu arbeiten, sondern dachte daran, als selbstloser Held die Wehrlosen zu verteidigen. Trotzdem war ich sicher, dass meine Karriere viel erfolgreicher verlaufen würde, wenn ich an die Universität von Princeton ginge.

Aber inzwischen war die Gnade Gottes dabei, ein größeres Bestreben in mir zu bewirken. Es wurde mir wichtiger, Gott zu gehorchen, als Anerkennung zu suchen. Ich war noch nicht in der Lage, darüber nachzudenken, wie ich Gott gefallen konnte. Noch ging es einfach um Gehorsam. Ich kannte ihn noch nicht als den großartig liebevollen Vater-Gott, der er tatsächlich ist. Aber es war keine Frage, wer der Chef war. Schließlich wird uns befohlen, mit Gehorsam zu beginnen:

- „Macht zu Jüngern... lehrt sie, alles zu halten, was ich euch befohlen habe!" (Matthäus 28,19-20).
- „Durch ihn haben wir empfangen Gnade und Apostelamt, in

seinem Namen den Gehorsam des Glaubens aufzurichten unter allen Heiden…" (Römer 1,5).

Pastor Tubbs gab mir ein Exemplar des *Moody Monthly* vom Juni. Dort gab es Anzeigen christlicher Colleges (was immer das auch sein sollte). In einer Einstellung des Gehorsams verbrachte ich Stunden damit, diese Anzeigen eingehend zu studieren – und mir vorzustellen, wie es am *Bemidji Bible College* in Minnesota oder am *Omaha Bible College* (dort gab es ganze 120 Studenten) wohl wäre. Irgendwie wusste ich, dass ich meinem Ehrgeiz sterben musste, eine hoch angesehene Universität zu absolvieren. Ich schloss nach und nach alle evangelikalen Colleges bis auf die mit den meisten Studenten aus: Wheaton College und Bob-Jones-Universität.

Pastor Tubbs bestand darauf, dass Wheaton zu liberal war. Papa Ringle war anderer Meinung. Ohne irgendetwas von christlicher Politik, Denominationen oder theologischen Unterschieden zu wissen, schreckten mich beide Colleges ab. Als Städter hatte ich die Befürchtung, Wheaton müsste in einem Weizenfeld draußen auf dem Land liegen, mit Kühen drum herum. Dass *Bob Jones* damit warb, „der Welt ungewöhnlichste Universität" zu sein, machte mich auch skeptisch. Ich fand keine der beiden anziehend.

„Wer möchte auf die ungewöhnlichste Universität der Welt gehen? Herr Jones muss ziemlich eingebildet gewesen sein, sie nach sich selbst zu benennen", dachte ich. Dann bekam ich mit, dass es an der *Bob Jones* Sport nur im normalen Stundenplan gab. „Was? Keine Wettkämpfe mit anderen Colleges? Was ist deren Problem?"

Wheaton hatte eine Football-Mannschaft, sie spielten Fußball und maßen sich im Ringen mit *Notre Dame*! Aber was für mich den Ausschlag gab, war das Motto Wheatons, das geistlicher klang: „Für Christus und sein Königreich."

Um zu beweisen, dass ich ein echter Mann war, hatte ich mir selbst eingeredet, ich würde es genießen, beim American Football andere zu schlagen und selbst geschlagen zu werden. Da ich mit 1,70 Meter relativ klein war und nur 63 Kilo wog, war ich in der Mannschaft der Aspen High School der Kicker gewesen. Also erwähnte ich in meiner Bewerbung beim Wheaton College, dass ich als Kicker Zusatzpunkte geholt hatte. Zu meiner Verwunderung bekam ich einen Anruf vom Cheftrainer der Football-Mannschaft in Wheaton, Harve Chrouser. Er lud mich zu einen Football-Trainingslager im August 1958 ein. Das war's! Der Trainer lud mich in die Football-Mannschaft ein und es gab tausend christliche Mädchen. Wheaton College, ich komme!

Natürlich stand die Frage des Geldes im Raum. Ich hatte keins! Zu meiner Überraschung bot mir der *Order of the Eastern Star*, der zur Bruderschaft der Freimaurer gehörte, ein Stipendium an. Pastor Tubbs warnte mich, sie seien eine üble Geheimorganisation. Als ich mir von Papa Ringle Rat erhoffte, erzählte er mir eine Geschichte von dem Evangelisten Dwight L. Moody. Als er eine Bar in Chicago besuchte, bot ein Betrunkener ihm einen Fünf-Dollar-Schein an. Moody packte ihn und rief: „Den hat der Teufel lange genug besessen!"

„Nimm das Stipendium von Eastern Star an und lauf", riet mir Verlin Ringle mit einem Grinsen. Außerdem setzte er sich dafür ein, dass meine Studiengebühren aus dem Hilfsfonds der Armee für Kriegswaisen bezahlt wurden. Mit diesen Geldern und dem, was ich als Schulbusfahrer in Wheaton verdiente, war ich bei der Absolvierung lediglich der Bibliothek neun Dollar Überziehungsgebühren schuldig. Zudem gebe ich nur sehr zögerlich Geld für mich selbst aus, was auch eine Hilfe war, die Finanzen im Lot zu halten.

Während meines letzten Jahres an der High School war es wohl Mama und Papa Ringle zu verdanken, dass ich Jesus treu blieb. Ich kann nur ahnen wie schwierig es für sie gewesen sein muss. Ich hatte mich nie echter elterlicher Autorität unterstellen müssen. Mein Zorn und meine Bitterkeit verschwanden nicht im ersten Monat (und nicht einmal in den ersten Jahren) nach meiner Bekehrung. Es sagt sehr viel über die Ringles, dass ich ihnen vertrauen konnte. Denn ich vertraute praktisch niemandem. Alle anderen Menschen in meinem Leben hatten mich entweder betrogen, ausgenommen oder verlassen.

Die Ringles bestanden darauf, dass ich mir nach dem Schulabschluss eine Arbeit suchte, um etwas Geld fürs College zu sparen. Die Forstverwaltung bot mir an, in den Bergen rund um Aspen Wanderwege von Steinen zu säubern. Ich verdiente 1,67 Dollar pro

Stunde. Als ich eines Tages auf über 3.600 Metern Höhe arbeitete, schaute ich vom Pfad auf und fand mich Auge in Auge mit einem Weißkopfseeadler keine eineinhalb Meter entfernt. Wir waren beide für etwa zehn Sekunden starr vor Schreck, bevor er (oder sie – das ist schwer zu sagen!) von der Felswand sprang und aus dem freien Fall mit ein paar Flügelschlägen in anmutigen Gleitflug überging.

Mein Gebetsleben wurde definitiv intensiver, als ich während dieses Sommers eine Nacht in einem heulenden Schneesturm allein in der Berghütte war. Mein Kollege Jim war nach Aspen gegangen, um einzukaufen. Die einzige Ablenkung in der Hütte war ein Buch mit einer Sammlung von Gruselgeschichten von Edgar Allan Poe. Ich hatte keine angenehmen Träume!

Ein stures altes Maultier, das früher der Armee gedient hatte, sollte für Jim und mich die Vorräte tragen. Ich empfand keinerlei Zuneigung für dieses Tier, weil es jedes Mal auf meinen Fuß stampfte, wenn wir es beladen wollten (was ein weiterer Grund für mich war, Pferde zu hassen). Als wir eines Tages Mittagsrast machten, erschrak das Maultier vor einem Geräusch. Es brach den Ast ab, an den wir es gebunden hatten und raste unkontrolliert los. Es stolperte in dem felsigen Gelände, fiel, überschlug sich, zerquetschte unsere Rucksäcke, brach unsere Angelruten in Stücke und sich selbst ein Bein. Hast du schon mal versucht, in den Rocky Mountains ein Maultier zu begraben? Unser größter Fehler war, es zu erschießen, bevor wir das Loch gegraben hatten. Als das Loch dann endlich groß genug war (jedenfalls dachten wir das), hatte die Leichenstarre eingesetzt und der Leib des Maultiers war dick geschwollen. Jim und ich mussten den Bauch punktieren und den unglaublich schrecklichen Gestank ertragen, der sich ausbreitete, während wir dem Biest die Beine abhackten, damit es endlich in das Loch passte.

Am Ende jenes Sommers kam schließlich der Tag, an dem ich mich auf den Weg zur Universität machte. Ich bestieg den Zug nach Chicago in Glenwood Springs, wo ich vor fünf Jahren ausgestiegen war.

Bei unserem ersten Halt in Denver stieg ein Junge meines Alters ein. Er hatte eine Reservierung für den Sitz neben mir. Sherod

Miller war der Sohn eines bekannten Pastors in Denver. Zu meiner Verwunderung war er auch auf dem Weg, um seine Studien im Wheaton College anzutreten. Ich war auf dem Weg zum Football-Trainingslager, und Sherod war wegen des Fußball-Trainingslagers auch früher dran. Endlich hatte ich jemanden, mit dem ich christliche Bruderschaft erleben konnte. Sherod, mein erster Studienkollege, ist immer noch einer unser treuen Spender.

In Wheaton war ich bald dabei, in Football-Kluft „Selbstmord zu begehen", indem ich Runde um Runde lief, dem ständig schreienden Trainer Chrouser hilflos ausgeliefert. Dann stellte er mich in die Mitte des Spielfeldes. Von dort sollte ich über 45 Meter Entfernung schießen. Ich konnte kaum die Torpfosten sehen und traf daneben.

Nach einem *Touchdown* mit dem Fuß Extrapunkte zu erzielen, gelang mir recht gut. Aber unsere Football-Liga hatte ausgerechnet in diesem Jahr entschieden, dass ein Team zwei Punkte bekam, wenn es den Ball nach dem *Touchdown* im Laufen oder durch Pässe von einem zum anderen über die Torlinie beförderte. Per Fuß gab es nur einen Punkt. Folglich gab es für Kicker bei Trainer Chrouser keine Arbeit mehr.

Er ordnete an, dass ich eine neue Position ausprobierte. Also trainierte ich mit den *Running Backs* (Ballträgern). Aber bei den Sprints war ich so weit hinter den anderen Spielern, dass Trainer Chrouser sich vor Lachen krümmte. Er gab mir den Spitznamen „Der Blitz von Aspen". Also wechselte ich zu den *Guards* (Position im Angriff), aber meine Mitspieler dort waren viel größer und doppelt so schwer wie ich. Sie bekamen Lachkrämpfe, wenn ich versuchte, sie umzurennen. Wenn sie im Block verteidigten, konnte ich keinen von ihnen mehr bewegen als eine steinerne Mauer.

Der Gastredner in unserem Trainingslager war der olympische Zehnkämpfer Rafer Johnson. Seinen Leitspruch habe ich nie mehr vergessen: „Ein Christ ist jemand, der Jesus Christus mitnimmt, wo immer er hingeht." Obwohl ich nicht gut genug war, um öfter an Wettkämpfen teilzunehmen, war es eine riesige Ermutigung für mich, mit diesen richtig großen Kerlen zusammen zu sein, die Jesus genauso liebten wie ich. Jesus war wohl doch nicht nur etwas für kleine schwache Leute.

1958 blieb die Mannschaft von Wheaton zum ersten Mal in der Geschichte ungeschlagen. Leider war ich an der Meisterschafts-Saison nur sehr wenig beteiligt. Das ging Gary Taylor genauso. Bei genau zwei Spielen durften wir das Spielfeld betreten – gegen die Ehemaligen von Wheaton. Wir spielten in der Abwehr. Gary brachte den Läufer zu Fall und ich sprang oben auf den Haufen. Für den Rest der Saison unterstützten Gary und ich die Meisterschaft, indem wir das Ende der Ersatzbank wärmten. Es wurde Dezember, die Saison war gelaufen – und meine Football-Karriere auch.

Fünfundzwanzig Jahre später wurde ich eingeladen, bei der Andacht in Wheaton über meine Erfahrungen im Dienst unter Muslimen zu sprechen. Zu meiner Belustigung als Nicht-Sportler waren die einzigen Mitglieder des Lehrkörpers, die mir hinterher die Hand schüttelten, die vier Football-Trainer.

2008 kehrten Gary und ich zum 50. Jubiläum unseres Teams nach Wheaton zurück. Während eines Spiels anlässlich unserer Rückkehr wurden wir wie die Helden auf das Spielfeld eskortiert. In der Annahme, dass die Fans im Stadion nichts von unserer Karriere beim Zusammenspiel wussten, zogen wir unser Football-Kappen, als wären wir 1958 die Spieler-Stars gewesen. Ich meine, gesehen zu haben, dass Gott uns zuzwinkerte.

Als ich in Wheaton anfing, gab es dort ein Programm mit „älteren Geschwistern“, bei dem Studenten aus den höheren Jahrgängen Neulinge „adoptierten“. Mein „großer Bruder“ David Scholer (der später am *Fuller Theological Seminary* lehrte) begann unsere Beziehung, indem er fragte: „Bist du *prä-mill* oder *a-mill*?“[1] Da ich nicht die leiseste Ahnung hatte, dass er von verschiedenen theologischen Überzeugungen im Blick auf die Endzeit sprach, starrte ich ihn nur verwirrt an.

Da ich immer noch plante, Jura zu studieren, belegte ich Geschichte als Hauptfach. Traurigerweise fuhr ich mich bei dem Versuch fest, die Könige und Königinnen von England auswendig zu lernen. Ich muss zugeben, dass ich größeres Interesse daran hatte,

1 Prämillennialisten glauben an die leibliche Wiederkunft Jesu und Herrschaft auf der Erde für tatsächliche tausend Jahre; Amillennialisten gehen von einer symbolischen Bedeutung des Tausendjährigen Reiches aus.

die Namen der zwanzig Studentinnen zu kennen, die ich nach den Fotos in der Erstsemester-Broschüre ausgesucht hatte, als etwas über George, James oder Henry zu lernen. Etwa nach der Hälfte unseres ersten Jahres in Wheaton verknallte sich Nummer neunzehn in mich. Um genauer zu sein, sie knallte vor mir hin.

Während der Semesterferien gingen einige aus unserer Klasse zum Skifahren auf eine künstlich angelegte Skipiste in Illinois. Ich war der Einzige, der Ski fahren konnte. (Der Ski-Blindgänger von Aspen wurde in Illinois zum Ski-Champion!) Ich verbrachte meine Zeit damit, auf dem kleinen Hügel Mädels aufzulesen. Buchstäblich! Sarah Coltman war entzückt, als ich ihr aufhalf, weil sie daraus fälschlicherweise schloss, ich sei ein Kavalier. Ich fand heraus, dass sich Sarah, die auch Sally genannt wurde, auf ein Medizinstudium vorbereitete, weil sie Missionsärztin unter muslimischen Frauen in Pakistan oder Ägypten werden wollte. Ich verdrehte innerlich die Augen und dachte: „Viel Glück damit!"

Während dieses ersten Jahres interessierte mich etwas noch mehr als Geschichte – und sogar die Mädchen. Ich wollte unbedingt lernen, wie ich meinen Glauben bezeugen konnte, weil ich damit in Aspen komplett erfolglos gewesen war. Ich lief herum wie ein Kind im Süßigkeitenladen und schloss mich jeder Aktivität im christlichen Dienst an, die die College-Gemeinschaft anbot. Ich war fasziniert von allem, was Christen tun sollten und all den Wegen, auf denen wir andere erreichen konnten. (Der eine Dienst, der für mich nicht infrage kam, war Weltmission!)

Als eine meiner ersten Erfahrungen im interkulturellen Dienst war mein Einsatz bei einer wöchentlichen „farbigen Sonntagschule". (Damals wurde das Wort „Farbiger" als angemessener empfunden als das Wort „Neger".) Einmal pro Woche nahm ich den Bus ans Südende Chicagos und ging von Tür zu Tür, um den Leuten ein Bibelstudium anzubieten. Ich war erstaunt, dass eine ganze Reihe von Leuten uns tatsächlich in ihre Wohnungen bat, um ihre Kinder zu unterrichten. Ich schrieb in mein Tagebuch:

> *Bin sehr ermutigt zu merken, dass Robert Emorys Gebet um Errettung sich als echt zeigt. Er stellt gute Fragen. Er geht gern mit mir durch das Haus, um dort mit anderen Leuten zu spre-*

chen. Mit einer alleinerziehenden Mutter, die kaum lesen konnte, las ich in der Übersetzung von Phillips. Sie hörte aufmerksam zu und bemerkte dann: „Das ist in Ordnung, aber das ist nicht unsere Bibel... wir haben die Heilige Schrift!“ Also zurück zur King James!

In Wheaton traf ich zum ersten Mal überzeugte Christen, die keine Baptisten waren. Anfangs verwechselte ich Leute aus Brüdergemeinden mit Zeugen Jehovas, weil sie ein anderes geistliches Vokabular benutzten, als ich es gewohnt war. Aber dann stellte ich fest, dass der Wheaton-Absolvent Jim Elliot, der zwei Jahre zuvor als Missionar in Ecuador umgebracht worden war, aus den Brüdergemeinden kam. Also konnten sie nicht so schlecht sein. Noch fesselnder fand ich, Presbyterianer zu treffen, die an die Bibel glaubten. Sie schienen Gott mit ihrem Verstand zu lieben.

Im Unterschied zu mir kamen die meisten anderen Studenten in Wheaton aus evangelikalen Familien. Sie hatten alles schon gehört – manchmal bis zum Erbrechen. Viel zu viele Studenten waren in Wheaton, weil ihre Familien aus Angst vor weltlichen Universitäten darauf bestanden hatten. Wes Craven, mit dem ich im ersten Jahr auf einem Flur lebte, dirigierte später als Regisseur in Hollywood Horrorfilme – obwohl er die ersten zweiundzwanzig Jahre seines Lebens gute biblische Lehre bekommen hatte.

Ich suchte nach den geistlichen Typen, den „Fundamentalisten“. Gary Taylor, der mit mir die Ersatzbank in Aspen gewärmt hatte, fühlte sich eher bei den Partygängern in der Gruppe Young Life zu Hause. Wir alberten herum, ich hätte mich den Pharisäern angeschlossen und er den Sadduzäern. Mein Zimmergenosse im zweiten Jahr, Bill Kenny, und ich wollten einander immer eine Nasenlänge voraus sein, indem wir darin konkurrierten, wer länger in unserem begehbaren Gebets-Wandschrank bleiben und die Bibel lesen konnte.

In meinem Bestreben, mit den geistlichen Jungs zusammen zu sein, machte ich die Bekanntschaft eines unbekannten Absolventen von Wheaton, Bill Gothard, der Bibelkreise in Schulen organisierte. Er bat mich, eine Gruppe in Roselle in der Nähe von Wheaton zu begleiten. Als er später eine neue Arbeit entwickelte, wurde ich sein Assistent. Oft gebrauchte er kluge Illustrationen mit Kreide, um biblische Wahrheiten zu erklären. Wir schleppten seine Tafel von Gemeinde zu Gemeinde und erklärten den Pastoren die Prinzipien, die später in sein „Institute of Basic Youth Conflicts" einflossen. Gothards Dienst war eine große Hilfe für viele Jugendliche.

In den 70er-Jahren zogen seine Wochenseminare in einer Stadt nach der anderen bis zu 10.000 Zuhörer an. Während dieser Zeit war ich aus Indien zurück und bat ihn um kostenlose Eintrittskarten für eines seiner Seminare, das im Basketball-Stadion von Philadelphia durchgeführt wurde. Von unserem Aussichtspunkt ganz oben im Stadion brauchte ich ein Teleskop, um meinen früheren Boss zu sehen. Als ich mein großes rotes Programmheft aufschlug, sah ich, dass die Lektion für den Abend etwas beinhaltete wie „Zweiundzwanzig Dinge, die du als Geschiedener tun musst, bevor du Gott dienen kannst." Vielleicht lag es daran, dass wir in unseren Sitzen dort oben dem Himmel so nah waren, dass ich zu spüren dachte, dass Gott über meine Schulter das Programm verfolgte und flüsterte: „Das wusste ich nicht! Ich dachte, ich hätte nur gesagt ‚Geh und sündige hinfort nicht mehr'!"

Bei den Bibelstudien im Süden Chicagos und bei Bill Gothard mitzuarbeiten war immer noch nicht genug für mich. Vielleicht war mein wirkliches Studiengebiet in Wheaton „Aktivität außerhalb des Lehrplans". 1959 kam Pete Gillquist von Campus für Christus ans Wheaton College, um manche von uns zu trainieren und dafür zu gewinnen, Jesus an nahe gelegenen weltlichen Hochschulen zu bezeugen. Wir merkten, dass wir endlich jemanden getroffen hatten, der uns helfen konnte, unseren Glauben effektiver an Nichtchristen weiterzugeben. Pete „bewaffnete" uns mit einer kleinen Broschüre zum Weitergeben und nahm uns als Gruppe mit an die angesehene Universität von Chicago. Zu unserer Überraschung entdeckten wir, dass wir Studenten dazu bekommen konnten, über den Anspruch Jesu nachzudenken, indem wir sie nach dem Thema der kleinen Broschüre fragten: „Hast du schon von den vier geistlichen Gesetzen gehört?"

Pete tat mehr, als mir nur zu helfen, meinen Glauben weiterzugeben. Er half mir, Gottes umfassende Vergebung zu verstehen.

In seinem Buch „*Love is Now*“ illustrierte Pete das Herz unsers himmlischen Vaters. Er schrieb von einem Mann, der es einfach nicht schaffte, mit einer bestimmten Sünde zu brechen. Trotzdem war er ein bußfertiger junger Gläubiger. Also schrie er jedes Mal zu Gott: „Herr, ich habe es wieder getan!“ Gott der Vater, der voller Vergebung ist, antwortete: „Was denn getan?“ (Gillquist, 1970, S. 36)

Bis zu diesem Zeitpunkt hatte ich mir Gott so ähnlich wie Trainer Chrouser vorgestellt. Wenn ich dabei versagte, im Spiel korrekt zu agieren, nahm ich an, dass Gott das Klemmbrett mit seinen Notizen empört zu Boden warf. Welche Freude war das für mich, als die Wirklichkeit der Zusagen Gottes in mein tiefstes Bewusstsein sank. „Er wird sich nicht mehr an meine Sünde erinnern“ (Hebräer 8,12, meine Übertragung). „Er hat meine Sünde so weit von mir entfernt, wie der Osten vom Westen ist“ (Psalm 103,12, meine Übertragung). „So gibt es nun keine Verdammnis für die, die in Christus Jesus sind“ (Römer 8,12). „Wenn Gott für uns ist (und er ist es), wer kann gegen uns sein?“ (Römer 8,31). „Er denkt daran, dass wir Staub sind“ (Psalm 103,14). „Sein Erbarmen ist jeden Morgen neu“ (Klagelieder 3,22-23, meine Übertragung).

In meiner Unreife und Kurzsichtigkeit schloss ich, dass das Studium von Königen, Königinnen und Kriegen wenig mit dem Dienst für Gott zu tun hatte. Sobald ich in der Prüfung über britische Geschichte durchfiel, wechselte ich zu englischer Literatur als Hauptfach. (Vielleicht dachte ich, ich würde mal Bücher schreiben.) Aber ich wurde wieder einmal desillusioniert, als meine Professorin für Shakespeare den Eindruck bei mir hinterließ, dass sie Shakespeare mehr liebte als Jesus. Jedenfalls war ich viel zu unreif und ungeduldig, um Poesie aus der Ära Elisabeths I. zu schätzen.

Als Weihnachten 1958 näher kam merkte ich, dass ich etwas tun musste, wenn ich für meine neue Familie, die Ringles, Weihnachtsgeschenke mit nach Aspen nehmen wollte. Ich nahm eine Arbeit in der Nachtschicht bei der Post von Chicago an. Damals wurde die Post per Hand sortiert. Von Mitternacht bis um acht Uhr morgens stand ich vor einer riesigen Wand voller kleiner Boxen für jeden Ort im Staat Washington. Einmal erwischte mich der Vorarbeiter dabei, wie ich im Stehen schlief. Ich hatte alle Briefe in den Schlitz für *Walla Walla* gesteckt. Aber zumindest verdiente ich etwas Geld, sodass ich nicht mit leeren Händen zu meiner Adoptivfamilie heimfahren musste.

Im Gegensatz dazu erlebte ich in der Beziehung zu meiner leiblichen Familie im Sommer darauf einen weiteren Tiefschlag. Papa Ringle hatte meine Großmutter väterlicherseits, Natalie Foss, ausfindig gemacht. Er ermutigte mich, sie am Anfang des Sommers zu besuchen. Er hatte Frau Foss versichert, dass ich keinerlei Ansprüche an sie stellen würde. Vielleicht war sie damit einverstanden, dass ich sie in Boston besuchte, weil sie keine anderen Enkelkinder hatte. Also fuhr ich los, um eine Frau zu besuchen, die bis vor Kurzem nicht gewusst hatte, ob ich überhaupt am Leben war, eine Person, die ich nie getroffen, mit der ich mich nie geschrieben hatte. Sie war die Mutter eines Mannes, der mich nie gesehen hatte, der einfach nur zufällig mein Vater war. Als ich auf ihre Wohnung in einer gehobenen Wohngegend zuging, fragte ich mich, wie stark die Gene meines Vaters beeinflussten, wer ich war. Wie geschockt war ich, als meine Großmutter die Tür öffnete und ich zum ersten Mal realisierte, dass ich zur Hälfte Jude war.

Wie die meisten Kinder hatte ich die Vorurteile meiner Mutter übernommen, ohne sie infrage zu stellen. Obwohl ich keine Afro-Amerikaner oder Latinos persönlich kannte, fühlte ich mich ihnen überlegen. Aber ich hatte massive Vorurteile gegen Juden. Während ich noch abzuwägen versuchte, was mein jüdisches Erbe für Auswirkungen hatte, gab Frau Foss mir eine Tasse Tee und stellte mir ein Ultimatum. Entweder würde ich jegliche Beziehung mit meiner Mutter, „der Schlampe", abbrechen und nie wieder ein Wort mit ihr reden, oder ich müsste mich entscheiden, keinen weiteren Kontakt mit ihr, meiner Großmutter väterlicherseits, zu haben.

Meine Wertschätzung für die Lebensentscheidungen meiner Mutter war nicht viel höher als die meiner Großmutter. Trotzdem empfand ich ihre Forderung als den Inbegriff der Arroganz, zumal wir einander erst seit fünfzehn Minuten kannten. „Ich bin mir nicht so sicher, dass ich das tun kann", stammelte ich als Antwort. Frau Foss stand auf, brachte mich zur Tür, sagte „Es war schön dich zu treffen" und begleitete mich hinaus.

Wieder verlassen! Ich habe mir oft gewünscht, ich hätte die passende Haltung und weisen Rat gehabt, um zu wissen, wie ich diese Beziehung wiederbeleben hätte können. Aber ich hatte beides nicht. Ich bedauere, dass wir nie wieder miteinander gesprochen oder uns geschrieben haben.

Von Boston ging ich zurück nach Aspen und arbeitete wieder für die Forstverwaltung. Weil ich gern mit Menschen zusammen bin, entschied ich mich, mit einem *Pickup* durch die Campingplätze zu fahren, um die Camper zu begrüßen und Müll einzusammeln. Bevor das langweilig wurde, brach ein Waldbrand aus. Ich war begeistert von der Möglichkeit, ein Held zu sein und den Wald zu retten. Aber weil ich relativ klein war, entschied der Förster, dass ich mit einem 25-Liter-Tank auf dem Rücken durch die heiße Asche der abgebrannten Waldstücke gehen und die rauchenden Baumstümpfe bespritzen sollte. Obwohl die Flammen gelöscht worden waren, war die Hitze immer noch so intensiv, dass mir der Schweiß aus allen Poren drang. Ich fragte mich, ob die Hölle wohl so war.

Meine Erfahrungen am Wheaton College haben mich sicher für den Rest meines Lebens geformt und vorbereitet. Täglich saßen wir in den Andachten und hörten einigen der großartigsten Bibelausleger jener Zeit zu. Ich war fassungslos, als der britische Pastor Alan Redpath über das Gleichnis Jesu vom Weizen und dem Unkraut sprach. Ich hatte Angst, die Spreu zu sein, nicht wirklich wiedergeboren zu sein. Ich rannte zurück in mein Zimmer, fiel auf meine Knie und betete: „Herr, wenn ich nicht wirklich bekehrt bin, wenn ich nicht wirklich dir gehöre, dann unterwerfe ich mich dir jetzt sofort als meinem Herrn und Retter." Seitdem war das nie wieder eine Frage für mich.

Damals wurde erwartet, dass jeder männliche Student in Wheaton eine zweijährige Ausbildung beim Trainingskorps der US-Armee für Reserveoffiziere absolvierte. Wer danach noch zwei Jahre Fortsetzung machte, absolvierte mit einer Anerkennung als Leutnant in der Armee. Meinen ersten Eindruck einer Berufung in den Dienst hatte ich in diesem Zusammenhang. Zu der Zeit hatte ich mich entschieden, dass es wichtiger war, Menschen zum ewigen Leben zu verhelfen, als Gerichtsverhandlungen als Anwalt zu gewinnen. Als ich darüber nachdachte, wie verletzlich achtzehnjährige Rekruten in der Armee sein mussten, fragte ich mich, wer diese jungen Leute für Jesus gewinnen würde. Mit einem tiefen Anliegen für ihre Rettung entschied ich mich, mich als Armee-Geistlicher zu melden. Um mich dafür zu qualifizieren, meldete ich mich zu weiterem militärischen Training bei den *Pershing Rifles*[2]. Aber nur wenige Wochen später entdeckte ich eine andere Art von „Armee".

---

2 Eine militärische Bruderschaft für College-Studenten, in der Exerzierübungen durchgeführt wurden.

KAPITEL 7

Die Berufung

Im Oktober 1959 ging ich über das Studiengelände in Wheaton und fragte mich, was für Gott das Wichtigste sei. Dale Rhoton, ein Student im Aufbaustudium, hielt mich an. „Hallo Greg, würdest du gern an einer Gebetsnacht im *Moody Bible Institute* teilnehmen?" Er hätte genauso fragen können: „Würdest du gern Mönch werden?" – „Wofür betet ihr, dass es die ganze Nacht dauert?", fragte ich zurück.

In meiner kleinen Baptistengemeinde in Aspen hatte ich das besucht, was wir Gebetsabend nannten. Tatsächlich war es die Bibelstunde am Mittwochabend mit dem angehängten „wöchentlichen Gesundheitsreport". Am Ende des Bibelstudiums schloss der Pastor seine Bibel und fragte: „Gibt es irgendwelche Gebetsanliegen?" Gewöhnlich antwortete jemand: „Ich habe eins, das unausgesprochen bleiben soll." Vielleicht waren die Leute schüchtern, oder sie dachten, ihre persönlichen Nöte seien unserer Fürbitte nicht wert. Aber „unausgesprochen" war ein recht häufiges Anliegen. Gelegentlich nannte jemand ein konkretes Gebetsanliegen. Susie bat um Gebet für die Hüftschmerzen ihres Großvaters. Oder Joe erwähnte, dass ihm eine Prüfung bevorstand und ihm übel war. Im Ganzen gesehen ähnelte unsere lauwarme Fürbitte dem, was manche Buddhisten tun. Sie schreiben ihre Bitten auf und heften sie an eine Windmühle. Während der Wind sie dreht, hoffen sie auf das Beste. Ich hatte in meiner kleinen Gemeinde nie den Begriff „Erwartung" gehört. Wir beteten nur „Dein-Wille-geschehe-Gebete". Aber wenn Gott je auf dramatische Weise geantwortet hätte und Susies Großvater mit dem Ruf aufgesprungen wäre „Ich bin geheilt", wäre er wohl wegen pfingstlerischer Ideen unter Gemeindezucht gestellt worden. Deshalb war ich an jenem schicksalshaften Tag in Wheaton ehrlich verwirrt, als ich Dale fragte: „Wofür betet ihr, dass es die ganze Nacht dauert?"

„Die islamische Welt!", antwortete er in einem Ton, der den Schluss nahezulegen schien, jeder gute Christ würde so seine Freitagabende verbringen. 1959 wusste niemand von uns irgendetwas über Muslime. Wir hatten noch nie einen getroffen. Nur wenige Amerikaner hatten irgendwie mit dem Islam zu tun. Er war nicht der Feind – die Sowjetunion war es. Es war die Zeit des Kalten Krieges, und wir waren sicher, dass die Russen darauf aus waren, uns zu vernichten. Ein nuklearer Angriff wurde als so wahrscheinlich angesehen, dass Christen darüber diskutierten, ob wir Bunker bauen sollten oder nicht.

Dale hatte mich neugierig gemacht, und ich konnte seiner Herausforderung nicht widerstehen. Voller Stolz dachte ich, ich könne bestimmt so lange beten wie er. Außerdem hatte ich das *Moody Bible Institute* im Zentrum Chicagos schon länger mal besuchen wollen. Ich nahm seine Einladung in der Erwartung an, ein paar nette Mädels zu treffen und Kaffee mit Donuts zu genießen.

Als ich in den Gebetsraum kam, stellte ich schnell fest, dass da keine Mädels waren, kein Kaffee, keine Donuts – nur ein paar junge Männer, die auf dem harten Holzboden über verschiedenen Landkarten islamischer Länder knieten. Der Leiter der Gruppe war der zwanzigjährige George Verwer. Ich dachte, er würde mich begrüßen und wollte ihm die Hand geben. Aber er ließ sie in der Luft hängen, zeigte stattdessen mit seinem Finger direkt auf mein Gesicht und forderte mich heraus: „Welches Land beanspruchst du, Bruder?" Für einen Moment war ich sprachlos. Ich war mir nicht sicher, was er mit „beanspruchen" meinte. Aber Straßenkinder wie ich sind schnell wieder auf den Füßen. Also gab ich vor, mit ihm Schritt zu halten, und schoss zurück: „Was ist übrig?"

„Libyen. Hier hast du Libyen."

Halb betäubt schlenderte ich zu einer der Gebetsgruppen und dachte fieberhaft darüber nach, wo Libyen war. „Es ist vermutlich eine dieser Inseln vor Florida", dachte ich bei mir selbst.

In dieser Nacht fand ich heraus, wo Libyen liegt – und noch viel mehr. Nie vorher hatte ich erfasst, dass es da draußen Millionen von Menschen gab, die weder Zugang zu einer Gemeinde in ihrer Sprache noch christliche Freunde hatten, die ihnen die Geschichten von Weihnachten und Ostern erzählen konnten. Diese Tatsachen machten mir mehr und mehr zu schaffen, je länger die Nacht fortschritt. Verwer hatte Ähnlichkeit mit dem Leiter einer Rebellengruppe, die einen Umsturz plante. Ich nahm seine Ermahnung, den Anweisungen unseres Herrn in Matthäus 9,26-38 zu gehorchen, in dieser Nacht sehr ernst.

- Hebt eure Augen (schaut über das hinaus, wo eure Füße stehen).
- Seht die Menschenmengen in ihrer Not, wie zerstreute Schafe ohne einen Hirten.
- Lasst euch vom Mitgefühl bewegen.
- Betet um Arbeiter, die zu ihnen gehen, um unter ihnen zu wohnen und ihnen die gute Nachricht zu bringen.

Wir waren ein Raum voller Jungs und verbrachten die Stunden dieser Nacht damit, Gott anzuflehen, Arbeiter nach Libyen, Pakistan, Saudi-Arabien und in die Türkei zu schicken. Obwohl es mir damals noch nicht klar war, wurde diese Nacht zum Wendepunkt meines Lebens.

Ursprünglich war mein Ziel, darum zu beten, dass andere dahin gingen, wo es noch keine Gemeinde gab. Vor diesem Abend hatte ich mir nie vorstellen können, als Missionar ins Ausland zu gehen. Ich mochte Amerika. Ich mochte es, ein ganz normaler Christ zu sein. Bis vor Kurzem war ich mir sicher gewesen, dass es am besten zu dem passen würde, wie Gott mich gemacht hatte, wenn ich ein guter Anwalt würde. Obwohl ich ja schon mit dem Gedanken spielte, stattdessen Armeegeistlicher zu werden. Aber Missionar in einem Land zu werden, in dem kein Englisch gesprochen wurde? Das war für mich definitiv keine Option. Ich hatte keine Sehnsucht danach, überhaupt außerhalb der Vereinigten Staaten zu reisen. Und es kam für mich überhaupt nicht infrage, in einer Hütte mit Schlangen und Spinnen zu leben.

Aber nicht lange danach, während Gott im Begriff war, mein Lebensschiff in eine neue Richtung zu lenken, begegnete mir folgende fesselnde Frage: Wenn du dazu kämst, wie neun Jungs einen schweren Stamm einen Pfad entlangtragen; acht an einem Ende und ein armer Kerl, der verzweifelt versucht, das andere Ende zu tragen – wem würdest du helfen?

Nun, ich bin kein Intellektueller, aber die Antwort darauf konnte auch ich geben. Es ging um Folgendes: Warum Gott nicht da dienen, wo die wenigsten Arbeiter waren?

Ich konnte mir immer noch nicht vorstellen, dass Gott mich als Pioniermissionar gebrauchen wollte, der Arabisch, Urdu oder Türkisch lernt. Aber ich begann langsam zu verstehen, dass meine Ziele zu klein waren. Als ich begann, Gott als einen großen Gott zu sehen, der schwache Menschen erwählt und gebraucht, wurde mir immer klarer, dass er *jeden* effektiv und fruchtbar machen konnte.

Nachdem ich diese Nacht in *Moody* im Gebet verbracht hatte, ging ich mit einem neuen Bewusstsein für meine Bestimmung zurück in mein Zimmer in Wheaton. Heute würde ich es meine Erwählung dazu nennen, ein Apostel für die muslimischen Völker der Erde zu sein. Jeder von uns braucht diese Momente, in denen wir innehalten und danach fragen: „Worum geht es im Leben eigentlich?“ – und, spezifischer: „Worum geht es in meinem Leben eigentlich? Wozu möchte Gott mich auf dieser Erde?“

Es ist mir eine Hilfe, mir die Wahrheiten, die ich aus dem Wort Gottes kenne, neu zu vergegenwärtigen:

- Der Tor sagt: „Es gibt keinen Gott.“
- Der Schöpfer schuf uns für seine Zwecke und Ziele.
- Der Schöpfer hat über die Jahrhunderte durch seine ausgewählten, bestätigten Gefäße gesprochen. Wir haben das Wesentliche dessen, was er uns wissen lassen wollte, in der Sammlung der Botschaften seiner Leute, bekannt als die Bibel.
- Zu seiner Zeit besuchte der Schöpfer die Erde, um uns in seine Familie zu holen.
- Aber wir brauchten mehr als Information über Gott; wir haben es auch nötig, dass er uns den Wunsch und die Fähigkeit gibt,

ihm zu gehorchen. Also hat er uns, obwohl wir Gefangene im Reich der Dunkelheit waren, erlöst, als Kinder in seine Familie aufgenommen und von unserer Unfähigkeit befreit, um unser Leben so zu leben, wie er es sich vorgestellt hat.

- Er tat das, weil er uns liebt. Im Zusammenhang mit dieser Liebe lädt er uns ein, uns ihm anzuschließen, um mit ihm seine Ziele zu erreichen.
- Seine wichtigste Absicht für seine Söhne und Töchter ist, den Unterschied zu zeigen, den Jesus in uns als Einzelnem und als verbindlichen Gemeinschaften bewirkt. Dadurch sollen andere Menschen sehen, wie großartig Gott ist.
- Um das tun zu können, müssen wir mit seinem Heiligen Geist erfüllt sein, der uns erleuchtet und befähigt, seine Gaben zu gebrauchen. Einer der Zwecke dieser Gaben ist, dass wir unsere Rolle hier ausfüllen, indem wir seinem Auftrag gehorchen, unter allen Volksgruppen dieser Welt Jünger Jesu zu machen.
- Als Jünger Jesu sollen wir ihm folgen, indem wir unser Leben für die Menschen in unserer Generation hingeben. Das geschieht durch Taten des Erbarmens, während wir alle Menschen einladen, mit uns ihre Knie vor dem König der Könige zu beugen.

Im September 1956 hatte dieser König meine Aufmerksamkeit gewonnen, mich angesehen und mir befohlen: „Komm, folge mir nach!“ Mir wurde die Tatsache bewusst, dass Nachfolge Jesu den Einsatz unserer ganzen Zeit für Jesus und seine Ziele bedeutete, unabhängig davon, wie ich meinen Lebensunterhalt verdiente.

Im Oktober 1959, in jener Nacht im *Moody Bible Institute*, lächelte mein König über mich, während ich mich über eine Landkarte von Nordafrika beugte. Er lud mich ein, sein Mitarbeiter zu sein, um die unerforschlichen Reichtümer des Christus in Teilen der Welt zu verkündigen, wo er noch nicht geliebt und angebetet wurde, wo seine Gemeinde noch nicht existierte.

Paulus beschrieb es in Römer 15,20 folgendermaßen: „Es ist immer mein Ehrgeiz gewesen, das Evangelium da zu verkünden, wo

Christus noch nicht bekannt war" (eigene Übertragung). Mit Paulus kann ich sagen, dass ich „der himmlischen Erscheinung nicht ungehorsam" war (Apostelgeschichte 26,9). Zu allen Zeiten beauftragt Jesus manche Menschen, seine Apostel zu sein – ein Kader von Leuten in jeder Generation, die aus ihrem normalen Leben herausgerufen werden. Sie sollen sich Tag und Nacht dafür einsetzen, dass Gemeinschaften gehorsamer Jesusnachfolger unter all den Völkern entstehen, die noch keinen ausreichenden Zugang zu Christen haben, die die gute Nachricht kennen, verkünden und ausleben.

Im Oktober 1959 wurde mir klar, dass Gott so groß war, dass er sogar Leute wie mich in seiner apostolischen Mission gebrauchen konnte. Er würde mich befähigen, dem Gebot Jesu gehorsam zu sein und meinen Nächsten zu lieben wie mich selbst. Die bisherigen Pläne für meine Karriere lösten sich in Luft auf.

Es machte mir nichts aus, keine Karriere zu machen. Ich war unbekümmert gleichgültig im Blick auf den Widerstand von Muslimen. Aber eine Sache trieb mich um. Wo würde ich eine Frau finden, die hübsch war, mich tatsächlich mochte, mir treu sein würde und auch bereit war, ihr Leben für Muslime zu opfern?

In meinem zweiten Jahr in Wheaton hatte ich Grace aus New York kennengelernt. Sie war gebildet, witzig und unterhaltsam. Sogar unsere Ziele passten zusammen: Wir wollten beide Anwälte werden. Aber als ich mit Verwer und seinem „Haufen" zusammenkam, dachte Grace (wie die meisten unserer Mitstudenten), ich hätte mich den verrückten Reihen klösterlicher, selbstquälerischer und unausgewogener Fanatiker angeschlossen. Jedenfalls empfand sie keine romantische Zuneigung mir gegenüber. „Islamische Welt? Nein danke!", sagte Grace und lächelte.

Koral, eine Geigerin aus meinem Heimatstaat Colorado, war willens, aufs Missionsfeld zu gehen. Und sie überlegte sogar, das mit mir zu tun! Aber ich schätzte sie als zu zerbrechlich ein, um die Härten der Pioniermission zu ertragen.

Dann kam mir der kleine Rotschopf Sally in den Sinn. Ich hatte sie damals von der Skipiste aufgelesen. Bereitete sie sich nicht darauf vor, als Ärztin zu muslimischen Frauen in Pakistan oder Ägypten zu gehen? Ich fand Sally in der Bibliothek, wo sie organische Chemie paukte.

„Hallo! Erinnerst du dich an mich? Greg Livingston... Würdest du gern mit mir in die islamische Welt gehen?“ Schweigend sah sie zu mir auf und wandte dann ihre Aufmerksamkeit wieder ihren Molekular-Modellen zu.

„Gut“, dachte ich mit einem Lächeln. „Sie wird eine Herausforderung!“

Als ich verstanden hatte, dass Gott wollte, dass ich das Evangelium Tag und Nacht weitergab, schloss ich daraus, dass ich unbedingt mehr über die Bibel lernen musste. Als ich in Wheaton angekommen war, hatte ich so wenig Ahnung von der Heiligen Schrift, dass ich dachte, Hiob sei der Kleinanzeigenteil der Bibel.[1] Ich dachte, Korinther seien Säulen in griechischen Tempeln. Es war jedoch nicht so einfach, zu „Bibel und Theologie“ als Hauptfach zu wechseln, besonders, weil dafür drei Jahre Griechisch verlangt wurden. Ich merkte, dass ich es nicht schaffte, mich zum Griechischlernen zu motivieren. Nach kurzer Zeit resignierte ich: „Ich werde dem Herrn nie dienen können, weil ich bei Griechisch durchfalle.“

Ich besprach mein Dilemma mit meinem Professor. Er versicherte mir, dass er mir Nachhilfe vermitteln würde. Später bat er mich dann, zu einer bestimmten Zeit an einem bestimmten Ort zu sein, um dort meinen Nachhilfelehrer zu treffen. Als ich seinen Instruktionen folgte, wartete dort zu meinem großen Erstaunen Sally auf mich. Er hatte den süßen kleinen Rotschopf gebeten, mir Nachhilfe in Griechisch zu geben. Ich hatte nie wirklich Erfolg mit Griechisch, aber ich hatte (schlussendlich) Erfolg bei der Nachhilfelehrerin!

Tatsächlich lernte ich mit Sallys Hilfe gerade genug Griechisch, um den Kurs zu schaffen. Zusätzlich zu Griechisch und ihren naturwissenschaftlichen Kursen kam sie mit mir in die Vorlesungen über Systematische Theologie. Die meisten unserer Treffen standen im Zusammenhang mit unserem gemeinsamen Studium. Ihre Gelehrsamkeit färbte so stark auf mich ab, dass meine Noten in unserem letzten Semester in Wheaton mich sogar auf die Ehrentafel brachten.

---

1 Im Englischen werden „Hiob“ und „Arbeit“ gleich geschrieben: „Job“.

KAPITEL 8

Die erste große Reise

Im Lichte meiner neuen „exotischen“ Berufung schien es mir nur logisch, herauszufinden, was das Missionarsdasein im Ausland so mit sich brachte. Also bewarb ich mich für das Studenten-Missionsprojekt des Wheaton College im Sommer 1960. Ich wurde eingeteilt, mit der *Central America Mission* nach Honduras zu gehen. Nachdem ich zugestimmt hatte, erfuhr ich, dass die Jungs, mit denen ich an den Freitagen gebetet hatte, auch an einem Projekt bastelten, um im Sommer Neue Testamente zu verteilen. Als der Kleine, der sich unbedingt irgendwo zugehörig fühlen wollte, war ich versucht, mit Verwer, Dale Rhoton und einem neuen „Zeloten“, Roger Malstead, dazubleiben.

Roger hatte für Aufruhr in Wheaton gesorgt, indem er aus Protest sein Amt als Sprecher des Jahrgangs aufgegeben hatte. Gemeinsam mit einigen von uns war er wütend, weil seine Mitstudenten sich entschieden hatten, ihr Geld für so etwas Belangloses wie Wheaton College Jahrgangs-Jacken auszugeben. Er konnte auch nicht verstehen, warum das College Geld für eine neue Kapelle ausgab, statt es für die weltweite Verbreitung des Wortes Gottes einzusetzen.

Den Eifer dieser Jungs für den Herrn fand ich sehr anziehend, aber ich fühlte mich verantwortlich, meine Zusage zu halten und nach Honduras zu gehen. „Wenn du eine Verpflichtung eingegangen bist, dann halte dich daran!“ Papa Ringle hatte mir diesen weisen Rat eingebläut, und deshalb empfand ich, ich sollte bei dem Projekt von Wheaton bleiben. Außerdem war meine Aufgabe bei der *Central America Mission*, der kürzlich verwitweten Missionarin Charlotte Marcy zu helfen. Ich wollte sie nicht im Stich lassen.

Auf meinem Weg nach Süden Richtung Honduras hielt ich zu Hause in Aspen an. Als ich eine Ausgabe der *Aspen Times* in die Hände bekam, machten zwei Fotos auf der Titelseite mich fassungslos. Das eine war überschrieben „Greg Livingston, Sommer-Missionar in Honduras", das andere „Jim Glidden im Swimmingpool von Princeton ertrunken".

Ich starrte die Fotos an und grübelte: „Warum nicht umgekehrt? Warum hatte Gott Erbarmen mit mir und öffnete mir die Augen und nicht die meines besten Freundes Jim? Warum war ich nicht der, der in Princeton ertrunken war?" Bis heute staune ich über das unbeschreibliche, geheimnisvolle Privileg, auserwählt zu sein.

Als ich in Honduras ankam, arbeitete ich mit Paul Marcy, der am *Moody Bible Institute* war, zusammen, um seine verwitwete Mutter zu unterstützen. Charlotte zeigte mir mein Zimmer in einem kleinen Haus in dem Dorf Guinope. Bevor sie die Tür schloss, sagte sie: „Wenn du irgendetwas brauchst, lass es uns wissen, und wir werden dir sagen, wie du auch ohne zurechtkommst!"

Mein Zimmergenosse war ein junger Prediger aus Guatemala, José Maria Sandoval. Er schnarchte sehr laut mit offenem Mund. Deshalb wollte ich ihn überraschen, indem ich ein paar Tropfen aus seiner Feldflasche in seinen schnarchenden Mund tropfen ließ. Er schreckte aus dem Schlaf auf und schrie „Gas! Gas!" In der Feldflasche war kein Wasser gewesen, sondern Petroleum. Kein vielversprechender Beginn für meine Beziehung mit den Menschen von Honduras.

In ihrer konservativen Gemeinde durfte Charlotte nicht predigen, weil sie eine Frau war. Also nahm sie mich mit in verschiedene Dörfer, augenscheinlich, damit ich predigte und sie es übersetzen konnte. Aber bald merkte ich, dass ihre „Übersetzung" tatsächlich ihre eigene Predigt war und nicht das, was ich sagte. Weil mir klar wurde, dass sie viel besser als ich wusste, was „ihre" Leute brauchten, spielte ich das Spiel mit. Damit ermöglichte ich ihr, diesen Leuten das zu geben, was auf ihrem Herzen war. Schlussendlich verbrachte sie mehr als sechzig Jahre bei ihnen. Charlotte Marcy war mein erstes Vorbild einer Missionarin, die einen lebenslangen Marathon im Einsatzland lief. Eine wahrhaft großartige Dame!

Obwohl ich nur Grundkenntnisse in Spanisch hatte, versuchte ich, alles was sich irgendwie bewegte zu Jesús Cristo als dem persönlichen Retter zu führen. Mein Tagebuch belegt sowohl meine Naivität als auch den unbedingten Gehorsam dem gegenüber, was ich als Gottes Wille empfand.

Ab diesem Sommer ernannte Charlotte sich selbst zu meiner „Missions-Mama". Ich kann bestätigen, dass das Versprechen Jesu in Matthäus 19,29 wahr ist: „Und wer Häuser oder Brüder oder Schwestern oder Vater oder Mutter oder Kinder oder Äcker verlässt um meines Namens willen, der wird's hundertfach empfangen und das ewige Leben ererben." Unser himmlischer Vater versorgt uns nicht nur mit einem Ersatz für einen irdischen Vater, sondern auch für eine Mutter.

Als das Wheaton College 2009 Sally und mir den Preis für „Herausragenden Dienst für die Menschheit" verlieh, flog meine Missions-Mama Charlotte mit ihren neunzig Jahren von Honduras nach Chicago, um dabei zu sein. Es bedeutete so viel für mich, dass sie an diesem Tag da war.

Als meine Absolvierung von Wheaton näher rückte, ging ich davon aus, dass ein Missionar ein ordinierter Geistlicher sein sollte. Ein Teil des Erbes meiner Mutter war ihre Vorgabe, auf der Leiter immer bis ganz nach oben zu steigen und alle Auszeichnungen mitzunehmen, die man bekommen konnte. Also empfand ich es als wichtig, „Hochwürden Livingston" zu werden. Die Ringles waren nach Tulsa umgezogen, wo *Tulsa Baptist Temple* ihre neue Gemeinde war. Ihr Pastor Clifford Clark nahm mich als ein weiterer Vater unter seine Fittiche. Er war eine dieser Personen, die Gott perfekt in mein Leben hineingeplant hatte. Wenn ich an ihn denke, muss ich einfach lächeln. Er war der Grund dafür, dass die Denomination der *Bible Baptists* bereit war, mich zu ordinieren.

Nach meinem Sommer in Honduras war ich entschlossener als je zuvor, mein neues Bekenntnis wahr zu machen und mein Leben für die hinzugeben, die noch nie mit dem Anspruch Jesu Christi konfrontiert worden waren. Hungrig nach gleichgesinnten Kollegen schloss ich mich George Verwers „Bande" von dreizehn Männern an, um gemeinsam die Weihnachtsferien in Oaxaca in Mexiko zu verbringen. Die Reise nach Oaxaca schloss eine irrsinnige Fahrt in einem elf Jahre alten Dodge-Transporter von Chicago bis fast an die Grenze von Guatemala ein. Wir verpflichteten uns, in den neun Tagen so viele Häuser wie möglich zu besuchen.

An diesem Weihnachten ging ich mit Gordon Magney auf die Straßen. Als Gordon in diesem Herbst neu nach Wheaton gekommen war, hatte ich ihn eingeladen, mit mir zum Gebet am frühen Morgen zu kommen. Später schrieb er: „Mir war nicht danach, so früh zum Gebet aufzustehen, aber Greg ermutigte mich immer wieder, mitzukommen. Nachdem ich eine von George Verwers Einführungs-Kassetten gehört hatte, entschied ich mich, weiter dabei zu sein."

Gordon und ein anderer „Zelot", Dick Dryer, waren zwei der wunderbarsten Brüder, die man sich nur vorstellen konnte. Sie lebten in der Erwartung, dass Gott seine Kraft durch Heilung zeigen würde. Im Unterschied zu anderen Christen, denen ich begegnet bin, vergrößerte ihr Hunger nach Gottes Eingreifen ihre Entschlossenheit, alle Völker zu Jüngern zu machen, und schmälerte sie nicht.

Später arbeiteten Dick und seine Frau Shan als Pioniere in Nordafrika und im Iran. Gordon leitete Teams nach Nordindien, bevor er seinen langfristigen Dienst unter Dari-Sprechenden und Paschtunen in Pakistan und Afghanistan begann. Nach mehr als einem Vierteljahrhundert in diesen Ländern wurde Gordon 2008 in Kabul begraben. Er hatte sein Leben buchstäblich für die Afghanen gegeben.

Aber während unserer Weihnachtsferien 1960 hatten wir immer noch eine Menge zu lernen. Ich muss lächeln, wenn ich daran denke, wie wir diese neun Tage in Oaxaca verbrachten. Unser Team klopfte an eine Tür nach der anderen, um Neue Testamente zu verkaufen und kostenlose Literatur weiterzugeben. Unser wichtigstes Ziel war, das Neue Testament in die Hände der Menschen zu geben, die nie eins besessen hatten. Gordon ging die eine Straßenseite entlang und ich die andere. Er konnte ein bisschen Deutsch, aber kein Spanisch. Durch meine Zeit in Honduras sprach ich mehr Spanisch. An den Abenden waren wir beide auch das Spülteam.

Auch als Studenten verstanden wir, dass es nicht genug war, Literatur zu verbreiten. Jeder von uns flehte in erwartungsvollem

Glauben zu Gott, dass er uns einen treuen mexikanischen Mitarbeiter geben würde, der die Arbeit nach unserer Abreise weiterführen konnte. Unsere Missionsstrategie wird in 2. Timotheus 2,2 zusammengefasst, wo Paulus Timotheus anweist: „und was du von mir... gehört hast, das vertraue treuen Menschen an, die tüchtig sein werden, auch andere zu lehren!" (Elberfelder)

Nachdem wir jeden Tag acht Stunden von Haus zu Haus Bibeln weitergegeben hatten, betete jeder von uns um unseren „treuen Mann". Einmal sagte dann ein Teammitglied: „Hey, ich habe José gefunden, meinen treuen Mann." Am nächsten Tag sagte ein anderer: „Ich möchte euch Pedro vorstellen, meinen treuen Mann!" Bis zum letzten Tag hatte ich immer noch niemanden gefunden. Ich war mir nicht sicher, wie es passieren sollte. Ich stellte mir vor, dass ich an eine Tür klopfen würde, um ein Neues Testament zu verkaufen, und ein Mann würde zu mir sagen. „Hey, ich bin dein treuer Mann!"

Es ist keine Überraschung, dass das so nicht passierte. Aber nach dem Abendessen am letzten Abend ließ Dale Rhoton uns wissen: „Wir gehen noch einmal raus zu einer Straßenversammlung. Wir werden das Evangelium auf der Plaza predigen und Literatur verteilen. Dann werden wir uns gegen Mitternacht auf den Rückweg in die Vereinigten Staaten machen."

Während Dale predigte und von einem der neu entdeckten mexikanischen Gläubigen übersetzt wurde, schlich sich ein junger Mexikaner in der Menge an mich heran und flüsterte: „Soy creyente." (Ich bin gläubig.) Nachdem ich wusste, dass er Evaristo hieß, gab ich ihm begeistert ein paar Traktate zum Verteilen. Allein die Vorstellung ließ ihn bleich werden, da er so etwas noch nie vorher getan hatte. Dann verschwand er in der Menge.

Ein paar Stunden später war unsere Straßenversammlung vorbei. Während wir zurück zu unserem Transporter gingen, erblickte ich Evaristo. Er verkaufte abends um elf Petroleum-Lampen von Tür zu Tür. Ich beobachtete ihn dabei, wie er den Verkauf mit einem alten Mann in einem Nachthemd abschloss. Dann rief ich ihn herüber: „Evaristo, momentito."

Mit meinem gebrochenen Spanisch und seinem gebrochenen Englisch forderte ich ihn heraus, dem Herrn zu dienen. Er tätschelte das Geld in seiner Tasche, als wolle er sagen: „Es bringt kein Geld, dem Herrn zu dienen." Er war nicht interessiert. Ich erzählte ihm, dass ich um einen treuen Mann betete und er der einzige Gläubige war, den ich getroffen hatte. Also wäre ich sicher, er sei der richtige Mann, und ich würde weiterbeten, bis er sich selbst hingegeben habe, um dem Herrn vollzeitig zu dienen. Er zuckte mit den Schultern und murmelte etwas zum Abschied, das für mein Empfinden bedeuten sollte: „Du kannst beten bis du schwarz wirst, aber das wird nicht passieren."

Auf unserem Rückweg in die Vereinigten Staaten hielten wir an einer Tankstelle nördlich von Mexiko City. Ermutigt durch die evangelistischen Bemühungen unserer Gruppe nutzte ich die Gelegenheit und bat ein paar mexikanische Männer, den Anspruch Jesu Christi auf ihr Leben in Betracht zu ziehen. Ich war so vertieft, dass ich nicht bemerkte, dass unser Transporter losgefahren war. Er hatte kein Fenster, durch das man von hinten mit der Fahrerkabine kommunizieren konnte. Plötzlich wurde mir klar, dass die Leute vorn und hinten jeweils denken würden ich sei im anderen Teil. Ich war mitten im Nirgendwo Mexikos zurückgelassen worden.

Ich lief aus der Tankstelle und bedrängte inbrünstig zwei Mexikaner, die Verfolgung aufzunehmen. Ich saß zwischen ihnen in der Fahrerkabine, während sie mit über 110 Kilomentern pro Stunde den Abstand zu unserem antiquierten Transporter langsam verringerten. Die Mexikaner hupten den amerikanischen Transporter an – ohne Ergebnis. Also fuhr der mexikanische Barmherzige Samariter auf der falschen Seite der Straße, bis wir uns parallel zum dahinrasenden Transporter meiner Freunde befanden.

Als ich schreiend meinen Arm aus dem Fenster streckte, um sie zum Anhalten zu bewegen, hatte ich die Hand plötzlich voller Traktate. Jemand im Transporter musste meine Geste als Bitte um Literatur ausgelegt haben. Es brauchte noch mehr Geschrei und waghalsige Fahrerei, bis ich endlich zu meiner Erleichterung hörte: „Hey, es ist Livingston!"

Zurück am Wheaton College hatten wir den Heizungskeller des Gebäudes für das Aufbaustudium als Gebetsraum „in Besitz genommen". Wir klebten unsere Gebetsanliegen an eine Säule mit zweieinhalb Metern Durchmesser in der Mitte des Raumes. Jeden Tag liefen wir gegen Mittag um die Säule wie Josua um Jericho und beteten für die Anliegen. Auch Evaristos Name war dabei. Vier Monate beteten meine Freunde und ich für ihn. Ich schrieb ihm mehrmals, aber bekam keine Antwort. Nach etwa sechs Monaten bekam ich einen Brief von ihm. „Gregorio, ich wurde so krank, dass ich fast gestorben wäre. Ich wusste, dass ich mich dem Herrn Jesus unterwerfen muss, um ihm zu dienen, und das werde ich auch tun!"

Evaristo ging mit uns im Sommer 1962 in den vollzeitigen Dienst. Ich war begeistert und verblüfft von seinen Gaben. Er konnte Bücher und Bibeln an alle Mitglieder einer Familie verkaufen. Er führte ganze Familien von Zeugen Jehovahs und Mormonen dazu, ihr Leben Jesus auszuliefern. Schließlich ging er als Missionar nach Spanien und Italien und kehrte später zurück, um seinem Meister in Mexiko zu dienen.

KAPITEL 9

Einflussreiche Männer

In Wheaton entdeckte ich nicht nur meine lebenslange Berufung, sondern Gott gab mir dort in der Person von Evan Welsh einen zweiten Vater. Von meinem Bio-Papa Foss hatte ich nur die Gene, von Bob Livingston nur den Namen und nichts als Kummer von Carl Fagerstrom. Aber der Eine, der versprochen hatte, mich nicht zu verlassen noch zu versäumen, kannte meine Bedürfnisse. Von dem Cowboy-Prediger Dan Raley hatte ich das Evangelium erfahren. Von meinem zweiten Pastor, Christen-tanzen-nicht-Roy-Tubbs hatte ich gelernt, die „Welt zu meiden". Verlin Ringle war ein großartiger Beschützer und Mentor. Aber Evan Welsh, der Geistliche im Wheaton College, war der erste Mann, der mich dazu brachte, mir vorzustellen und zu schätzen, wie der Herr Jesus eigentlich ist. Für mich war Kaplan Welsh ein Jesus im Anzug mit Igelfrisur.

Falls Evan Fehler hatte, habe ich nie etwas davon gesehen. Nie zuvor hatte ich empfunden, dass jemand so umfassend um mein Wohlergehen besorgt war. Zu der großen Personengemeinde, die er geistlich versorgte, gehörten seine Familie, alte Freunde, frühere Gemeindeglieder und 2.000 Studenten in Wheaton. Trotzdem schien er immer für mich, sein ratloses Kind, verfügbar zu sein. Mein religiöser Eifer schoss jede Woche in eine neue Richtung los, wenn ich von neuen Dienstmöglichkeiten hörte. Dr. Welsh verhalf meinem Streben nach Gott zur Beständigkeit.

Die Liebe des himmlischen Vaters scheint am besten durch die Liebe menschlicher Väter weitergegeben zu werden. Kaplan Welsh gab mir das, was Paulus durch Barnabas erlebt haben musste. Er war mir ein Vater in der Art, wie Paulus es für Timotheus, Titus und Philemon war – die er jeweils „meinen echten Sohn" nennt. Mein himmlischer Vater war sich völlig im Klaren darüber, dass ich einen irdischen Vater mit seinen Charaktereigenschaften brauchte, um meinen Zorn, meine Angst davor, verlassen zu werden, meine blinden Flecken und meine Unreife zu überwinden. Ich klammerte mich an Evan Welsh.

Er hatte drei Gebetsanliegen für mich: das ich Sally heiraten würde, dass ich Missionar werden würde und dass ich ordinierter Pastor der Presbyterianer werden würde, wie er einer war. Letzteres war ziemlich unwahrscheinlich. Die Baptisten hatten mich überzeugt, dass die Kindertaufe eine Irrlehre war. Außerdem sahen die Presbyterianer, die ich kannte, nicht evangelistisch genug aus.

Ich sammelte Erfahrung in der Evangelisation unter Pete Gillquist von Campus für Christus, erlebte pastorale Fürsorge von Evan Welsh, lernte reformierte Theologie von Kenneth Kantzer und Walt Kaiser und bekam eine Sicht für die Unerreichten durch George Verwer und Dale Rhoton. Aber der Herr wusste, dass ich noch mehr Einfluss von außen brauchte, um mich auf das vorzubereiten, was vor mir lag.

Er gab es mir durch John Barrier, einen Aufbaustudenten in Wheaton. Er war entschlossen, mich nach dem Vorbild der Menschen in Beröa in Apostelgeschichte 17 zu formen – mit der Gewohnheit, die Schriften zu studieren, um zu sehen, was wahr ist. Die Studentengruppen der Navigatoren sind berühmt dafür, auf einem hohen Niveau Bibelverse auswendig zu lernen. Ich besuchte ihre Treffen mehrmals, bis der Leiter mich ausschloss, weil ich dreimal unvorbereitet gekommen war! (Bis heute erinnere ich gern Leiter der Navigatoren mit einem Grinsen daran, dass ich von ihnen ausgemustert wurde.) Obwohl John selbst von den Navigatoren ausgebildet worden war, blieb er mir nach meinem Ausschluss von den Treffen treu und brachte mir nicht nur bei, die Bibel zu studieren, sondern auch, wie ich mit anderen ein Bibelstudium durchführen konnte.

Dale Rhoton drängte mich auch dazu, Bibelverse auswendig zu lernen und darüber nachzudenken. Er gab mir das kleine Büchlein *Born to Reproduce* („Für andere leben") von Dawson Trotman.

Meine ersten Pflegeeltern. Fred Blauvelt fachte meine lebenslange Liebe zum Baseball an. Helen war eine Quelle emotionaler Stabilität.

Gelegentlich holte meine Mutter mich von meiner Pflegefamilie ab und nahm mich in den Nachtklub mit, in dem sie arbeitete. Auf diesem Foto freue ich mich Mitte der vierziger Jahre in San Diego an einem Trommel-Set und der Militärmütze, die mir ein Freund meiner Mutter geschenkt hat.

Mama und Papa Ringle waren meine geistlichen Eltern und auch meine letzten Pflegeeltern. In den frühen sechziger Jahren wurde ich in ihrer Baptistengemeinde in Tulsa, Oklahoma ordiniert.

In den frühen Tagen von OM sollten wir uns nicht wie Touristen verhalten und deshalb keine Kameras haben. Hier eines der seltenen Fotos aus jener Zeit. Ich sage dem Schweizer OM-er Daniel Moser: „Geh und gründe eine Gemeinde in Italien!“ Und er tat es!

1963 konnte ich 103 Teilnehmer für den ersten OM-Charterflug von Nordamerika nach Europa gewinnen.

Oben: Teil unseres ersten Teams, das auf dem Landweg nach Indien reiste, im Jahr 1964. Sally sitzt vorn in der Mitte; ich bin der zweite von links hinter ihr.

Unten: Ein frühes OM-Team in Indien, mit Samuel Tyagi vorn kniend.

Als wir uns 1969 in Beirut trafen, war Mazhar Mallouhi und mir nicht klar, dass wir lebenslange Freunde werden würden. Meiner Einschätzung nach stellt keiner die Ansprüche Jesu arabischen Muslimen so effektiv dar wie er.

Das ist eines meiner Lieblingsfotos von Sally. Sie war mit unserem ersten Sohn Evan im siebten Monat schwanger.

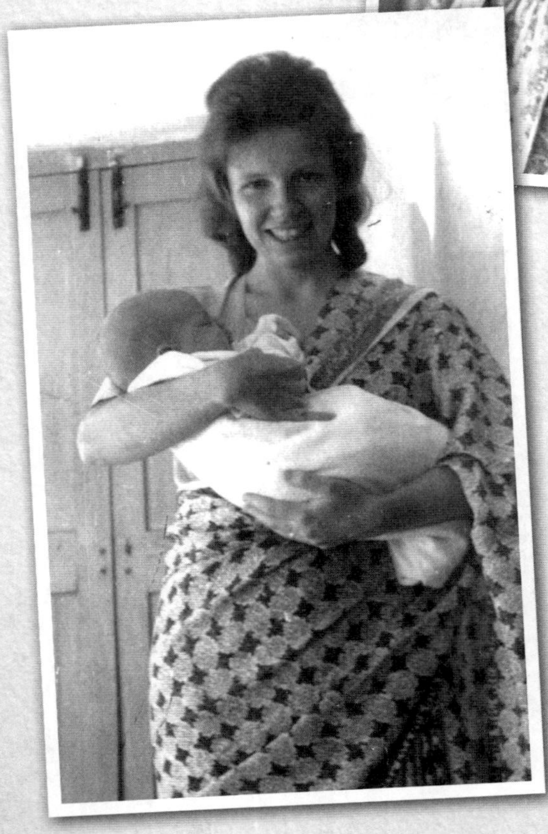

Im April 1965 brachte Sally unseren ersten Sohn Evan zur Welt. Die indischen Krankenschwestern waren überrascht, dass Evan keine Haare hatte.

Evan wurde in Pune, Indien geboren. David kam in Frankfurt zur Welt. Paul wurde in Beirut im Libanon geboren, wo dieses Foto 1971 entstand.

Mein Auftrag von George Verwer lautete 1972: OM Kanada aufbauen und 100 Kanadier für die Mitarbeit gewinnen. Neun Monate später hatte ich die Aufgabe erfüllt, und wir zogen weiter.

Auf unserem Familienfoto zu Weihnachten 1975 ist auch unsere Hündin Muzzie zu sehen, die wir nach unserem Freund Mazhar Mallouhi benannt hatten.

Vor den Büros der Nordafrika-Mission in Upper Darby, Pennsylvania: Ich war begeistert, diese vier jungen Männer, die kürzlich von der Penn State absolviert hatten, nach Nordafrika schicken zu können. Sie hatten sich herausfordern lassen, einen Weg zu finden, um die gute Nachricht von Jesus nach Libyen zu bringen. Alle vier (von links: Greg Fritz, Bob Sjogren, ich, Al Stahl und Harry Gray) blieben für Jahrzehnte im vollzeitlichen Dienst für Jesus.

Fünfzig Jahre später betone ich immer noch geistliche Vervielfältigung, wie sie in 2. Timotheus 2,2 gelehrt wird, als das wichtigste missiologische Prinzip. Wir müssen das, was uns anvertraut wurde, an andere Menschen weitergeben, die sich danach sehnen, Gott zu gefallen. Bevor ich aus der Studentengruppe rausflog, war ich bei einer Freizeit der Navigatoren in *Cedar Rapids* dabei. Der Redner war Leroy Eims. In dem überfüllten Raum saß ich buchstäblich zu Leroys Füßen und war fasziniert von seiner Botschaft über David und Goliath. Er forderte uns heraus, Riesen-Töter für Gott zu werden. Ich war so tief davon aufgewühlt, dass ich zwei Stunden durch die Maisfelder von Iowa lief und Gott inständig bat, mich zu einem seiner Riesen-Töter zu machen.

Sally meinte später einmal, dass Gott über den Jungen im Maisfeld gelächelt haben muss, weil er ja die ganze Zeit wusste, welchen Plan er für mich schon vor meiner Zeugung gefasst hatte. Er wusste, dass er mich schon ausgesondert hatte, um dabei mitzuhelfen, seine Ziele in der islamischen Welt zu erreichen.

Mit etwa zwanzig anderen Männern von christlichen Colleges im Raum Chicago, Dale Rhoton und George Verwer betete ich weiterhin jeden Freitag die ganze Nacht über. Die Millionen von Muslimen, die keine Ahnung hatten, dass Gott je auf diese Erde gekommen war, lasteten oft auf unseren Gedanken. Zusätzlich zum Gebet hörten wir auch George zu, der von Gott dazu gesalbt war, die Bibel in einer Weise zu zitieren, dass die Worte mich durchbohrten: „In Lukas 14,33 sagt Jesus ganz klar: ‚So auch jeder unter euch, der sich nicht lossagt von allem, was er hat, der kann nicht mein Jünger sein.'" Dieser Vers war der „Fehdehandschuh", den der Herr vor meinem Leben auf den Boden warf. Der Herr Jesus unterschied zwischen denen, die einfach nur mit ihm mitliefen und denen, die seine echten Nachfolger sein wollten. Diese Anforderung bedeutete die Entscheidungssituation – die Weggabelung in meinem Leben, die alles massiv beeinflusste, was ich tat oder entschied nicht zu tun.

Gott führte eine wunderbare Gruppe von Männern mit gutem Einfluss in mein Leben, aber bis heute ist der, der die größte Bedeutung für mich hatte, mein lebenslanger Freund George Verwer.

Nur achtzehn Monate älter als ich, packte dieser dürre Amerikaner mit niederländischen Wurzeln und der großen Nase mich so, wie Jesus den Zöllner Matthäus gepackt hatte. Ich konnte nicht anders, als ihm zu folgen.

Ein Buch, das einen großen Einfluss auf die Jungs hatte, mit denen ich viel Zeit verbrachte, war Roy Hessions „Der Weg nach Golgatha" (*The Calvary Road*). Abgesehen von der Bibel selbst hatte kein Buch einen solch tiefen und anhaltenden Einfluss auf meine Sicht von Gott und den Menschen. Hessions Botschaft ähnelte der von Augustinus, der sagte: „In der Gegenwart Gottes habe ich immer unrecht." Hessions Buch lehrte mich ein grundlegendes Prinzip, das umzusetzen ich immer noch wichtig finde. Auch wenn der andere mehr im Unrecht ist als ich, wenn die Fehler vielleicht nur zu zehn Prozent bei mir liegen, ruft Gott uns beide zur Buße auf. Der Heilige Geist zeigte mir, dass ich abgesehen von Jesu Schönheit, Gerechtigkeit und Wirken in meinem Leben durch und durch schlecht bin. Alles was ich tue, tue ich aus gemischten Motiven heraus. Unser Ego verschwindet nie völlig aus dem Blickfeld. Wie musste ich in meinem Leben dagegen ankämpfen, immer die Anerkennung von Menschen zu suchen. Es ist kein Wunder, dass Jesus in Johannes 12 darauf besteht, dass ein Weizenkorn keine Frucht bringen kann, wenn es nicht in die Erde fällt und stirbt.

Eine der lebenswichtigsten Lektionen, die ich von George gelernt habe, bestand darin, mit einem reuevollen und zerbrochenen Herzen Buße zu tun. Er lebte mir auch die Gewohnheit vor, Menschen nicht aufzugeben. Wenn ein Pastor, den er kennt oder von dem er weiß, in Sünde fällt, ist George einer der ersten, der ihn besucht oder anruft. Über fünfzig Jahre hat George mich schon auf dem Schirm. Er ruft an, er schreibt, er besucht mich und er betet.

KAPITEL 10

Einberufen

Im Frühjahr unseres Abschlussjahres nahm ich Sally mit in den vorderen Teil des wunderschönen Studiengeländes von Wheaton. Unter den Bäumen dort machte ich ihr einen Heiratsantrag. Aber ich muss bekennen, dass es mir heute sehr peinlich ist, zuzugeben, wie ich ihn formuliert habe:

„Hör zu, Sally, ich möchte dich heiraten, weil du bereit bist, in die islamische Welt zu gehen. Aber uns muss etwas klar sein. Solltest du krank werden und nach Hause müssen, während wir dort draußen sind, werde ich dich nicht begleiten. Bist du damit einverstanden?"

Etwas in uns beiden sagte, dass es richtig war, unser Leben gemeinsam für das Evangelium hinzugeben. Später sagte sie mir, dass sie mich gut aussehend und lustig fand... und der Herr ihr außerdem aufgetragen hatte, mich zu heiraten!

Im Frühjahr standen wir vor einer weiteren gemeinsamen Entscheidung. Sally und ich mussten die Missionsgesellschaft wählen, mit der wir in die arabische Welt und schließlich nach Libyen gehen wollten. Wir hatten uns bei der Presbyterianischen Kirche der USA beworben und fuhren zu unserem Vorstellungsgespräch mit deren Vorstand nach New York City. Dort war ich fassungslos, als der ägyptisch-stämmige Vorsitzende uns wütend wissen ließ, es sei arrogant zu denken, Muslime bräuchten Jesus. Er wolle ganz bestimmt nicht, dass Amerikaner mit dem Ziel Missionare würden, dass Muslime gerettet werden.

Also waren die Presbyterianer vom Tisch. Aber bevor wir andere Organisationen in Erwägung ziehen konnten, landete ich im

Krankenzimmer des Wheaton College – mit einem so schweren Fall von Pfeifferschem Drüsenfieber, dass ich kaum noch laufen konnte. Wieder ist es mir peinlich zuzugeben, wie ich mir das eingefangen hatte. In meinem Eifer, die Zeit auszukaufen, schien es mir Luxus zu sein, jede Nacht zu schlafen. Mir kam eine Idee, die ich für revolutionär hielt. Ich entschloss mich, tagsüber die Vorlesungen zu besuchen und zu evangelisieren und jede zweite Nacht zu studieren. Also schlief ich in der Nacht zu Montag, studierte in der Nacht zu Dienstag, schlief in der Nacht zu Mittwoch, studierte in der Nacht zu Donnerstag und so weiter. Mein Plan funktionierte – für eine Weile. Aber wie bei einem Auto, das man ohne Öl fährt, war der Zusammenbruch unausweichlich. Ich bekam so heftig Pfeiffersches Drüsenfieber, dass der Arzt am College verkündete, ich würde für mindestens ein Jahr weder arbeiten, noch studieren, noch irgendetwas anderes tun können.

Als ich in meinem Krankenhausbett lag und gegen die Prognose des Arztes rebellierte, besuchte mich Dr. Francis Steele von der Nordafrika-Mission (NAM). Er kam um nachzufragen, warum Sally und ich unsere Bewerbung nicht weiterverfolgt hatten. Die NAM war die einzige Organisation mit Missionaren in Libyen gewesen. Aber es schien mir, dass die meisten ihrer Missionare aufgegeben hatten, weil sie mit hohen Erwartungen gegangen waren. Für einen von Verwer beeinflussten „Zeloten" wie mich schien die NAM nicht sehr überzeugend. Außerdem waren die letzten Mitarbeiter der NAM in Libyen gerade ausgewiesen worden, sodass man meinte, die Tür nach Libyen sei für Missionare verschlossen.

Also besprach ich ohne großes Interesse unsere Optionen mit Dr. Steele. Plötzlich flog die Tür des Krankenzimmers auf und verbarg Dr. Steele vor meinem neusten Besucher – Bill Bright, dem Gründer von Campus für Christus. Er war offensichtlich in Eile und verkündete ohne große Vorrede: „Wir sind bereit, dich zu nehmen, Livingston. Wenn du Strategie willst, ist die Universität der richtige Platz!" Er sprach ein kurzes Gebet und ging.

Dr. Steele schloss vermutlich, ich sei ein hoffnungsloser Fall, und folgte Bright kleinlaut durch die Tür. Ich war nicht besonders beunruhigt. Ich denke ich hatte mich damals schon entschieden, mich mit George Verwer in einer unbekannten Mission zusammenzutun, die noch kaum existierte. Zu der Zeit nannte er sie *Send the Light*, später wurde sie dann zu *Operation Mobilisation* (OM).

Es war alles etwas irrwitzig. Es ging mir noch so schlecht, dass ich nicht in der Lage war, mit irgendjemandem irgendwohin zu gehen. Trotzdem war ich entschlossen, nach meiner Absolvierung einen Monat später ein Team nach Mexico zu leiten. Und dann, am Ende des Sommers, wollte ich Sally heiraten.

Die Absolvierung nahte heran, und ich bekam einen Brief vom Präsidenten der Vereinigten Staaten:

> *Herzlichen Glückwunsch! Sie wurden aus den Bürgern der Vereinigten Staaten ausgewählt, um ihrem Land in der Armee der Vereinigten Staaten zu dienen.*

Die Zurückstellung wegen meines Studiums war abgelaufen. Ich wurde zu Tests und körperlichen Untersuchungen in Chicago einbestellt. Während der Untersuchung stieß der Mitarbeiter unsanft meinen Kopf nach vorn, um ihn näher an die Vorrichtung für den Sehtest zu bringen. Für einige Sekunden sah ich völlig verschwommen. Das hatte zum Ergebnis, dass meine Sehfähigkeit als sehr schlecht eingestuft wurde, obwohl sie tatsächlich hervorragend war.

Dann kam der Test. Als es um Werkzeuge ging, erreichte ich null Punkte – ich konnte keines erkennen. Ich versagte auch dabei, mir vorzustellen, welche Form eines Objektes dabei herauskam, wenn man Diagramme an gepunkteten Linien faltete. Im Englisch-Test schaffte ich 100 Prozent. Die Schlussfolgerung der Armee war, dass ich meinem Land als Transporter-Fahrer dienen sollte. Sie schienen nicht zu merken, dass ich durch die Krankheit so geschwächt war, dass ich kaum laufen konnte.

Zu diesem Zeitpunkt empfand ich, dass ich schon in die „Armee" des Herrn eingezogen worden war. Also rief ich das Büro der Einzugsbehörde in Aspen an. Miss Berg, eine fünfundsiebzigjährige Dame, stellte den gesamten Einberufungs-Ausschuss von Pitkin County, Colorado dar. „Miss Berg, ich habe gerade meine Einberufung in die Armee bekommen, aber ich hoffe, Pastor und Missionar zu werden. Ich brauche eine Zurückstellung aufgrund geistlichen Dienstes.

„Um Landes willen!", rief sie aus. „Wir haben seit Menschengedenken keinen Geistlichen mehr von diesem County gehabt. Das sieht ja aus, als wären wir Heiden. Sie bekommen die Zurückstellung!" Also war ich frei, meinem Kommandeur, dem Herrn Jesus, dem König der Könige zu dienen.

Ja, ich war frei. Mit Ausnahme dessen, dass mir die Abschlussprüfungen bevorstanden und ich so schwach war, dass der College-Arzt wiederholte, ich würde für ein Jahr weder arbeiten noch irgendetwas anderes tun können. Ich würde ganz bestimmt nicht für den Sommer als Missionar nach Mexiko reisen oder im August heiraten.

Ich war sicher, dass Gottes Prognose anders war als die des Arztes. Ich war weit davon entfernt, das zu sein, was man heute einen Charismatiker nennen würde (und die meisten würden sagen, dass ich es immer noch nur zu 49 Prozent bin). Ich hatte keinerlei Erfahrung mit Heilungen, aber George Verwer ermutigte mich, indem er mich in einer Notiz, die er aus Spanien schrieb, einfach daran erinnerte: „Jakobus 5 gehört immer noch zum Buch!"

Ich schlug den Abschnitt in Jakobus 5,14 und 15 nach:

> *Ist jemand unter euch krank, der rufe zu sich die Ältesten der Gemeinde, dass sie über ihm beten und ihn salben mit Öl in dem Namen des Herrn. Und das Gebet des Glaubens wird dem Kranken helfen, und der Herr wird ihn aufrichten.*

Nun war ich nicht Teil einer Gemeinde, die Älteste hatte. Also rief ich die Brüder zusammen, die aus meiner Sicht das effektivste Gebetsleben hatten. (Ein paar Kerle aus meiner Theologie-Vorlesung dachten, dass ihr mangelnder Glaube meine Heilung verhindern würde.) Gordon Magney lud den Pastor der örtlichen Gemeinde Gottes ein, der uns als Gruppe sagte: „Keine Sorge! Ich kann sogar mich selbst heilen!"

Bis heute weiß ich nicht, wen der Herr gebraucht hat. Aber er schien die Tatsache zu belohnen, dass wir im Gebet um meine Heilung eins waren, damit ich dann nach Mexiko reisen konnte. Eine

Stunde lang beteten sie für mich, indem sie mir die Hände auflegten und mich mit Öl salbten. Dann ging ich nach Hause. Ich war immer noch so schwach, dass ich die Treppen zu meinem Zimmer nur auf Händen und Füßen hochkam. Aber am nächsten Morgen zog ich mir im Vertrauen auf Gottes Zusagen die Tennisschuhe an, ging zum Sportplatz des Colleges und lief gut eineinhalb Kilometer.

Ich war so begeistert von meiner neuen Energie, dass ich vom Sportplatz direkt zur Krankenstation des Colleges und in das Büro des Arztes lief und ihn informierte, ich sei geheilt. Skeptisch antwortete er: „Nun, wir werden ja sehen." Er veranlasste einen Bluttest, der zeigte, dass ich zu 80 Prozent wiederhergestellt war.

Ich fragte mich, warum ich nicht völlig geheilt worden war. Ich schaute finster zum Herrn auf und dachte: „Gott, du hast wirklich eine Chance verpasst, diesem Arzt eine Lektion zu erteilen. Aber im Laufe dieses Tages half der Vater mir, es zu verstehen: „Du wolltest deine Kraft wiederhaben, um mir in Mexico zu dienen. Die hast du! Ich habe dich nicht zu 100 Prozent geheilt, weil ich wusste, dass du das Eigentliche vergessen und denken würdest, du müsstest jetzt Krankenhäuser leeren. Aber das ist nicht meine Berufung für dich. Vergiss nicht, wozu ich dich berufen habe – dein Leben für muslimische Völker hinzugeben!"

Mir wurde klar, dass ich Sallys Mutter um ihren Segen bitten musste, falls Sally und ich heiraten sollten. Bevor ich so krank wurde, war ich während der Frühjahrsferien nach Pittsburgh in Pennsylvania gefahren, um Frau Coltman zu treffen. Auch wenn Sally wie ich weitgehend ohne Vater aufgewachsen war, glich ihr Familienleben meinem doch nicht im Geringsten. Sie kam aus Mt. Lebanon, einem ziemlich noblen Vorort von Pittsburgh. Ihr Vater hatte bei der Arbeit einen Herzinfarkt erlitten und war gestorben, als Sally erst sieben war. Mama Coltman zog ihre fünf Kinder, die damals zwischen sechzehn und fünf Jahre alt waren, weiter mit Gnade und Weisheit auf. Ihre Gemeinde gab ihr eine Arbeit als Buchhalterin, sodass sie von zu Hause aus arbeiten konnte. Eine Lebensversicherung und die Unterstützung vieler Freunde waren natürlich auch eine Hilfe.

Auf meinem Weg nach Pittsburgh bereitete ich mich darauf vor, die klassische Frage zu beantworten: „Wie willst du meine Tochter ernähren?“ Ich hatte eine Predigt zum Thema Leben aus Glauben parat. Aber Mama Coltman fragte nicht nach den Finanzen. Die wesentliche Frage an mich als möglichem Schwiegersohn war: „Was hältst du von Donald Grey Barnhouse?“

Ich war sprachlos. Ich hatte nie von Barnhouse gehört, dem großartigen Prediger in Philadelphias Tenth Presbyterian Church. Aber ich versprach, seine Bücher zu lesen, und Margaret Coltman gab ihren Segen zu unserer Heirat. Ich bin immer noch dankbar dafür, dass sie durch all meine Unreife hindurch einen jungen Mann nach dem Herzen Gottes sah.

Sally und ich hatten uns geeinigt, Ende August zu heiraten. Aber aufgrund meiner Angst, die falsche Frau zu heiraten, bestand ich darauf, dass sie den Sommer in Mexiko verbrachte, um zu bestätigen, dass wir wirklich zusammengehörten. Sie sollte mir zeigen, dass sie die Voraussetzungen mitbrachte, die meiner Ansicht nach nötig waren. Obwohl sie an Weihnachten auf einem Einsatz dort gewesen war, wollte ich, dass sie sechs weitere Wochen mit einem Team von OM in Mexiko verbrachte und von Haus zu Haus Bücher und Bibeln verkaufte.

In Vera Cruz leitete ich ein Team von Männern, meist vom Moody Bible Institute, und arbeitete wieder mit meinem „treuen Mann“ Evaristo zusammen. Sally lebte in Mexiko City bei einer einheimischen Familie und arbeitete in einem Frauen-Team. Sie bestand den Test – sie war definitiv aus dem richtigen Holz geschnitzt.

Als Mitglieder von OM (oder „OM-er“, als die wir bekannt wurden) verdienten wir Geld, indem wir unsere Bücher und Bibeln verkauften. Wir versuchten, nach dem Vorbild von Apostelgeschichte 2 zu leben, „hatten alles gemeinsam“ und gaben „je nachdem es einer nötig hatte“. Drei Wochen vor unserer Hochzeit musste Sally von Mexiko City nach Pittsburgh fahren. Sie nahm einen Bus bis an die Grenze der USA, aber das Geld hatte nicht gereicht, um für die Fahrt ganz bis nach Hause zu bezahlen. Ein Verwandter überwies ihr telegrafisch das Geld für den Rest der Reise. Das war nur ein Beispiel dafür, wie unser „Leben aus Glauben“ die Mitglieder ihrer Familie nicht unbedingt positiv beeindrucken konnte.

Drei Tage vor unserer Hochzeit war es für mich an der Zeit, in die Staaten zurückzukehren. Aber bevor ich aufbrechen konnte, packten die Jungs vom Team mich, drückten mich zu Boden und rasierten mir eine Seite meines dicht behaarten Brustkorbs. Währenddessen nahmen sie eine Cassette auf, die mit den Worten begann: „Hier eine Botschaft von Greg Livingston zum Thema Liebe..." Die nächsten Worte auf der Cassette waren: „Ihr dreckigen Kerle, ihr verrückten Kerle – ich werde euch umbringen, wenn ich wieder hochkomme! Ich werde mich rächen!" Andere lieblose Worte folgten. Zum Glück wurde diese Cassette nie in größerem Maße verbreitet!

Mein Eifer für den Herrn der Heerscharen und für verlorene Menschen hatte sich schneller entwickelt als das Niveau meiner persönlichen Reife. Inzwischen kann ich ganz offen zugeben, dass wir als OM-er der ersten Zeit unausgewogen waren – und George Verwer würde dem als Erster zustimmen. Aber wir sahen alles, einschließlich unserer Heiratspläne, durch die „Linse" dieses Eifers. Wir waren entschlossen, kein Geld für unsere Hochzeit auszugeben. Wir luden nur ein paar Freunde ein, weil wir nicht wollten, dass Leute unnötig Geld für die Reise nach Pittsburgh ausgaben. Wir hatten keinen Fotografen und keine Bewirtung. Als Sally den Mittelgang hinunterging, stolperte sie fast, weil ihre hohen Absätze sich in dem weißen Papier verfingen, das wir als Läufer in der Mitte der Kirche ausgerollt hatten. Sallys Mutter bot nach der Trauung ein paar Häppchen an, aber ich wollte keine Zeit mit belanglosem Gerede verlieren. Also verließen wir nach nur einer Stunde den Empfang und meine Mutter, die den ganzen Weg von Portland gekommen war, meinen Trauzeugen Leo Punt, der sich von Chicago auf den Weg gemacht hatte und meinen lieben Pflegevater Fred Blauvelt, der von Virginia angereist war.

Aber noch gedankenloser war, dass ich nichts für unsere Hochzeitsreise reserviert hatte. Deshalb sagte ich zu Sally, wir würden „im Glauben gehen". Dieser sogenannte Glaube bedeutete, dass wir stundenlang fahren mussten, bevor wir ein Motel mit einem freien Zimmer fanden. Und, wie Sally seitdem schon öfter schonungslos gesagt hat, „es war eine Müllhalde".

Was für eine Soldatin sie war und immer noch ist! Im Laufe der darauffolgenden Jahre wäre ich in meiner Brauchbarkeit für Gott sehr eingeschränkt gewesen ohne den großartigen, treuen, unterstützenden und dienenden Geist von Sally Coltman Livingston. Sie investierte viel Zeit und Mühe, um mir zu helfen, meine Kurse zu schaffen. Trotzdem kam sie gut durch ihre eigenen Kurse mit Zoologie als Hauptfach. 1961 wurde Sally zum Studium an der medizinischen Hochschule zugelassen, lange bevor das für Frauen üblich war. Sie hatte mit der Frage gerungen: „Soll ich Greg heiraten, Medizin studieren – oder beides?“ Ich machte ihr Mut, Ärztin zu werden, muss aber zugeben, dass mein Ego bei dem Gedanken etwas angekratzt war, wir würden als „Herr und Doktor Livingston“ vorgestellt.

Bevor wir Wheaton verließen, machte Sally einen langen Spaziergang mit ihrer guten Freundin Jackie Thornson, um es mit ihr durchzusprechen. Sie sagt im Rückblick, dass Jackie nichts Besonderes gesagt hätte, sie aber am Ende ihres Spaziergangs und Gesprächs wusste, dass der Herr ihr auftrug, mich zu heiraten und das Medizinstudium aufzugeben. Sally hatte schon vorher angefangen, daran zu zweifeln, dass Medizin Gottes Weg für sie war. Sie hatte vor allem Ärztin werden wollen, um im Nahen Osten arbeiten zu können. Aber inzwischen hatte sie gemerkt, dass sie evangelisieren und Jünger machen konnte, auch ohne Ärztin zu sein. Damals hatten wir noch kein evangelikales Bewusstsein für soziale Fragen entwickelt. Wir sahen einfach das Ziel, dass Menschen das Reich Satans verließen und in Gottes Reich eintraten, als die klar oberste Priorität, die nicht infrage zu stellen war.

KAPITEL 11

Auf neuen Wegen

Nach einer kurzen Hochzeitsreise über die Niagarafälle zurück nach Illinois kehrte ich nach Wheaton zurück, um mich durch weitere Studien auf meinen Dienst als Missionar vorzubereiten. Damals gab es in Wheaton keine Kurse in Missiologie. Deshalb belegte ich ein Magisterprogramm in Christlicher Erziehung.

Wir mieteten eine Ein-Zimmer-Wohnung für 72,50 Dollar pro Monat und Sally fand eine Arbeit im Besuchsdienst der *Roselle Evangelical Free Church*, bei der sie von Haus zu Haus ging. Einer Frau, die hungrig nach Gott zu sein schien, gab sie ein Exemplar des Neuen Testaments in der Übersetzung von Phillips. Sally war verblüfft, dass die Frau es nach einer Woche schon von vorne bis hinten durchgelesen hatte. „Was ist Ihnen besonders aufgefallen?", fragte Sally. Die Frau antwortete: „Dieser Kerl, Paulus, mochte Frauen nicht besonders, oder?"

Kurz nachdem ich mein Weiterstudium begonnen hatte, bekam ich mit der Post einen Papierschnipsel aus Spanien. Es war eine Anordnung von George Verwer, in der er mich beauftragte, im kommenden Sommer 1962 ein Charterflugzeug voller junger Männer aus Nordamerika zum OM-Sommereinsatz nach Europa zu bringen.

Verwers Vision war, 2.000 junge Leute dafür zu gewinnen, ihre Sommerferien einzusetzen, um jedes Haus in allen Städten und Dörfern der fünf vornehmlich katholischen Länder Österreich, Belgien, Frankreich, Italien und Spanien zu besuchen. Wir würden Neue Testamente, evangelistische Bücher und Einladungen zu einem Bibelfernkurs weitergeben. Während also George und andere in Europa Leute rekrutierten, war es meine Aufgabe, das in den USA zu tun.

In den frühen 1960er-Jahren sandten Gemeinden gelegentlich mal ein paar Leute aus, um ein Gemeindehaus in Mexiko oder eine Schule in Mittelamerika zu bauen. Aber Kurzzeiteinsätze, wie George sie beabsichtigte, waren selten. Nicht wenige Leute kritisierten den Plan von OM, Studenten für einen Sommer nach Europa zu bringen, als furchtbare Verschwendung von Missionsgeldern.

Nichtsdestotrotz ging ich zu einem Reisebüro in Wheaton, um ein Flugzeug für den kommenden Sommer zu chartern. Dienstbeflissen telefonierte der Mitarbeiter herum, um den Preis für eine Chartermaschine nach Paris und zurück zu bekommen. Dann verkündete er mir den Preis: 27.000 Dollar. Ungläubig riss ich meine Augen weit auf und platzte heraus: „Nein, nein, ich will kein Flugzeug kaufen, ich will es nur einmal benutzen!“ Für einen Studenten ohne Unterstützer oder Organisation hätten die 27.000 auch 27 Millionen sein können.

Ich gab dem Mann die 15 Dollar, die ich in der Tasche hatte, als Anzahlung. Er gab mir einen Zeitplan, wann ich die nächsten drei Zahlungen zu leisten hatte. Wie sollte ich das schaffen? Ich fühlte mich furchtbar allein und verängstigt.

Ich schrieb alle Bibelschulen und christlichen Colleges an, von denen ich wusste. Ich schrieb, wann ich plante, zu ihnen zu kommen, und fragte: „Dürfte ich bitte in Ihrer Andacht sprechen, um Ihren Studenten von dieser Möglichkeit mit Operation Mobilisation zu erzählen?“ Im Rückblick bin ich vollkommen verblüfft, dass ich als unbekannter junger Mann mit einer Organisation, von der niemand je etwas gehört hatte, von all diesen Schulen das Angebot bekam, in ihrer Andacht zu sprechen – mit einer Ausnahme, die mir stattdessen eine Abendveranstaltung anboten.

Ich fand ein großartiges Angebot des Busunternehmens *Greyhound*. Für nur 99 Dollar konnte ich neunundneunzig Tage mit dem Bus fahren. Also bat ich meine frischvermählte Braut, meine Vorlesungen zu besuchen und gut mitzuschreiben. Ich würde rechtzeitig zu den Abschlussprüfungen wieder zurück sein.

Mein Ziel war es, alle 113 Sitze in dem Charterflugzeug zu füllen. Nachts schlief ich im Bus und sprach tagsüber zu jeder Zuhörerschaft, die ich nur irgendwie zusammentreiben konnte. Die Einladung galt nur Männern. Hier ging es um „Krieg", und zu jener Zeit gingen Frauen nicht in den Krieg.

Wenn Studenten fragten, was es kosten würde, erzählte ich ihnen von unserer Einstellung bei OM: „Wenn du nicht alles aufgibst, was du hast, kannst du nicht mein Jünger sein!" In der Lauterkeit vor Gott sollte jeder Mann das beitragen, was er konnte. Einer gab 40 Dollar, ein anderer 4.000! Wir schickten den Bewerbern einige Bücher und Kassetten mit Georges Einführungsbotschaften. Ansonsten war die einzige Voraussetzung, am verabredeten Tag im Juni bei einer bestimmten Gemeinde in New Jersey zu sein. Von dort sollten Busse der Gemeinde alle zu New Yorks *Idlewild*-Flughafen bringen. Bewerber sollten einen Vordruck von einer Seite zurückschicken, auf dem sie eigentlich nur ihr Interesse bekundeten. Unser Bewerbungsprozess beschränkte sich auf „Wer immer will, soll kommen!"

Als ich eines Tages vor dem Büro des Dekans am *Columbia Bible College* wartete, saß ich neben einer Frau, die ich für die Großmutter eines Studenten hielt. Sie streckte die Hand aus, um mich zu begrüßen, und verkündete „Ten Boom". Ich meinte, etwas ganz anderes verstanden zu haben, dachte bei mir selbst: „Dasselbe für Sie, meine Dame!" und nahm keine Notiz mehr von ihr. Einige Zeit später erfuhr ich, dass ich eine wunderbare Gelegenheit verpasst hatte, mit einer Frau Gottes aus den Niederlanden zu plaudern, deren Familie während des Zweiten Weltkriegs Juden versteckt hatte.

Als ich an der Bob-Jones-Universität ankam, führten mich einige Studenten in ein laufendes Gebetstreffen. Natürlich bat ich sie, um Leute für den OM-Sommereinsatz in Europa zu beten. Als wir das abschließende „Amen" gesagt hatten und aufstanden, baten zwei bewaffnete Sicherheitsleute mich freundlich, sie zum Dekan zu begleiten. Der Empfang dort unterschied sich stark von dem, was ich an anderen Schulen erlebt hatte. Der Dekan sagte zu mir: „Bruder Livingston, niemand kommt hierher ohne eine Einladung. Und wir laden keine Leute ein, die Billy Grahams Bücher verkaufen." Es erübrigt sich zu sagen, dass niemand von der Bob-Jones-Universität mit uns im Flugzeug saß.

Nachdem ich von meiner 99-tägigen Reise zurück war, rief ein Mann in unserer Wohnung in Wheaton an. „Nehmt ihr geschiedene Leute?“, fragte er mich. „Einen Moment bitte“, gab ich zurück und hielt meine Hand auf den Hörer. Ich sah Sally an und flüsterte: „Nehmen wir geschiedene Leute?“ Sie zuckte verwirrt mit den Achseln, um mir zu zeigen: „Ich weiß es auch nicht!“ Ich nahm meine Hand vom Hörer und fragte: „Liebst du Jesus, Dave?“ – „Aber sicher!“ – „Ja, in Ordnung! Das passt!“ Wir entwarfen unsere Richtlinien, während wir vorwärtsgingen.

An dem vereinbarten Tag drängten sich 103 Studenten am Idlewild-Flughafen aus den Gemeindebussen. Zehn von ihnen waren Frauen, die sich nicht hatten aufhalten lassen. Da das Propeller-Flugzeug Platz für 113 Passagiere hatte, war ich enttäuscht. Wo waren die anderen zehn? Ich ging im Flughafen auf und ab und suchte nach Leuten, die ich noch gewinnen konnte. Ich sprach sogar mit einem Juden, der an einem günstigen Flug interessiert war. Aber er entschied dann doch, dass es wohl nicht lohnte, Christ und Missionar zu werden, nur um 50 Dollar zu sparen.

Die Propellermaschine war neben der Rollbahn auf dem Gras geparkt. Wir luden unser Gepäck selbst ins Flugzeug, und dann ging es los. In jenem Jahr, 1963, war es zum ersten Mal billiger, mit dem Flugzeug von den USA nach Europa zu reisen als mit dem Schiff. Unser Flug nach Paris über den Atlantik erforderte Zwischenlandungen auf Neufundland und in Irland.

Das europäische Team von OM hatte etwa 900 Studenten für Juli rekrutiert – und noch mal 1.000 für August. Die *Greater Europe Mission* erlaubte uns, ihr Schloss in Lamorlaye in der Nähe von Paris zu benutzen. Unsere Mannschaft von mehr als 1.000 Leuten – einschließlich der Amerikaner, die ich mitgebracht hatte plus viele Briten, Deutsche, Niederländer und Spanier sowie ein paar verstreute Belgier, Franzosen, Schweizer und Schweden – breitete sich mit Zelten, Schlafsäcken und Feldküchen über das Gelände des Schlosses aus. Wir glichen mehr einer Siedlung von Nomaden als ehrbaren Missionaren.

Mein erster Verantwortungsbereich war, auf Sicherheit und Disziplin zu achten. Aber wie sollte ich die Regel der Nachtruhe um 22 Uhr anwenden, wenn ich mich spät am Abend in dem lautstarken Gebetstreffen spanischer Studenten wiederfand, die mit Tränen um die Errettung ihrer Leute flehten? Sie warfen ihre Armbanduhren auf einen Haufen in der Mitte des Gebetskreises. Ihren Besitz zu verkaufen war ihre Art, alles hinter sich zu lassen, was sie hatten – in ihrem Streben danach, Jesu Jünger zu sein. Obwohl wir erst am Beginn unseres 60-tägigen Versuchs standen, jedes katholische Dorf zu besuchen, hatten wir kaum noch Geld für lebenswichtige Dinge wie Essen im Säckel.

Aber es war alles ein großes Abenteuer, befeuert davon, dass wir uns gegenseitig mit Glauben und Erwartung ansteckten. Eine Prise des Zeitgeistes der 60er-Jahre fachte das Ganze zu einem hellen Feuer an. Als Antwort auf die Gebete eines Tages brachte uns ein Bauer einen ganzen Anhänger mit Kohl. Wir aßen zu fast jeder Mahlzeit Kohl. Es stank so, dass wir witzelten, wir seien mit Gas-Bomben beworfen worden.

Nach der Einführungswoche beluden wir die alten Transporter, die ein Team von meist ungelernten Mechanikern von Schrottplätzen geborgen hatte. Wie weit diese alten Kisten voll mit Studenten und Literatur fahren würden, konnte niemand vorhersagen.

Ein Team bestand aus Deutschen, die zur evangelischen Landeskirche gehörten, und Pfingstlern aus den Niederlanden. Als sie über die italienischen Alpen fuhren, wurde der Motor des Transporters zu heiß und gab den Geist auf. Ohne jede Hilfe in Sicht, sahen sich die Niederländer geführt, dem Motor die Hände aufzulegen und die Dämonen auszutreiben. Die konservativen Deutschen waren so verwirrt und geschockt, das der Ruf von OM in Deutschland für die nächsten paar Jahre mit dem Wort „absonderlich“ zusammengefasst wurde. Das Team schaffte es letztlich ans Ziel in Italien, aber vielleicht nicht, bevor einige der Deutschen sich absetzten.

Verwer bat Sally und mich, ein Team von Amerikanern und Briten zu den Dörfern der Costa Brava im Nordosten Spaniens zu leiten. Die Gruppe von zwölf Männern und Frauen quetschte sich irgendwie in einen alten Fiat-Kleinbus, der es im Kriechtempo von Paris nach Barcelona schaffte. Immer wieder mussten wir den Wagen in einer Werkstatt lassen, während Teammitglieder durch die umliegenden Dörfer gingen, kostenlose Bibelfernkurse anboten und Neue Testamente sowie Billy Grahams Buch *Paz con Dios* (Friede mit Gott) verkauften.

1963 waren Protestanten im Spanien Francos immer noch verboten. Wir wurden fast jeden Tag angezeigt, festgenommen und auf Polizeistationen gebracht. Wer immer im Team die besten Spanischkenntnisse hatte, betete auf der Polizeistation laut für die Seelen der Polizisten, bis der örtliche Priester ankam und die Wachtmeister anwies, was zu tun sei. Ausnahmslos riefen sie die Zentralregierung in Madrid an. Da wir mit zehn Teams über Spanien verteilt waren, bekamen sie solche Anrufe aus allen Teilen des Landes. Wahrscheinlich um einen internationalen Zwischenfall zu vermeiden, wiesen die zentralen Behörden die Polizisten an, uns laufen zu lassen. Natürlich gingen wir nicht, bevor wir unser Bestes getan hatten, um jedem in der Polizeistation das Evangelium zu erklären.

Wenn wir unsere Bücher und Neuen Testamente nicht verkaufen konnten, hatten wir kein Geld, um zu essen. Unser Team verkaufte im relativ wohlhabenden Nordosten Spaniens genug, um davon leben zu können. Aber mein Kumpel Gordon Magney aus Wheaton hatte es nicht so gut erwischt. Sein Team wurde in ein Gebiet im Süden Spaniens geschickt, wo die Leute ärmer waren. Nach zwei Tagen ohne irgendwelche Verkäufe hatte sein Team kein Geld für Lebensmittel. Sie begannen zu rebellieren. Verwirrt ließ er sie am Rande einer kleinen Straße auf dem Land ausruhen, während er zu einem kleinen Teich ging und sich dort hinsetzte und Gott anflehte, das Team zu versorgen.

Als er dort am Wasser saß, landete eine Ente auf dem Teich und schwamm direkt vor Gordons Füße. Mit einem Stock, der glücklicherweise neben ihm lag, erschlug er die Ente und brachte sie mit einem breiten Lächeln zurück zum Team. Während er weg gewesen war, hatte ein Bauer angehalten, um mit dem Team zu plaudern. Sie hatten es geschafft, zwei Neue Testamente gegen einige Kartoffeln, Karotten und Zwiebeln einzutauschen. Erstaunlicherweise konnte einer im Team gut genug kochen, um alles in einen Enteneintopf zu verwandeln. *Jehovah Jireh* – der Herr hatte sie versorgt.

Nicht alle Ereignisse in diesem Sommer waren so ermutigend. Einer der amerikanischen Studenten zog mich ins Vertrauen und flüsterte mir zu, wir hätten einen „Kommunisten“ im Team. Nur wenige Amerikaner hatten schon mal einen Sozialisten aus Großbritannien getroffen. In jener Zeit des Kalten Krieges waren wir Amerikaner sehr misstrauisch jedem gegenüber, dessen politische Überzeugungen von unseren abwichen.

Während der sieben Jahre, die ich nun mit dem Herrn lebte, hatte ich treu meinen Schwur gehalten, dass kein Alkohol je meine Lippen berühren würde. Als Neuling in Europa war mir nicht bewusst, dass die Gläubigen dort verbreitet Wein und Bier tranken. Deshalb war ich nicht auf mein erstes Abendmahl in der Brüderversammlung in Barcelona vorbereitet. Ich schaute den gemeinsamen Kelch misstrauisch an und dachte dabei an Bakterien. Aber ich folgte dem Vorbild der anderen und nahm einen Schluck, als mir der Kelch gereicht wurde. Halb im Schock realisierte ich, dass ich meinen Schwur gebrochen hatte. In diesem Moment dachte ich, ich könnte sterben – nicht durch einen Blitz des Gerichtes, sondern weil ich den Wein in dieser heiligen Situation nicht ausspucken, ihn aber auch wegen meines Schwurs nicht hinunterschlucken konnte. Ich würde ihn im Mund behalten müssen, bis ich verhungert war.

Plötzlich standen mir die Engel im Himmel vor Augen, wie sie ihre Bäuche vor Lachen hielten. „Hey, schaut Euch den an!“, sah ich sie reden und sogar Gott selbst zum Grinsen bringen. Also schluckte ich den Wein hinunter.

Es gab weitere kulinarische Lektionen in der fremden Kultur. Die Mitglieder der Brüdergemeinde luden unser Team zu einer Zeit am Strand ein, wo sie in den Ferien mit ihren Familien waren. Ohne nachzudenken, was sie uns wohl servieren würden, wies ich meine Teammitglieder rigoros an, sich biblisch zu verhalten und zu essen und zu trinken, „was immer sie euch vorsetzen“, ohne Fragen zu stellen. Ich hatte nicht geahnt, dass die Kost aus Krabben, Jakobsmuscheln, Miesmuscheln und Weinbergschnecken bestehen würde, die ich alle noch nie gegessen hatte. Zusätzlich war mir nicht klar gewesen, dass viele europäische Christen nicht nur Wein beim Abendmahl benutzten, sondern auch keinerlei Bedenken hatten, außerhalb der Gottesdienste Wein, Bier und Rum zu servieren.

Wir teilten uns als Team auf vier spanische Familien auf. Da Sally und ich von den anderen getrennt waren, hatte ich keine Möglichkeit, meine Anweisung abzumildern, dass die Teammitglieder alles essen und trinken sollten, was ihnen angeboten wurde. In jener Nacht im Keller der Gemeinde, wo wir untergebracht waren, blieben Sally und ich die ganze Nacht wach und schleppten Eimer hin und her, weil alle anderen Teammitglieder sich übergeben mussten.

In einem Dorf weit von unserer Basis in Barcelona entfernt sorgten wir für einen Skandal, als wir keine Unterkunft für eine Nacht fanden. Wir zogen uns in eine verlassene Scheune als einzige verbliebene Möglichkeit zurück und legten unsere Schlafsäcke in Form eine großen „U" aus. Die Jungs schliefen rechts von mir und die Mädels links von Sally. Es war alles ziemlich keusch, aber trotzdem machte irgendwie das Gerücht die Runde, dass die Jungs und Mädels in unserem Team „miteinander schliefen".

Am Ende des Sommers half ich George bei der Entscheidung, welche amerikanischen Teilnehmer wir dazu drängen wollten, für ein Jahresprogramm zu bleiben. Mit einem eindeutigen Mangel an Urteilsvermögen warf ich ein, ich sähe kein Potenzial in zwei der jungen Männer mit Namen Loren Cunningham und Kevin Dyer. Aber tatsächlich begannen beide später ein dynamisches Missionswerk. Loren gründete *Jugend mit einer Mission* (für eher pfingstlich orientierte junge Leute) und Kevin gründete *International Teams* (für Leute aus den Brüdergemeinden). Es ist sehr den offenherzigen und großzügigen Ansichten George Verwers zu verdanken, dass es heute mindestens einhundert verschiedene Dienste gibt, die durch uns „Namenlose" begonnen wurden, die ihre Einführung in die Mission bei OM bekommen hatten.

Die kurzfristigen Neuigkeiten waren weniger erhebend. Am Ende des Sommers hatten wir noch 70.000 Dollar an Bücherrechnungen zu begleichen. Während ich die Amerikaner in der Chartermaschine zurückbegleitete, fuhr Sally mit einem uralten Auto voller Studenten nach England. Danach steckte ich erst einmal im Haus der Eltern von George Verwer in New Jersey fest, weil er verkündet hatte, dass niemand mehr reisen sollte, bevor Gott nicht die Schulden für die Bücher getilgt hatte. Nachdem wir zehn Tage gefastet und Gott angefleht hatten, uns zu versorgen, geschah das Wunder. Eine der Teilnehmerinnen, die früher in Wimbledon Tennis gespielt hatte, spendete ihr ganzes Erbe an OM – umgerechnet genau die 70.000 Dollar, die wir brauchten, um unsere Schulden zu bezahlen.

Das Reiseverbot war aufgehoben, und wir waren wieder unterwegs. Zwei andere OM-er und ich flogen von New York nach Manchester in England. Wir waren nur vierzehn Passagiere an Bord der Boeing 707 – ein Priester, ein Geschäftsmann, neun Missionare der Mormonen und wir drei. Wir lieferten uns harte theologische Gefechte mit den Mormonen. Die Stewardess war ziemlich enttäuscht: Nachdem sie allen kostenlosen Schnaps angeboten hatte, gingen nur der Priester und der Geschäftsmann auf ihr großzügiges Angebot ein.

Es war mein erstes Mal auf britischem Boden. Der Zollbeamte fragte mich: „Wie viel Geld haben Sie, Herr Livingston?" – „Drei Dollar." – „Drei Dollar? Wie lange planen Sie zu bleiben?" – „Oh, es gibt genügend Geld in unserem internationalen Hauptquartier." – „So? Und wo wäre das bitte?" - „Atherton." – „Atherton? Ein sehr unwahrscheinlicher Ort für ein internationales Hauptquartier."

Ich hatte keine Ahnung, wie recht er hatte. Wir wurden von einem fensterlosen Transporter abgeholt, sodass ich nichts von England sah, bis sie mir in dem winzigen Kohlebergbaudorf Atherton in Lancashire die Tür öffneten. OM hatte dort ein abbruchreifes Gebäude zur Nutzung als britische Zentrale bekommen. Als ich die rußbedeckten, baufälligen alten Häuser blöd anstarrte, war mein erster Gedanke: „Ich bin angelogen worden. Die Deutschen müssen den Krieg gewonnen haben!"

Natürlich war ich hocherfreut, wieder mit Sally zusammen zu sein, aber nicht so entzückt von unserer Unterkunft. Mit George und seiner Frau Drena waren wir die einzigen Ehepaare. Deshalb mussten wir nicht auf dem Boden der Männer- oder Frauenschlafräume übernachten. Stattdessen hatten wir eine Ecke im Dachstuhl, direkt unter dem Dachfirst. Dort hatten wir etwa eineinhalb auf zweieinhalb Meter und kein Licht, aber das war in Ordnung. Schließlich wollten wir gar nicht sehen, was da noch so mit uns schlief. Wir schlüpften auf unseren Bäuchen in unsere Ecke und versuchten daran zu denken, uns nicht aufzusetzen und dadurch den Kopf zu stoßen.

Wir trafen uns jeden Tag mit denen, die nach dem Sommer für das Jahresprogramm geblieben waren, zur gemeinsamen Ausrichtung und zum Gebet. Einige von ihnen würden zurück ins katholische Europa gehen, um Leuten nachzugehen, die wir während des Sommers getroffen hatten; andere würden nach Asien gehen. Wir hielten unsere Treffen in der nasskalten und dunklen Kirche etwa achthundert Meter von unserem baufälligen Haus entfernt. Zu der Jahreszeit war es dunkel, wenn wir nach unseren Treffen nach Hause gingen. Einmal ging ich allein zurück zu unserem Haus, als ich einen Mann sah, der auf dem Gehweg lag. Er war offensichtlich krank und lag vielleicht im Sterben. Ein kleiner Junge, vermutlich sein Sohn, lief auf mich zu und platze heraus: „Einen Penny für den Mann!"

Es war offensichtlich für mich, dass der Mann keinen Penny, sondern ein Krankenhaus brauchte. Ich lief schnell zu ihm hin, nur um dann festzustellen, dass es kein Mann, sondern eine Puppe war. Tief gekränkt durch den betrügerischen Versuch des Jungen, an Geld zu kommen, hielt ich ihm in prophetischer Überzeugung einen Vortrag über seine wahrscheinliche Zukunft im Gefängnis. Er sollte unbedingt sein Leben des Betrugs und des unehrlichen Gelderwerbs aufgeben.

Mit weit aufgerissenen Augen und völlig verwirrt rannte er weg. Zurück in unserem „Hauptquartier" prahlte ich vor der Gruppe damit, dass ich hoffentlich diesen Jungen vor einem Leben in Entartung und Verbrechen bewahrt hatte. Zu meiner Überraschung brachen alle in schallendes Gelächter aus. Die Briten erklärten mir „Guy Fawkes Day", an dem sie einen vereitelten Mordanschlag feiern, indem sie Abbilder des Attentäters auf Lagerfeuern verbrennen. Als ich vierundzwanzig Stunden später denselben Weg wieder ging, sah ich den Jungen mit seiner Puppe wieder. Ich wollte mich entschuldigen und lief auf ihn zu, aber er riss aus und rannte die Straße hinunter.

Mein nächstes Abenteuer war, einen Anzug anzuziehen und mit zwei anderen in einer Gemeinde einige Kilometer entfernt zu predigen. Wie alle Autos von OM hatte der uralte Austin Gypsy, den wir geliehen bekommen hatten, einen Drehzahlbegrenzer, sodass man nicht schneller als 65 Kilometer pro Stunde fahren konnte. Wir kamen spät los. Nach einigen Kilometern bemerkte ich, dass der Tank fast leer war. An der Tankstelle predigten wir feurig dem Besitzer, Herrn McCoy, dass er durch Jesus Christus gerettet werden müsse. Anstatt uns zu ignorieren, forderte er uns heraus: „Falls ihr ernsthafte Christen seid, kommt mit in mein Haus und betet für meine Frau, die krank ist." Ich warf einen Blick auf die Uhr. Wir waren spät dran, aber wie konnten wir solch eine Einladung ablehnen? Also rasten wir durch ein Gebet und fuhren weiter.

Mit dem Ziel, rechtzeitig zu der Veranstaltung zu kommen, wollte ich ein langsames Auto überholen, indem ich mit dem Gypsy so schnell er lief durch die stockdunkle, verregnete Nacht fuhr. Der Gypsy hatte das Lenkrad links, weil er für den europäischen Kontinent gebaut worden war. Im britischen Linksverkehr sah ich dadurch nicht so gut, wenn ich überholen wollte. Als ich zwei kleine Lichter auf der Gegenfahrbahn sah, dachte ich, es wären Fahrräder, die ausweichen könnten. Aber es waren keine Fahrräder. Es war ein großer Laster, mit Kupfer beladen, der nur das Standlicht anhatte. (Damals dachte man in Europa häufig, es würde die Batterie auslaugen, mit Fahrlicht zu fahren.)

Ich bremste, um in meine Spur zurückzukommen, aber das Auto, das ich überholte, fuhr auch langsamer. Also versuchte ich noch zwischen dem Auto und dem Laster durchzukommen. Mit einem großen Knall erwischte der Laster noch unseren rechten Kotflügel und peitschte uns herum wie einen Kreisel. Wir landeten auf der anderen Straßenseite im Graben. Die Tür auf der Beifahrerseite war nicht mehr da. Rudy aus Kanada merkte, dass der Ärmel seines Anzugs auch nicht mehr da war. Er prüfte mehrmals, ob sein Arm noch dran war. Er war es. Außer ein paar Schnitten und Kratzern von der zerschmetterten Frontscheibe waren wir unverletzt. Aber die Polizei lud mich dreimal zu einer Anhörung vor, einschließlich einer Gerichtsverhandlung wegen rücksichtslosen Fahrens.

Einige Tage später hatte ich den Eindruck, der Herr würde mir sagen, ich solle die Familie McCoy an der Tankstelle wieder besuchen. Die Eltern waren nicht da, aber der sechzehnjährige Roderick. Ich erinnere mich nicht ganz genau, worüber wir sprachen, aber wahrscheinlich ging ich mit ihm durch das kleine Heftchen mit den Vier Geistlichen Gesetzen. Er betete, aber ich war mir nicht sicher, was daraus werden würde. Ich konnte es mir kaum vorstellen. Der Herr schien mich nicht zu gebrauchen, um Menschen tatsächlich zur Wiedergeburt zu führen.

Aber in diesem Fall war Rodericks Entscheidung nicht nur eine Wiederholung meines Gebets. Er war dem Herrn begegnet. Er wurde später Mitarbeiter der Missionsfluggesellschaft MAF, dann Pastor – und zog sich erst vor Kurzem aus dem aktiven Dienst zurück, nachdem er mit seiner genauso einsatzfreudigen Frau Janet unter Briten im Nordwesten Spaniens eine Gemeinde gegründet hatte.

Als die Teams sich für den Jahreseinsatz formten, gingen Sally und ich natürlich davon aus, dass wir mit unserer Berufung zu arabischen Muslimen nach Beirut gehen würden. George Verwer hatte andere Pläne. „Ich brauche euch in dem Team in Indien. Wir wollen keine ‚hässlichen Amerikaner' sein, die immer die Leitung haben müssen. Deshalb mache ich einen Mann aus dem Osten Londons offiziell zum Teamleiter. Aber ich rechne mit euch, sie tatsächlich dorthin zu bringen!"

Ich protestierte: „George, ich weiß nicht einmal, wo Indien ist!" – „Fahr einfach Richtung Osten. Du kannst es nicht verpassen!" Seine herablassende Antwort war das Ende der Diskussion. Damals tat man, was der Leiter anordnete! Wir hatten sowieso nicht viel Zeit, weil meine Gerichtsverhandlung bevorstand. Da ich kein Geld hatte, um eine Strafe zu zahlen, rechneten wir mit der Möglichkeit einer Gefängnisstrafe für mein rücksichtsloses Fahren.

Der Geschäftsführer unseres britischen Zentrums sagte bestimmt: „Wir sehen besser zu, dass du das Land verlässt!" Es kam mir nie in den Sinn, dass es falsch sein könnte, das Land bei einem schwebenden Verfahren gegen mich zu verlassen. (Viele Jahre später schaffte ich es, einen britischen Führerschein zu bekommen, deshalb gehe ich davon aus, dass es bei solchen Verfahren eine Verjährungsfrist gibt!)

Wir entschlossen uns, Sallys Bruder Bill zu besuchen, der als Major der US-Luftwaffe in Deutschland stationiert war. Dort würden wir auf das Team warten, das uns auf dem Weg nach Indien mitnehmen sollte. Wir bekamen aus der allgemeinen Kasse gerade mal so viel Geld, dass wir nach Dover fahren und die Fähre nach Calais in Frankreich nehmen konnten. Unsere einzige Möglichkeit war, von dort weiter per Anhalter zu fahren. Aus unserer Kiste mit französischen Redewendungen lernten wir zwei auswendig, die wir für ausreichend hielten: *„Enchanté de faire votre connaissance! Ou allez vous?"* („Wir freuen uns, Ihre Bekanntschaft zu machen! Wohin fahren Sie?")

Auf der Straße schienen nur Laster zu fahren, die uns ignorierten. Nach etwa einer Stunde entschied ich, mich hinter einem Busch zu verstecken und Sally allein mit erhobenem Daumen stehen zu lassen. Es funktionierte! Als Sally dem mürrischen französischen Fahrer ihr „Freut mich..." entgegenstotterte, sprang ich hinter dem Busch hervor und zu den beiden in die Fahrerkabine. Der Fahrer war offensichtlich enttäuscht.

Wir schafften es, ihm zu erklären, dass wir nach Deutschland wollten. Er nicht. Um Mitternacht setzte er uns mitten im Nirgendwo ab, nachdem er uns klargemacht hatte, dass er in eine andere Richtung fuhr. „Leben im Glauben" war offensichtlich immer noch Gottes Programm für uns. Wir gingen auf das einzige Licht zu, das weit und breit zu sehen war. Dort standen wir vor einem großen Gebäude und warteten, dass ein Auto anhielt. Schließlich geschah das zu unserer Erleichterung. Aber als wir gerade die Tür öffnen wollten, gab der Fahrer plötzlich Gas. Wir dachten, das sei ein blöder Streich.

Nach etwa zwanzig Minuten passierte dasselbe wieder. Ein Fahrer wurde langsamer, als wollte er uns mitnehmen, und nahm plötzlich Reißaus. Warum? Sahen wir so schlimm aus? Als wir uns umdrehten, konnten wir das Schild hinter uns entziffern: „Nervenheilanstalt." Ohne Zweifel hatten die Autofahrer gedacht, wir seien von dort ausgebrochen.

Schließlich nahm uns eine Polizeistreife mit und ließ uns für den Rest der Nacht in einer Zelle schlafen. Am nächsten Morgen ließ uns der Fahrer eines zweisitzigen Sportwagens einsteigen. Ich saß die ganze Strecke bis Saarbrücken sehr unbequem auf der Gangschaltung.

Da Sally in der Vorbereitung für das Medizinstudium etwas wissenschaftliches Deutsch gelernt hatte, konnten wir die Straßenschilder gut genug deuten, um es nach Zweibrücken zu schaffen, in die Nähe von Bills Luftwaffenstützpunkt. Wir riefen ihn aus einer Kneipe an. Es war das erste Mal, dass ich meinen Schwager traf. Ich kann mir nur seinen ersten Eindruck von mir vorstellen – ein unrasierter, mittelloser Nomade! Sallys erste Worte an ihn waren: „Bill, hast du eine Mark, damit wir das Telefonat bezahlen können?“ Livingston, der „geistliche Riese“, fühlte sich ziemlich klein. Ich bin mir ziemlich sicher, dass Bill bis zu seinem Tod in Vietnam dachte, seine Schwester hätte einen verantwortungslosen Hippie geheiratet.

Das Team auf dem Weg nach Indien kam schließlich an, um uns mitzunehmen. Als wir über die Grenze von Deutschland in die Schweiz fuhren, hielten wir an einer Tankstelle. Der Tankwart rief: „Kennedy ist tot!“ Die Ermordung des US-Präsidenten war eine weitere starke Erinnerung daran, dass wir zu Gottes Rettungsaktion in einer Welt berufen waren, die von den Mächten der Finsternis verwüstet wurde.

Als Teams auf dem Weg nach Indien, in die Türkei, den Iran und die arabische Welt hatten wir vereinbart, uns in einer Pension in der Schweiz zu treffen, um uns noch einmal abzustimmen und sicherzustellen, dass alle es so weit geschafft hatten. Aber bevor wir unsere Reise fortsetzen konnten, erkrankten einige von uns an Mumps. Die Schweizer Regierung stellte die gesamte Gruppe für sechs Wochen unter Quarantäne. Als das Geld zur Neige ging, wurden Schuldige gesucht. Ein selbst ernannter Prophet sagte, es gäbe jemanden wie Achan in Josua 7 unter uns, der die Strafe des Herrn auf uns gezogen hatte. Einige Amerikaner meinten, es seien die Briten, weil sie das wenigste Geld „herbeigebetet“ hatten. Ich schäme mich, zugeben zu müssen, dass ich darin versagt habe, gegen dieses fehlgeleitete Denken vorzugehen.

Schließlich waren wir auf unserem Weg nach Indien. Als wir endlich unsere Schrottkisten-Rösser bestiegen – zwei VW-Busse und zwei alte Ford Bedford Transporter – war es Dezember und am Schneien. Aus Gründen, die wir nicht kannten, hatte keines der Fahrzeuge irgendeine Heizung. (Vielleicht waren sie während des vergangenen heißen Sommers entfernt worden, weil sie nicht abgestellt werden konnten.)

Sally und ich saßen auf den Vordersitzen unseres uralten VW-Busses, der von einem Schrottplatz in Holland stammte. Hinten saßen die Deutsche Helga und die Britin Pauline eingeklemmt zwischen Koffern, Kartons mit Käse und großen Dosen mit Erdnussbutter – unsere Hauptnahrungsmittel und Überlebensgarantie für die nächsten zwei Monate! Wir hatten nicht einmal Geld, um in den billigen Studentenherbergen an der Strecke durch Jugoslawien, Bulgarien, die Türkei, den Iran, Afghanistan und Pakistan zu übernachten. Also fuhren wir die Nächte durch. (Zwei Jahre später untersagten die Leiter von OM das, nachdem einige OM-er in einem nächtlichen Verkehrsunfall getötet worden waren.)

Während wir durch Bulgarien fuhren, war mir so kalt, dass ich in einem Schlafsack am Steuer saß, den ich unten so weit aufgemacht hatte, dass ich Kupplung, Gas und Bremse bedienen konnte. Um uns wach zu halten, dachten Sally und ich uns Anbetungslieder aus. Unser Lieblingslied (das allerdings nie veröffentlicht oder von jemandem außer uns gesungen wurde) war folgendes:

Warum sollte ich ein Kind des Königs genannt werden? (2x)
Nicht dass ihr mich erwählt habt, sondern ich habe euch
erwählt, spricht der Herr, euer Gott.
Nicht dass ihr mich erwählt habt, sondern ich habe euch
erwählt und dazu bestimmt, Frucht zu bringen.

Nun, zumindest hielt es uns wach!

Als wir in Ankara in der Türkei ankamen, genossen wir den Luxus, in der Horizontale zu schlafen – auf Stapeln türkischer Bücher. Wir waren in der Wohnung, die Stützpunkt für meine Freunde aus Wheaton und OM-Kollegen Roger Malstead und Dale Rhoton war. Sie waren die ersten Missionare seit fast fünfzig Jahren, die in der Türkei lebten und ihren Dienst direkt unter muslimischen Türken taten. In der Zeit davor waren die protestantischen Missionare von ihren Leitern angewiesen worden, nur unter den Mitgliedern der historischen armenischen, assyrischen und griechischen Kirchen zu arbeiten.

Dale hatte ursprünglich den Eindruck, dass Gott ihn berief, um mit den Wycliffe-Bibelübersetzern unter einem Stamm ohne Bibel zu arbeiten. Aber während dieser Gebetsnächte an Freitagen damals in Moody hatte George ihn herausgefordert: „Was wäre, wenn ich dir von einem Stamm mit 30 Millionen Menschen erzählte, in deren Sprache es die Bibel gibt, von denen aber kaum jemand eine besitzt? Was würdest du tun?" – „Ich würde zu diesem Stamm gehen!", fuhr es aus Dale heraus. „Dann geh in die Türkei!", konterte George.

Roger tat sich mit Dale zusammen, und so wurde 1961 eine neue Ära der Mission in der Türkei geboren. Als wir zwei Jahre später dort durchkamen, gab es nur einen bekannten türkischen Nachfolger Jesu mit muslimischem Hintergrund.

Unser lang ersehnter Schlaf in vier Wänden (auch wenn das Bett aus Bücherstapeln bestand) wurde jäh durch die türkische Polizei unterbrochen. Sie brachten alle Männer zur Polizeistation. Wir waren für anti-islamische Propaganda verhaftet worden. Die eine Nacht im Gefängnis machte mich nicht zu einem „Apostel Paulus". Aber viele, die in den darauffolgenden Jahren in die Türkei kamen, um das Evangelium weiterzugeben, wurden zu vielen Monaten Gefängnis verurteilt. Wie weit sind wir darauf vorbereitet, Paulus und ihnen zu folgen? Wie viele andere Missionare haben durch die Jahrhunderte „um seines Namens willen" Zeit in dreckigen, von Ratten und Flöhen befallenen Gefängnissen des Nahen Ostens verbracht!

Als wir Ankara verließen, fuhren hinter unserem VW-Bus zwölf Männer in einem Bedford-Transporter. Wir fuhren entlang des Schwarzen Meeres Richtung Nordosten, bis wir die Stadt Trabzon erreichten. Dort löste sich die Karosserie des Bedford vom Fahrgestell. Ein Oberst der türkischen Armee kam uns mit einem Team von Schweißern zu Hilfe.

Während wir warteten, wollten wir einfach mal ausprobieren, ob jemand das erste moderne christliche Buch in türkischer Übersetzung kaufen würde. Es hieß *Der Erdnuss-Mann – die Lebensgeschichte des George Washington Carver.* Ein paar der neugierigen Umstehenden waren näher gekommen. Wir lernten schnell, auf Türkisch „75 Cent" zu sagen und wedelten mit dem Buch herum. Zwei Leute kauften sofort ein Exemplar, was eine größere Menschenmenge anzog. Einer von uns zog die Bücher aus der Kiste, einer packte sie in die ausgestreckten Hände und einer sammelte die Münzen ein. So verkauften wir in turbulenten fünfzehn Minuten siebzig Exemplare.

Nachdem wir Trabzon verlassen hatten, bogen wir nach Südosten ab. Bald fuhren wir bergauf Richtung Berg Ararat, weshalb wir witzelten, vielleicht die Arche Noahs zu finden. Dummerweise fuhren wir weiter, als es dunkel wurde und Schneetreiben eingesetzt hatte. Wir sahen die Arche nicht, aber zu unserer Warnung sahen wir mehrere Laster, die von der Straße gerutscht und in Schneeverwehungen gelandet waren. Meine Erfahrung mit winterlichen Straßen in Aspen und die unverdiente Gunst unseres himmlischen Vaters brachten uns über den Pass und auf der anderen Seite wieder hinunter zur iranischen Grenze.

Wir waren erfreut, dass das Hotel an der Grenze ein Dach hatte, aber die Toiletten werde ich nicht beschreiben. Wir bekamen die Erlaubnis, die Nacht auf dem Fußboden der Eingangshalle zu verbringen. Als wir morgens aufwachten, schreckten wir hoch, weil wir von fünfzig LKW-Fahrern umringt waren, die sich mit uns den Fußboden teilten.

Ich starrte den Antrag auf ein Transitvisum an, den iranische Grenzpolizisten uns gegeben hatten. „Was ist deine Mutter?“, wurde da gefragt. Ganz eindeutig waren sie hier, im Winter 1963, keine Touristen gewohnt. Vielleicht kamen einige wenige Besucher über Land. Schließlich hatte die *Automobile Association* in England uns gewarnt: „Reisen mit dem eigenen Fahrzeug durch den Nahen Osten gibt es so noch nicht!“

Die Wüste wollte nicht enden, genauso wenig wie der Schnee. Plötzlich, ungefähr um acht Uhr abends am Heiligabend, fuhr ich in ein riesiges Schlagloch, wobei die Hinterachse an unserem VW-Bus brach. Sally, die beiden anderen Frauen und ich waren dankbar, dass die Jungs im Transporter gemerkt hatten, dass wir ihnen nicht länger folgten. Sie kehrten um und fanden uns da, wo wir liegen geblieben waren. Weit und breit waren weder Menschen noch Gebäude zu sehen. Als sie rückwärts fuhren, um ein Abschleppseil am VW-Bus anzubringen, gab ihr Motor den Geist auf und sprang nicht mehr an.

Inzwischen war der Schneesturm so heftig, dass wir eine Menschenkette bilden mussten, um vom VW-Bus zum Bedford zu kommen. Wir entschieden uns, lieber zu ersticken als zu erfrieren, und ließen die ganze Nacht ein Petroleumöfchen laufen. Da ich dachte, darüber etwas in einem Film gesehen zu haben, verlangte ich, dass niemand schlief, um nicht zu erfrieren. Um wachzubleiben, schlotterten wir uns durch Weihnachtslieder, bis die Morgendämmerung kam.

Als der Himmel klar wurde, lag der Schnee auf dem Boden einen halben Meter tief. Als wir einen LKW herankommen hörten, liefen wir hinaus, um ihn anzuhalten. Er röhrte vorbei. Das passierte auch mit dem zweiten und dritten LKW, nachdem zwischendurch jeweils etwa eine halbe Stunde vergangen war. Ich erinnerte mich an meine Taktik in Calais, und wir schickten Sally, Helga und Pauline beim nächsten LKW hinaus. Es funktionierte wieder.

Dick Dryer war der Einzige von uns, der etwas Farsi konnte. Während wir mit dem Fahrer verhandelten, banden die anderen Jungs den Bedford hinten am LKW fest. Der Fahrer lächelte spöttisch über unser armseliges finanzielles Angebot und fuhr los. Aber als er merkte, dass er den Bedford und einen VW-Bus zog, wurde er wütend. Zusätzliches Geld überwand seinen Widerstand, brachte uns aber nur die Strecke bis ins nächste Dorf mit Lehmhütten ein.

Dort fanden wir am 1. Weihnachtstag ein Zimmer in einem Gasthaus – ein einziges großes Zimmer, das wir uns für die Nacht mit all den iranischen Gästen teilten. Alle dreizehn kauerten wir unter einem persischen Teppich, der über ein Holzgestell gehängt war, unter dem eine Schale aus Metall voll mit heißen Kohlen stand. Die „Krippe“ nebenan war eine unerträglich stinkende Toilette für Mensch und Vieh. Wir waren überwältigt, als uns klar wurde, dass unser Herr in solch bescheidenen Umständen geboren worden war. Nie zuvor war die Erniedrigung jenes ersten Weihnachtens so wirklich und so bedeutungsvoll für uns.

Ein Business-Missionar, Rob Rutz, rettete uns. Er und seine Frau Joan hatten die erste Kombination von Hamburger-Bude und Mini-Golf-Bahn aufgebaut. Ihr Business war sogar bei der Familie des Schahs beliebt. Aber wir waren noch begeisterter von einem heißen Bad im Haus von Bob und Joan, das uns nach einem Monat „abseits der ausgetretenen Pfade“ wie ein Palast vorkam.

Auf neuen Wegen

Der Ausbruch von Mumps und unsere Autopannen hatten uns viel Zeit gekostet. Es war geplant, dass ich beim Jahrestreffen der Evangelikalen Gemeinschaft Indiens in Madras leitende Missionare treffen sollte, um die Zukunft unserer Teams zu besprechen. Wem sollten wir dienen und wo? Irgendwie kratzten wir genügend Geld für ein Flugticket von Teheran nach Delhi zusammen. Also ließ ich Sally und die anderen zurück. Sie würden sich auf den Weg durch den Osten Irans, Afghanistan und Pakistan machen. Weitere Autopannen und Krankheitsfälle zwangen sie zweimal, nach Teheran zurückzukehren. Es gab keine SMS oder E-Mail, und wir konnten weder durchs Telefon noch durch Telegramme Kontakt halten. Nachdem ich in Indien angekommen war, bekam ich für volle sechs Wochen keinerlei Neuigkeiten von meiner Frau oder meinem Team.

KAPITEL 12

Ein Kontinent als Herausforderung

Als ich in Delhi ankam, bestand meine gesamte Garderobe aus einer dünnen khakifarbenen Hose, einem Polohemd und Sandalen ohne Socken. Jeder weiß doch, dass es in Indien heiß ist. So war es eine böse Überraschung für mich, dass es an diesem Neujahrstag eiskalt war.

Als ich England verließ, hatte ich folgende Anweisung bekommen: „Geh nach Indien und fang etwas Neues an! Hier sind drei Namen." Einer von ihnen war der Inhaber eines christlichen Buchladens in Delhi. Nachdem ich ihn ausfindig gemacht hatte, fand ich noch drei andere Leute, die an jenem Tag zu der Konferenz in Madras reisen wollten, an der ich teilnehmen sollte. Ich ließ im Buchladen eine Botschaft für Sally und die anderen Teammitglieder zurück, die nach Delhi unterwegs waren, und schloss mich der Gruppe auf dem Weg nach Süden an. Sie schafften es zwar, mich noch in ihrem Zug nach Madras mitzunehmen, aber der einzige verfügbare Platz war in der dritten Klasse ohne Reservierung.

Zu meinem Glück war ich geschmeidig genug, um mir etwas Platz auf der Gepäckablage zu schaffen – für 36 Stunden! Das war definitiv der Möglichkeit vorzuziehen, auf einem Sitz neben dem Fenster zusammengequetscht zu werden, durch das ständig Männer ein- und ausstiegen. Ich bewunderte die Geduld zweier indischer Nonnen, die es ertrugen, dass viele Leute auf ihren Rücken stiegen, um in den überfüllten Wagen zu gelangen.

Ausländische Missionare waren bei der Konferenz in Madras weit in der Überzahl. Aber einer der wenigen Inder, die eingeladen worden waren, um kurz zu der Gruppe zu sprechen, entpuppte sich als der, den ich aus Gottes Sicht treffen sollte. Eines Abends drehten sich alle Köpfe plötzlich um, als ein Mann mit einer Gruppe von Indern im Gefolge hereinmarschierte. Mit einer klaren Ausstrahlung von Autorität ging Bakht Sing direkt zum Rednerpult, wo er zwanzig Minuten ohne Unterbrechung betete. Dann stieg er herunter und ging Richtung Ausgang, mit seinen Jüngern im Schlepptau. Auf seinem Weg den Gang entlang, dreieinhalb Meter von mir entfernt, drehte er den Kopf, schaute mich direkt an – einen Fremden, einen westlichen Jungen mit dreiundzwanzig Jahren – und befahl mir mit nur einem Wort: „Komm!"

Ich fühlte mich wie Matthäus im Neuen Testament, stand auf und schloss mich seinem Zug an. Ich hatte noch nie von diesem Mann gehört, aber ich hatte keine andere Anweisung, also war ich gehorsam. Wir gingen gut eineinhalb Kilometer bis zu dem Gelände, auf dem seine Gruppe untergebracht war. Jemand zeigte mir einen kleinen Raum, in dem ein Bett mit Seilen stand, auf dem ich schlafen konnte. Gebetszeiten waren um fünf Uhr morgens, mittags und von zehn Uhr abends bis Mitternacht. Es war keine Einladung, sondern eine klare Erwartung, dabei zu sein. Bakht Sing, ein Sikh, hatte 1938 begonnen, Jesus nachzufolgen, als er Ingenieurwissenschaften in Kanada studierte. In einer Familie, die zu einer Brüdergemeinde gehörte, wurde er in der Jüngerschaft eingeleitet. Dann kehrte er nach Indien zurück und begann, in den Straßen von Bombay zu predigen. Als er eines Tages mit seiner Predigt fertig war, lud ihn ein englischer Missionar zum Tee an einem nahe gelegenen Getränkestand ein. „Wäre es nicht effektiver, wenn du deinen Zuhörern nach der Predigt Bibelteile mitgeben könntest?", fragte ihn der Mann. Das machte für Bakht Sing Sinn, und er investierte sofort alles Geld, das er besaß, um Evangelien in den verschiedenen Sprachen Indiens zu kaufen.

Der Missionar blieb an ihm dran. Am nächsten Tag gab er ihm einen weiteren Denkanstoß: „Was hältst du davon, die Leute, mit denen du gebetet hast, zusammenzubringen?" Im Laufe der darauffolgenden Jahre wurden durch das unaufhaltsame Leben Bakht Sings im Dienst mehr als eintausend Hausgemeinden gegründet, verteilt über den indischen Subkontinent. Aber ab 1964 war es auch ein Teil des Auftrags von Bakht Sing, die vielen OM-er (mich eingeschlossen), die kamen, um diesen Gemeinden zu dienen, in der Jüngerschaft anzuleiten.

Nach sechs Wochen ohne Kontakt fand ich mein Team schließlich in Lahore in Pakistan. Auf dem Weg war einer der Transporter in der Osttürkei im Schnee stecken geblieben. Kurden gruben ihn aus – und beraubten unsere Leute dann all ihrer Habe. Später nahmen sie zwei junge britische Anhalter mit, die „ihre Knie vor Jesus beugten“ und sich gleich dem Team anschlossen. Andererseits verloren wir auch Teammitglieder, die feststellten, dass es einfach nichts für sie war, mit Brot, Erdnussbutter und Käse zu überleben, unterwegs nach Indien in einem ausgelutschten Transporter, ohne einen klaren Plan, was sie dort tun würden, wenn sie schließlich ankamen. Andere hatten den Eindruck, dass der Herr ihnen andere Aufgaben auftrug, und verließen deshalb das Team.

Nach all diesen Veränderungen blieben vierzehn Teammitglieder übrig. Wir teilten uns auf, und Gordon Magney leitete eines der Teams in der Arbeit mit Bakht Sings Gruppe in Delhi. Mein Team nahm die Einladung einer Ausbildungsstätte der Methodisten in Bareilly in Uttar Pradesch an. Wir sollten ihre unmotivierten und weitgehend gar nicht wiedergeborenen Studenten herausfordern, dem Herrn Jesus ernsthaft zu dienen. Ich fand dort nur zwei Leute, die sich nach echtem Leben sehnten: einen Studenten des Seminars Ende zwanzig, der Samuel Prasad Tyagi hieß, und seine Frau Kamala.

Tyagi war früher kommunistischer Unruhestifter gewesen und mit ganzem Herzen bei allem, was er tat. Die Tyagis hatten zwei Kinder und erwarteten das dritte, aber sie luden Sally und mich ein, ihr Zuhause mit nur einem Raum mit ihnen zu teilen. Sie hängten ein Betttuch über ein Seil, sodass jedes Paar ein kleines bisschen Privatsphäre hatte. Wir begannen, mit ihnen über unsere Vision zu sprechen. Bald war Samuel entschlossen, den Rest seines Lebens einzusetzen, um Jünger unter den Muslimen Indiens zu machen. Und genau das tat er. Fast fünfzig Jahre lang verging kaum ein Tag, an dem er nicht Evangelien in Urdu ausgegeben und in seiner gewinnenden Art in muslimischen Häusern und Läden von seinem Retter gesprochen hat.

Die überwältigende Mehrheit der indischen Evangelisten sind Tamilen oder Malayalis aus dem äußersten Süden Indiens, während die meisten Muslime Indiens im Norden leben. Diese beiden „Enden" des Landes sind sehr unterschiedlich. Wenn Evangelisten aus dem Süden nach Nordindien ziehen, ist das kulturell mindestens so herausfordernd wie für einen Spanier, Missionar in Finnland zu werden. Viele Jahre später konnte ich voller Freude ein lange gehegtes Anliegen umsetzen, als ich Tyagis Sohn Sushil dabei unterstützen konnte, die *Nicodemus Ministries* zu gründen. Es ist das erste indische Missionswerk in der Geschichte, in dem Urdu sprechende, indische Christen sich darauf konzentrieren, Urdu sprechende Muslime im Norden Indiens mit dem Evangelium zu erreichen.

In der Zwischenzeit schickte der Haushalt der Livingstons sich an, zu einer Familie zu werden. Wir waren nach Pune umgezogen. Der Missionsarzt ging davon aus, dass unser erstes Baby am 26. September 1964 zur Welt kommen sollte. Ich war fest entschlossen, bei der Geburt unseres Erstgeborenen dabei zu sein, und hielt mir die Zeit zwischen 15. September und 15. Oktober von Terminen frei. Aber September und Oktober schlichen vorbei, und das Baby kam nicht. Anfang November musste ich für George Verwer, der gerade in Madras angekommen war, eine Reihe von Terminen organisieren. Ich ließ Sally in Pune zurück und fuhr los, um George zu treffen. Am 4. November erreichte Bakht Sing mich per Telefon. Mit großer Würde verkündete er mir: „Gott hat dir einen Sohn geschenkt!"

Der Zug zurück nach Pune bewegte sich in Schrittgeschwindigkeit. Buchstäblich! Ich war einen ganzen Tag im Zug unterwegs zurück in den Süden, um unseren Erstgeborenen zu sehen.

Sally erzählt die Geschichte seiner Geburt:

In der Geburtsklinik für muslimische Frauen gerieten die Krankenschwestern in Panik. Das erwartete schwarze Haar, das anzeigte, dass das Baby kam, war nur weiße Haut. Deshalb hatten sie furchtbare Angst, weil sie daraus schlossen, dass es eine Steißlage war. Sie hatten noch nie ein westliches Baby ohne Haare gesehen. Als die Krankenschwestern die presbyterianische Ärztin aus Schottland informierten, lachte sie, weil sie wusste, dass alles in Ordnung war. Trotzdem sprachen mir die Schwestern ihr Mitgefühl aus: „Armes Baby. Du musst krank sein – so rosa und fleckig. Nicht wie ein gleichmäßig braunes indisches Baby..."

Wir nannten unseren Erstgeborenen Evan Martyn Dale Livingston. Evan ist Johannes auf Walisisch. Wir mochten den Jünger Johannes sehr, aber empfanden, dass es seinen Namen zu häufig gab. Deshalb schien die perfekte Lösung, ihn nach Evan Welsh zu benennen, dem Kaplan in Wheaton, der ein Stück weit ein Vater für mich war. Wir teilten meinen Familiennamen Martindale in Martyn (einer der frühesten Missionare unter Muslimen in Indien) und Dale (für Dale Rhoton, meinen ersten Mentor in Wheaton).

Als ich einmal einen Kollegen in eine Klinik in Mussoorie brachte, entschied sich der Arzt, mich auch zu untersuchen. Als er meine Seite abklopfte, floh ich fast vom Untersuchungstisch. Das Urteil lautete: Amöbenhepatitis. Sie meinten, dass die althergebrachte Behandlung mit einer Arsen-Spritze der schnellste Weg war, die Tierchen umzubringen. Eine kanadische Krankenschwester, die neu auf dem Missionsfeld war, gab mir die Injektion in mein Hinterteil. „Nicht bewegen", sagte sie, als sie die Spritze hineinschob, „außer im Falle eines Herzinfarktes!" Dann löste sich die Nadel von der Spritze und blieb in meinem Hintern stecken. „Nicht bewegen!", rief sie. „Ich laufe und hole eine Zange!"

Einmal wagte sich eine Gruppe von uns nach Mangalore, wo eine fanatische Hindu-Sekte mit Namen *Arya Samaj* zu Hause ist. Bevor wir irgendwelche Evangelien verteilen konnten, waren wir als Team von wütend aussehenden Hindus umringt. Sie hatten große Steine in ihren Fäusten und holten mit ihren Armen aus, als wollten sie jeden Moment damit auf unsere Köpfe einschlagen. Die anderen im Team starrten mich an, nach dem Motto: „Du hast uns in diese Misere gebracht, du bringst uns besser auch schnell hier raus!"

Ich ging einen Schritt auf das feindliche „Begrüßungskomitee" zu. „Guten Morgen!", sagte ich so fröhlich ich konnte. „Es ist ein wunderbarer Tag. Und Ihre Stadt ist wunderschön. Aber wir dachten gerade daran, zu gehen – falls das für Sie in Ordnung ist."

Im lauten Flüsterton wies ich das Team an, langsam rückwärts in Richtung des Transporters zu gehen, und dann hinzurennen. Alle sprangen in den Transporter, der dieses Mal sofort ansprang. (*Danke, Herr Jesus!*) Ich hielt meinen Kopf so tief wie möglich hinter dem Armaturenbrett, während die Steine den Transporter trafen und Scheiben zertrümmerten.

Ich kann mich nicht erinnern, je ähnliche Schwierigkeiten in muslimischen Gemeinschaften erlebt zu haben. Ich nehme an, dass dem so ist, weil sowohl Christen als auch Muslime Minderheiten in Indien sind. Die Muslime waren meist freundlich, weil wir so wie sie nur an einen Gott glauben. Manchmal bemerkten sie: „Wir Muslime und Christen sind nicht wie diese Hindus, die Götzen anbeten!"

Wir arbeiteten jeden Tag acht Stunden lang auf den heißen Straßen und schoben dabei einen Bananen-Karren mit Evangelien und anderer Literatur vor uns her. Eine wachsende Anzahl unserer indischen Teammitglieder schien zu verstehen: „Wenn diese Ausländer das können, dann können wir es auch!" Wir schliefen an denselben Orten, aßen dasselbe Essen, beteten zusammen und wurden zusammen krank. Während unserer 14 Monate in Indien war ich daran beteiligt, etwa dreißig Inder in der Jüngerschaft anzuleiten, die sich entschlossen hatten, ihr Leben für die Völker Indiens hinzugeben. Später berichtete OM, dass mit diesen dreißig, die den Anfang machten, mehrere Tausend Inder in den vollzeitigen Dienst eintraten, um den Anspruch Christi an Hindus, Buddhisten und Muslime in jeder Ecke ihres Landes weiterzugeben.

Was konnten wir während unserer Zeit in Indien erreichen? Als wir 1964 ankamen, gab es nur drei indische Missionsgesellschaften. Mehrere unserer indischen Mitarbeiter zogen weiter und gründeten ihre eigenen Missionswerke. Heute hat die Vereinigung indischer Missionen mehr als 200 Mitgliedswerke. Etwa fünfzig Prozent von ihnen werden durch ehemalige OM-er geleitet. Das ist eine recht zufriedenstellende Vervielfältigung nach dem Vorbild von 2. Timotheus 2,2!

Aber im Rückblick auf diese frühen Jahre ist uns etwas klar geworden: Unser Vorbild, auf den Straßen zu predigen und Evangelien zu verkaufen, schuf ein Muster für Evangelisation. Aber genau dieses Muster scheint tatsächlich eher hinderlich zu sein, wenn wir erleben wollen, dass Gemeinschaften erretteter Muslime entstehen. Wir ließen uns nie in muslimischen Wohngegenden nieder. Und die indischen Evangelisten, die wir anleiteten, taten es auch nicht – und tun es bis heute nicht, von wenigen wundervollen Ausnahmen abgesehen. Wenn Nachfolger Jesu nicht in der Nähe von Gesellschaften leben, die ihn noch nicht kennen, kann kein Vertrauen wachsen. Aber wie können Muslime ohne dieses Vertrauen von Jesus und seinem Anspruch hören und darauf antworten? Sie kennen ihn ja nur als den Propheten Isa al-Masih.

Über vierzig Jahre später brauchte es immer noch ausländische Gemeindegründer unter den 160 Millionen Muslimen Nordindiens. Indische Missionswerke hatten noch keine einheimischen Gläubigen gewinnen können, um unter indischen Muslimen zu leben. Also übernahm ich 2006 die Aufgabe, Ausländer dafür zu rekrutieren, in muslimisch geprägten Vierteln indischer Städte zu leben. Noch einmal zeigen Mitarbeiter aus dem Westen und Lateinamerika unseren indischen Geschwistern, dass Gott sie gebrauchen kann, um Gemeinschaften geretteter Muslime ins Leben zu rufen, die dem Herrn Jesus gehorchen. Endlich geschieht es. Zum ersten Mal in der Geschichte werden *jamaats* (Gemeinschaften) wiedergeborener indischer Muslime, die Jesus lieben, Wirklichkeit!

KAPITEL 13

Hütehund

Als wir Indien verließen, übernahm OM die Kosten eines Fluges unserer dreiköpfigen Familie bis Istanbul. Dort wartete eine Nachricht von George Verwer auf mich – mit Anweisungen, Sally und Baby Evan in Istanbul zu lassen und nach Israel zu fliegen, um das OM-Team dort zu besuchen. Offensichtlich wusste niemand wirklich, wie es ihnen ging und was sie taten.

Ich landete in Tel Aviv und nahm einen Bus nach Jerusalem, wo ich mich nach der Wegbeschreibung zu ihrer Adresse erkundigte. Als ich schließlich das Haus an der jordanischen Grenze ausfindig gemacht hatte und erwartete, sie dort zu finden, klopfte ich an die Tür. Ray und Henry öffneten die Tür irgendwie unbeholfen, flach auf dem Boden kriechend. „Runter mit dir! Runter mit dir!", schrien sie mich an. „Um diese Tageszeit lässt Jordanien seine Raketen in Israel niedergehen." In der Art, wie sie damals typisch für OM war, hatten sie dieses Haus in der Gefahrenzone *sehr* billig gemietet.

Ray und Henry hatten meinen Besuch nicht erwartet, und niemand hatte mir gesagt, dass das Frauen-Team nach Tel Aviv umgezogen war. Damit wir uns alle zusammen treffen konnten, mussten wir nach Tel Aviv zurückfahren. Ray merkte schnell, dass wir nur noch zwanzig Minuten hatten, um den letzten Bus vor dem Sabbat zu bekommen. Während des Sabbats fuhren die Busse vierundzwanzig Stunden lang nicht. Kurz darauf fand ich mich mit ihnen im Laufschritt auf dem Weg zur Bushaltestelle wieder und versuchte vergeblich, rechts und links noch einen Blick auf Sehenswürdigkeiten zu erhaschen. „Was ist das?", fragte ich. „Davids Grab!", war die Antwort.

Wir schafften es gerade noch rechtzeitig zum Bus. (Ich bin vielleicht die einzige Person in der Geschichte, die Jerusalem für weniger als eine Stunde besucht hat. Ich war nie wieder dort!) Nachdem ich gemeinsam mit dem Team in Tel Aviv einen Tag lang nachgedacht und gebetet hatte, flog ich wieder nach Istanbul zurück.

Wir setzten unseren Weg nach Europa fort, wo wir die Aufgabe bekamen, weitere junge Pioniere für die Gebiete zu gewinnen, wo Menschen Jesus weder verehrten noch ihm folgten. Über die Jahre habe ich gemerkt, dass der große Hirte sich entschieden hatte, mich meist als „Hütehund" einzusetzen. Viele Hütehunde sind kleinere Hunde, die unscheinbar aussehen – und das lieben, was sie tun. Sie sind nicht bösartig, beißen die Schafe nicht. Sie setzen sich einfach unnachgiebig dafür ein, dass die Schafe da sind, wo der Hirte sie haben will. Ich bin immer jemand gewesen, der Mitarbeiter gewonnen hat, der mitgeholfen hat, dass Gottes Schafe sich weiter in Richtung der noch nicht abgeernteten Felder bewegen.

Als ich in der Gebetsnacht mit George Verwer das erste Mal „gefangen genommen" wurde, erwartete ich, für zwanzig Jahre irgendwo im Ausland zu leben und das Evangelium zu verkündigen. Sally und ich haben versucht, das zu tun – mehrmals und in mehreren Ländern. Aber George schickte uns immer wieder in neue Länder, um neue Teams zu etablieren und Gemeindegründungsarbeiten ins Leben zu rufen.

Obwohl ich wachsam sein will, dass ich nicht König Davids Sünde der Volkszählung Israels (2. Samuel 24) begehe, habe ich mich gelegentlich gefragt, bei wie vielen Menschen wir mitgeholfen haben, dass sie in anderen Kulturen Menschen zu Jüngern machen konnten, vor allem unter Muslimen ohne Gemeinde. Natürlich ist es unmöglich, das zu wissen, weil viele von denen, die ich herausgefordert habe, ihrerseits auch wieder Hunderte rekrutiert haben, um in den verschiedensten Werken zu arbeiten.

Wenn Sally und ich uns abends hinlegen, empfinden wir solch eine Befriedigung darüber, dass der Dienst unseres Lebens unter Muslimen von Tunesien bis zu den Tataren Sibiriens weiterwirkt. Was für eine Freude ist es, dem himmlischen Vater einen nach dem anderen die Namen derer zuzuflüstern, denen wir helfen durften, voller Erbarmen Menschen zu Jüngern zu machen – von Mauretanien ganz im Westen Afrikas bis zur Insel Madura in Indonesien.

Die Aussicht, dass ich zu den christlichen Studentengruppen an den Eliteuniversitäten Großbritanniens sprechen sollte, beängstigte mich mehr als nur ein wenig. Ich war mir sicher, dass irgendein brillanter Gelehrter nach meinem Eröffnungssatz rufen würde: „Unsinn! Das ist unlogisch!" Aber stattdessen stellte ich sogar fest: „Hey, sie hören zu!" Zu meinem Erstaunen erklärten viele Leiter der christlichen Studentengruppen: „Ja, wir werden im Sommer dabei sein!" Nicht wenige von ihnen arbeiteten viele Jahre mit.

Im Rückblick sehe ich, dass 1965 ein „Kairos"-Moment in der Missionsgeschichte war. Seit die „Sieben aus Cambridge" in den 1880er-Jahren einträgliche berufliche Laufbahnen verlassen hatten, um mit Hudson Taylor in China zu arbeiten, waren nicht mehr so viele junge britische Christen bereit gewesen, ihre angesehenen Berufe aufzugeben, um Missionare zu werden. Der Zeitgeist dieser Jahre beinhaltete, dass radikales Verhalten und Revolution in der Luft lagen. Die althergebrachte Kultur wurde hinterfragt. Männer und Frauen, die mit Auszeichnung von Oxford, Cambridge, Durham und der angesehenen Londoner *School of Oriental and African Studies* absolviert hatten, ließen verheißungsvolle Karrieren links liegen, um dem König der Könige zu dienen. Sie gingen in andere Länder Europas, den Nahen Osten und nach Indien, um Jünger zu machen. Davon war ich sowohl begeistert als auch zutiefst beschämt. OM, nur wenige Jahre vorher durch eine Handvoll meist amerikanischer Bibelschulabsolventen gegründet, wurde nun durchsetzt mit einigen der begabtesten zukünftigen Leiter Großbritanniens.

Als ich eines Tages die Führung des Heiligen Geistes im Blick auf eine Ansprache an der Universität von Liverpool erwartete, landete ich auf der Männertoilette. Dort hatte jemand etwas an die Wand geschrieben, das sehr viel philosophischer war als die meisten Graffitis auf Toiletten:

„Was ist die Bedeutung des Lebens?"
„Macht es Sinn, nach Bedeutung zu suchen?"
„Warum haben nicht die Anarchisten recht?"

Ich kritzelte mir die Sätze ab und kündigte dann meine Rede an als „Gedanken von einem Männerklo“. Das hatte ein Raunen in der Menge zur Folge und verschaffte mir aufmerksame Zuhörer.

George Verwer und ich versuchten gemeinsam, die Studenten am *Birmingham Bible College* herauszufordern. Nachdem wir durch eisigen Schnee gefahren waren, kamen wir um drei Uhr morgens dort an. Obwohl wir immer wieder an die Türen hämmerten, kam niemand, um uns aufzumachen. Keiner von uns wird den Versuch vergessen, mit einer nur dünnen Zudecke auf den Tischen im unbeheizten Vorbau zu schlafen.

Bei einer anderen Reise war der normalerweise gut organisierte Jonathan McRostie mein Begleiter. Erschöpft schliefen wir beide im Zug nach Manchester ein, wo wir wieder Studenten herausfordern wollten, ihre „kleinen Ziele aufzugeben“. Der Zug kam ruckelnd zum Stehen, wodurch ich aufwachte. Panisch weckte ich Jonathan und warf unsere Kisten mit Literatur auf den Bahnsteig. Wir schafften es gerade noch, aus dem Zug zu springen, als er den Bahnhof wieder verließ. Als wir lachend auf dem Boden lagen und uns gegenseitig beglückwünschten, merkten wir plötzlich, dass wir am falschen Bahnhof waren. Jetzt mussten wir wirklich lachen. Gottes Stümper waren wieder am Werk.

Wenn wir unterwegs waren, um Mitarbeiter zu gewinnen, kamen wir manchmal mit den bekannten Christen jener Zeit zusammen. An der Universität von Liverpool war meine „Männerklo-Rede“ Teil einer Serie von Veranstaltungen, bei der der führende anglikanische Geistliche John R. W. Stott sprach. 1966 schaffte es mein Kumpel aus der Türkei, Roger Malstead, uns als freiwillige Helfer beim Berliner Kongress für Weltevangelisation anzumelden. Als ich auf einem Flur wartete, fand ich mich plötzlich neben dem weltweit aktiven Evangelisten Billy Graham wieder, der im Gespräch mit dem Heilungs-Evangelisten Oral Roberts war. Graham war 1,88 Meter groß und Roberts noch größer. Mit meinen 1,70 Metern reckte ich meinen Hals und starrte den beiden ins Gesicht. Roberts streckte die Hand aus, legte sie auf meinen Kopf und sagte: „Gott segne dich, mein Sohn!“ Roger schloss daraus, dass ich für den Rest meines Lebens nicht mehr krank werden würde.

Bei einem anderen unserer unvergesslichen Ausflüge fuhren Sally und ich mit dem neunmonatigen Evan kreuz und quer durch Schweden. Wir bildeten mit zwei Hippies, die erst kürzlich zum Glauben an Jesus gekommen waren, ein Team. Bertil war mein Übersetzer, sprach aber nur gebrochen Englisch. In einer Veranstaltung wiederholte ich George Verwers Behauptung, wir hätten im Sommer 1963 so viele Schriften verteilt, dass sie „aneinandergelegt so hoch wie das Empire State Building" gewesen wären. Bertil übersteigerte ganz ruhig die Behauptung: „Hätte man alle Schriften aneinandergelegt, hätten sie bis zum Mond gereicht."

Da wir allergisch darauf waren, Geld für Restaurants oder Unterkünfte auszugeben, wohnten wir immer bei Gläubigen. Leute, die Mitarbeiter von OM damals erlebten, dachten wahrscheinlich, OM sei eine Organisation von Schnorrern. Verwer wurde nie müde zu betonen, dass wir für den Preis einer Cola 25 christliche Traktate kaufen konnten.

In einer schwedischen Familie, die uns beherbergte, entschuldigte sich Frau Sunboom, dass sie kein warmes Essen kochen würde, weil Fastenzeit war. Beeindruckt meinte ich, wir würden gern mit ihnen fasten. Als wir darauf warteten, zum Gebet gerufen zu werden, wurden wir stattdessen an den Esstisch geholt. Dort bot Frau Sunboom uns den leckersten Kaffee und die größten Windbeutel an, die ich je gekostet hatte. Etwas verwirrt entfuhr es mir: „Das ist meine liebste Art zu fasten!"

Wir mühten uns durch den Schnee, um einen Marathon an Veranstaltungen in ganz Schweden zu absolvieren. Dabei stellten wir fest, dass die meisten Uni-Studenten unser Ziel skeptisch sahen, Gottes Wort jedem Menschen auf dieser Welt zu geben, der sechs Jahre alt oder älter war. In einer Veranstaltung spottete ein Sympathisant kommunistischer Ideen, die Leute in Afrika und Asien bräuchten Nahrung, nicht Papier. Ich rief zurück: „Wow, es ist genial, einen Kerl zu treffen, der mit so wenig wie möglich auskommt, um so viel Geld wie möglich für die Hungrigen übrig zu haben!" Seine Mitstudenten wandten sich lachend zu ihrem beschämten Freund. Ich hatte richtig geraten, dass er tatsächlich gar nichts für die Armen tat.

Später in diesem Sommer in Schweden sprachen wir bei einer Jugendveranstaltung an der Universität von Umea, die um Mitternacht anfing. Da wir uns in der Nähe des Polarkreises befanden, war es zu dieser späten Stunde draußen noch hell. Allerdings brauchte ich mehr als nur das Licht am irdischen Himmel. Völlig erschöpft von der Fahrerei und unserem vollen Zeitplan mit drei Veranstaltungen jeden Tag, nickte ich ein, während ich predigte. Ich fiel nicht hin, aber ich konnte mich nicht erinnern, was ich eben gesagt hatte. Ich erholte mich schnell und verkündete: „Lasst uns die Dinge noch mal aus einer ganz anderen Perspektive ansehen!“, und begann eine neue Botschaft.

In Deutschland Mitarbeiter gewinnen zu wollen, brachte andere Herausforderungen mit sich. Ich war begeistert über die Einladung, zu einer christlichen Studentengruppe an der Universität Erlangen zu sprechen. Ich fand die Gruppe in der Kneipe, in der sie sich trafen. Als Amerikaner und zu der Zeit noch gänzlich enthaltsamer Baptist, brauchte ich den Heiligen Geist, um augenblicklich einige kulturelle Anpassungen vorzunehmen. Mit etwa zwanzig Studenten saß ich um einen langen Tisch. Jeder hatte seine Bibel vor sich, eine Zigarre in der einen Hand und ein Bier in der anderen. Der Rauch war so dicht, dass ich mir nicht sicher war, ob sie mich sehen konnten.

Als ich einmal in einer Landeskirche in Hamburg sprach, erwähnte ich, dass es mein 30. Geburtstag sei. Der Pastor, der mich übersetzte, unterbrach sofort und drückte meine Hand mehrmals ganz fest. Später fasste er allerdings meine Botschaft zusammen und meinte: „Sie haben eine zu blumige Sprache!“

Trotz rauchiger Kneipen und blumiger Sprache waren Europäer bereit, Missionare mit OM zu werden. Junge Leute aus der Schweiz, Schweden, den Niederlanden und (ein paar) aus Deutschland schlossen sich den Briten an, die ihre „Netze“ verließen, um der Anordnung Jesu zu folgen und Menschenfischer zu werden, entschlossen, in den fernsten Gegenden der Erde Jünger zu machen.

Trotz allem bin ich mir dessen bewusst, dass die Frucht meiner Bemühungen viel mehr trotz mir als meinetwegen entstand. In jenen Tagen betete ich oft: „Herr, bitte verschwende nicht meine oder deine Zeit. Führe mich zu denen, die du berufst!“

KAPITEL 14

Gemeindegründer

Für die Arbeit von OM in Deutschland und Österreich konnten wir keinen passenden Leiter finden. Deshalb bat Verwer mich, übergangsweise die Leiterschaft zu übernehmen, bis wir einen entsprechend begabten und motivierten Deutschen gefunden hätten. Roger and Yvonne Malstead waren aus der Türkei ausgewiesen worden und arbeiteten jetzt mit Türken in Deutschland. Sie hatten eine Wohnung in Frankfurt untergemietet, aber da sie weiterziehen wollten, boten sie uns an, die Wohnung zu übernehmen. Frankfurt schien so gut zu sein wie irgendein anderer Ort, um übergangsmäßig ein Büro zur Gewinnung von Mitarbeitern einzurichten und alles für die Geburt unseres zweiten Sohnes vorzubereiten.

Ohne sich darüber zu beschweren, richtete Sally für uns schon wieder an einem neuen Ort ein Zuhause ein. Obwohl sie hochschwanger war, nötigte ein Kollege sie dazu, einer Gruppe türkischer Männer am Hauptbahnhof von ihrer Bekehrung zu erzählen. Wo blieb da das Einfühlungsvermögen für andere Kulturen? Ganz zu schweigen vom Einfühlungsvermögen für meine Frau! Ich seufze jetzt, wenn ich daran denke, wie oft ich dabei versagt habe, verständnisvoll mit meiner Frau umzugehen.

An dem Tag, als Sally für die Geburt ins Krankenhaus ging, war gerade ein Transporter voller OM-er aus der Türkei in Frankfurt angekommen. Ein deutscher Missionar bat mich dringend, die Leute einsetzen zu dürfen, um 10.000 Zeitungen mit der Nachricht von Jesus auf verschiedene Häuser und Wohnungen in der ganzen Stadt zu verteilen. Da wir nur einen Tage hatten, um das zu schaffen, holte ich die zwölf Teammitglieder von all ihren Schlafplätzen auf dem Fußboden in unserer Wohnung zusammen und hetzte sie durch ein kärgliches Frühstück, damit wir um halb acht auf der Straße sein konnten. Einer hatte noch schnell das Frühstücksgeschirr abgewaschen. Aber wir hatten es so eilig, dass wir nicht bemerkten, dass der Wasserhahn an der Spüle noch lief...

Nachdem ich die Teammitglieder zu den Straßen gebracht hatte, in denen sie verteilen sollten, hetzte ich zu der Geburtsklinik, um bei der Geburt dabei zu sein. Aber die Mitarbeiter ließen mich wissen, dass Angehörige nicht zugelassen waren und es auch kein Wartezimmer gab. Also schloss ich mich wieder dem Team an, bis wir gegen 21 Uhr die Zeitschriften verteilt hatten.

Sobald wir fertig waren, fuhren die Leute aus der Türkei weiter Richtung Brüssel, wo sich die europäische Zentrale von OM befand. Ich schleppte mich mit unserem achtzehn Monate alten Evan auf dem Arm zurück zu unserer Wohnung – wo mich eine zornige, schreiende Menschenmenge erwartete. Ob ich der sei, der im dritten Stock wohnt? (Es ist erstaunlich, wie effektiv Körpersprache und Stimmlage kommunizieren können!) Unsere Wohnung war komplett überschwemmt worden, und dann war das Wasser in die darunterliegenden Wohnungen geflossen, während die Nachbarn bei der Arbeit waren. Da wir keinen schriftlichen Mietvertrag hatten, lautete ihre schlichte Aufforderung an mich: „Raus!"

Am nächsten Morgen wurde ich im Krankenhaus informiert, dass David geboren worden war. Sally hatte stark geblutet, sodass sie im OP notfallmäßig versorgt werden musste. Sie würde erst in ein paar Tagen nach Hause kommen können. Angesichts dieser Nachricht hatte ich gemischte Gefühle – es gab nichts mehr, wohin sie hätte *nach Hause* kommen können!

Ich kann mich nicht mehr erinnern, wo Evan und ich schliefen oder was wir taten, während wir auf Sallys Entlassung warteten. Aber ich weiß noch, dass wir mit Weißwurst und Pommes von den Buden auf den Straßen Frankfurts überlebten. Als Sally und David entlassen wurden, nahm ich sie direkt mit zur Botschaft der USA, ließ uns einen Pass für David ausstellen und setzte die beiden in ein Flugzeug nach Brüssel, damit sie so schnell wie möglich zu unserer Europa-Zentrale kamen. Evan und ich fuhren mit dem Zug zweiter Klasse hinterher. Ich fühlte mich wie ein kompletter Dummkopf.

Als der Sommer näher kam, bereitete OM sich auf einen neuen Zustrom von Kurzzeitmitarbeitern vor, die in Teams evangelistische Literatur in Belgien, Frankreich, Spanien, Italien und Österreich verteilen sollten. Als Leiter des deutschsprachigen Bereiches würde ich das Team für Österreich leiten. Ich schickte Johan aus den Niederlanden nach Wien, der Stadt mit dem größten Einfluss, um dort nach einer Wohnmöglichkeit über den Sommer für das Team zu suchen. Er schaffte es. Eine Prostituierte vermietete uns ihre leere Zwei-Zimmer-Wohnung zu einem Wucherpreis. Ich wünschte, ich könnte eine Zeichnung anfertigen, wie wir uns mit 22 Leuten in diese Wohnung quetschten, die Mädels im Schlafzimmer und die Jungs im Wohnzimmer. Sally und ich teilten uns mit Evan und David die Abstellkammer. Für das andere Ehepaar, gerade frisch verheiratet, bauten wir ein Hochbett in einem großen begehbaren Kleiderschrank. Es ist unglaublich, aber mit viel Gelächter und Pioniergeist schafften wir es, nicht durchzudrehen und die meiste Zeit ein harmonisches Miteinander zu haben.

Allerdings wollte die Frau nach einem Monat ihre Wohnung zurück, sodass wir buchstäblich auf der Straße standen. Ich traf ein paar amerikanische Mormonen, die gerade umgezogen waren. Sie machten den hilfreichen Vorschlag, wir sollten ihre frühere Vermieterin kontaktieren. Frau Aberhams Haus hatte drei Zimmer und ein winziges Gästehäuschen im Garten. Sie nahm an, ich wollte das Haus für meine vierköpfige Familie.

„Nun, ja! Und ein paar andere“, flüsterte ich.

„Wie viele andere?“, fragte sie zurück.

„Ähm... was würden Sie von... neun halten?“, fragte ich sanft, ziemlich sicher, dass zweiundzwanzig überhaupt nicht in Betracht kamen.

„Neun?“, rief sie aus. „Was machen Sie denn?“

Ziemlich sicher, dass die neun Leute ein K.o.-Kriterium waren, entschied ich, dass es nichts mehr dadurch zu verlieren gab, dass ich ihr reinen Wein einschenkte. Ich warf ihr ein paar gemurmelte Sätze über Jesus als den einzigen Weg zu Gott hin. Sie blinzelte einen Augenblick und antwortete dann zu meinem Erstaunen: „Sie sind die Art von Leuten, die wir gern in unserem Haus hätten!“

Als sie mir 3.000 Schillinge als Monatsmiete nannte, sagte ich ihr, wir hätten nicht viel Geld – in der Hoffnung, die würde die Summe verringern. „Kann Ihr Gott nicht für sie sorgen?", entgegnete sie.

Was sollte ich dazu sagen? Im vollen Bewusstsein dessen, dass wir für die nächste Nacht kein Dach über dem Kopf für das Team hatten, nickte ich einfach und folgte ihr ins Haus, wo sie mir vorrechnete: „Hier können drei schlafen und da zwei..."

An jenem Abend zogen wir im Schutz der Dunkelheit ein – das ganze Team mit zweiundzwanzig Erwachsenen und zwei Kindern. Wir hatten nicht damit gerechnet, dass Frau Aberham zwei Häuser weiter wohnte und am nächsten Morgen um halb sieben auftauchen würde, um zu sehen, wie es uns ging. Natürlich war sie schockiert, zweiundzwanzig Körper überall auf dem Boden ausgestreckt zu finden.

Bei dieser schrecklichen Begegnung erkannte ich, was für ein betrügerischer, verdorbener Sünder und fürchterlicher Botschafter Christi ich geworden war. Mehrmals sagt ich zu ihr: „Es tut mir leid! Ich habe sie angelogen. Wir räumen das Haus innerhalb einer Stunde." Frau Aberham schüttelte ungläubig ihren Kopf, als sie im Haus umherwanderte und vor sich hinmurmelte: „Mal sehen... Vier könnten sich hier hereinzwängen, und vielleicht fünf hier..." Zu unserer völligen Verwunderung erlaubte sie uns zu bleiben!

Während der vergangenen vier Jahre hatten Teams von OM Literatur in fast jedes Zuhause Österreichs gebracht, aber wir hatten kaum Anzeichen bleibender Frucht gesehen. Also sagte ich unserem Team, dass unser Ziel für diesen Sommer war, zwei Österreicher mit Jesus bekannt zu machen, anstatt massenweise Literatur zu verteilen. Wir wollten nicht nach zwei Leuten suchen, die ein Bekehrungsgebet murmeln würden. Sondern wir wollten Gott bitten, zwei Österreicher zu berufen, die sich für den Rest ihres Lebens über nichts anderes mehr Gedanken machen würden als über die Ausweitung des Reiches Gottes in Österreich.

Gott erhörte uns! Er gab uns nicht nur zwei, sondern sogar drei echte Jünger Jesu in Wien.

Vom ersten Tag an hatte Frau Aberham die Bibelstudien-Treffen unseres Teams besucht. Als ich am Ende des Monats unser

Team fragte, was sie den Sommer über gelernt hätten, meldete sie sich als Erste zu Wort: „Ich habe gelernt, wie man wiedergeboren werden kann!" Ich starrte Sally an, die als einzige Zeit mit Viktoria Aberham verbracht hatte. Sally zuckte in verwirrtem Erstaunen mit den Schultern. Sie hatte einmal den Eindruck geäußert, dass sie bei unserer Vermieterin nie zu Wort käme. Aber offensichtlich hatte der Geist Gottes ihr Zeugnis gebraucht. Frau Aberhams Sohn Sandy und ein junger Mann namens Peter waren Gottes andere neue Geschenke an Österreich.

Peter und Sandy gründeten später die erste christliche Studentengruppe an der Wiener Universität. Frau Aberham bezeugte ihrem Priester das Evangelium und gewann ihren Mann, ihren anderen Sohn Ottmar, Ottmars Frau und sogar Ottmars Ex-Frau für Jesus!

Als nach dem Sommer andere OM-er nach Wien kamen, sank die Miete für das Haus der Aberhams nach und nach auf null. Die Familie Aberham spendete große Beträge für die Dienste von OM und unterstützte die neu geborene Gemeinde in Wien. Aus unserer kleinen, fast unbeabsichtigten Gemeinschaft wurde schließlich durch die Leiterschaft des begabten Bibellehrers Ed Peterson eine der lebendigsten protestantischen Gemeinden Österreichs mit heute 300 Mitgliedern.

Einer unserer Teammitglieder damals war der Argentinier Federico Bertuzzi, der vorher in Deutschland studiert hatte. Er bat mich, ihn in der Donau zu taufen. Schlussendlich wurde er der Leiter der größten Mission mit dem Fokus auf Muslime in Lateinamerika, der *PM Internacional*.

Ein anderes Teammitglied war ein sehr ernsthafter Finne, Kari Turma. Nachdem ich über einen Abschnitt der Bibel gesprochen hatte, warf Kari jedes Mal ein: „Ich denke, dass du im Fleisch sprichst." Diese öffentliche Erklärung war lästig, um es vorsichtig auszudrücken. Aber als ich ihn zur Seite nahm, begann ich zu verstehen, dass er einfach meinte, dass ich etwas vielleicht mit einer menschlichen Perspektive sah. Wenn wir mit Menschen aus anderen Ländern arbeiten, können sie uns helfen, Einsichten in unsere eigene Kultur zu bekommen. Kari schien ein größeres Anliegen für Theologie als für Evangelisation zu haben, aber zu unserer Überraschung gewann er eine neue Generation von Finnen für die Missionsarbeit.

KAPITEL 15

Mit unserem Verstand

In den Sechzigerjahren des 20. Jahrhunderts begannen amerikanische und britische Evangelikale langsam, den Relativismus zu verstehen. In der Arbeitswelt und an den Universitäten sahen wir uns einer Generation von Spöttern gegenüber, besonders auf dem europäischen Kontinent. Sie gingen davon aus, dass das Christentum passé war – und definitiv nichts für wirkliche Denker. Sartre, Camus und die Beatles waren ganz bestimmt populärer als Jesus Christus.

Ich hatte den Eindruck, dass es an der Zeit war, die „Operation Universität" zu starten, und George Verwer war dafür. Ich gewann ein Dutzend schüchterner Leute aus der Mitarbeiterschaft von OM, um in einem neuen Ansatz ausgebildet zu werden, das Evangelium an Intellektuelle weiterzugeben. Im Herbst 1966 reisten wir zu „L'Abri" in der Schweiz, einer Lebensgemeinschaft, die Francis und Edith Schaeffer gegründet hatten. Sie öffneten ihr Zuhause in den Alpen, um dort neugierigen Reisenden zu dienen und mit Menschen philosophische und religiöse Überzeugungen zu diskutieren. Nach einem persönlichen Gespräch mit jedem von uns bekamen wir die Aufgabe, uns die Aufnahmen bestimmter Vorträge von Dr. Schaeffer und seinen Kollegen anzuhören. Außerdem saßen wir in aktuellen Vorträgen und waren dabei, wenn Schaeffer sich mit dem mutigsten Agnostiker, der jeweils in der Woche zu Besuch war, ein Rededuell lieferte.

Ich muss zugeben, dass ich mich insgeheim irgendwie des Evangeliums schämte, als ich in L'Abri ankam. Ich ging davon aus, dass es gegen die Besten der Intellektuellen nicht wirklich bestehen konnte. Sechs Wochen später verließ ich die Schweiz als ein

Löwe – völlig überzeugt, dass es die Nichtchristen waren, die ihren Kopf in den Sand steckten. Ich habe seitdem nie mehr an der Wahrheit der Bibel gezweifelt (jedenfalls nicht für mehr als etwa 60 Sekunden).

Schaeffer half mir, meine Überzeugung, dass die Bibel wahrhaft authentische Kommunikation des Schöpfers ist, argumentativ abzustützen. Ich beginne bei der geschichtlichen Tatsache der Existenz des Jesus von Nazareth. Die säkulare Geschichtsschreibung ist sich einig, dass er in Palästina lebte. Viele Jahrhunderte lang bestritt kaum jemand, dass das Neue Testament seine Taten und Lehren zuverlässig aufzeichnet. Jesus bestätigte auch die im Alten Testament aufgeschriebenen Ereignisse als historisch zuverlässig und erwähnte dabei explizit Adam und Eva, Noah und die Sintflut, Sodom und Gomorra und die Wunderheilungen durch die Kupferschlange, die Mose auf einem Pfahl befestigte. Jesus trug seinen Aposteln auch auf, das bekannt zu machen, was er sie gelehrt hatte. Im Gehorsam produzierten sie das, was zum Neuen Testament wurde. Jesus bewies, wer er ist, und dass er mit Autorität entscheiden kann, was wahr ist, indem er die Macht des Todes brach und nach seiner Auferstehung erschien, um etwa 500 seiner Nachfolger 40 Tage lang zu lehren.

Schaeffer brachte mir einen Satz bei, der sehr hilfreich ist, wenn wir biblische Wahrheiten diskutieren wollen: „Es hängt alles von deinen Annahmen ab!“ Kein Satz war mir je als Einleitung oder als erste Antwort eine größere Hilfe.

Schaeffer half mir auch zu sehen, dass mein Verständnis von Gottes Fülle und seinen Zielen zu eng war. Er brachte mir bei, dass es nicht Gottes einzige Absicht ist, dass wir den Missionsbefehl erfüllen, so wichtig er auch sein mag. Eines Tages unterbrach er mich in meinen Gedankengängen. „Greg, wenn du Gott wärst, hättest du die Welt schwarz-weiß geschaffen.“ Ich dachte: „Wow, ja! Warum hat Gott sich die Mühe gemacht, Farben und Schönheit zu schaffen? Hmmm...“

An eine andere unvergessliche Aussage meines geliebten Dr. Schaeffers mir gegenüber erinnere ich mich mit gemischten Gefühlen: „Greg, du bist kein Intellektueller, aber ich hab dich sehr gern!“ Der himmlische Vater hatte mir eine weitere Vaterfigur geschenkt.

Als wir L'Abri verließen, war die erste Herausforderung für das Team Operation Universität die erlesenste Universität der Niederlande – Leiden. Einer unserer Mitarbeiter in Wien war dabei, das Studium in Leiden zu beginnen. Aber er kannte keinen einzigen Christen dort. „Kein Problem", verkündete ich, „wir kommen und helfen dir, welche zu finden!"

Zu dieser Zeit gab es keine evangelikale Studentengruppe in Leiden. Zwei andere niederländische Unis hatten Gruppen, die sich „Ichthys" nannten. Also benutzten wir denselben Namen, um unsere Verbundenheit mit ihnen auszudrücken. Wir gingen nach einem einfachen Plan vor. Wir wollten an jede Tür im Studentenwohnheim klopfen und jedes Café besuchen, um Studenten zur Gründungsversammlung der Christlichen Studentenvereinigung einzuladen. Zehn Tage lang verteilten wir Hunderte von Handzetteln in jeder Ecke der Universität, auf denen stand, wann und wo „alle bibelgläubigen Studenten sich treffen werden, um einander kennenzulernen". Zur angegebenen Zeit tauchten 25 gläubige Studenten auf. Keiner war vorher irgendeinem der anderen begegnet. In diesem Moment war eine Gemeinschaft geboren worden, um in Leiden Zeugnis abzulegen. Das war die einfachste Aufgabe, die wir je hatten, und meines Wissens hat die Gruppe seitdem durchgehend bestanden.

In jenem Jahr nahm ein Leiter von Campus für Christus (CfC) Kontakt mit mir auf und ließ mich wissen, dass sie ihren Dienst nach Europa ausweiten wollten. Auf seine Bitte hin organisierte ich Übersetzung und Druck der *Die vier geistlichen Gesetze* und anderer Literatur in Französisch, Deutsch und Niederländisch. Dann arrangierte ich ein Treffen ihrer Leiter mit einer Gruppe von Pastoren in Belgien.

Die Pioniere von CfC hatten einen völlig anderen Ansatz als die frühen OM-er. Sie kauften schöne Autos, schliefen in Hotels und trugen Anzüge. Die Reaktion der belgischen Pastoren auf diese neue amerikanische Invasion war ziemlich negativ. Ich hatte eine Reihe von Gesprächen, die dem folgenden ähnelten:

„Ich glaube nicht, dass sie einen fruchtbaren Dienst in Europa haben werden. Oder was meinst du?"

„Ich denke schon!", antwortete ich mit Überzeugung.

„Dann bist du damit einverstanden, wie sie die Sache angehen?"

„Nein, sie werden lernen müssen, sich an europäische Verhältnisse anzupassen."

„Warum denkst du dann, dass Gott sie gebrauchen wird?"

„Weil sie es von ihm erwarten!"

Mein Universitäts-Team „überfiel" zusammen mit vier Leuten von CfC die Universität von Erlangen, wo ich früher ein paar evangelikale Studenten unterrichtet hatte. Als wir versuchten, Leuten „Die vier geistlichen Gesetze" von CfC vorzustellen, kamen wir dadurch zumindest in einige ausgedehntere Gespräche.

Als Leiter des Teams hatte ich ein Personalproblem zu lösen. Unser intelligentestes Teammitglied, ein Wissenschaftler von Cambridge, hatte die Lektionen, die Schaeffer uns beigebracht hatte, nur so verschlungen. Aber er war einfach zu introvertiert, um sich „aus dem Stand" evangelistisch zu engagieren. Ich war versucht, Andrew wegen seines „fehlenden Mutes" zurechtzuweisen, aber der Heilige Geist stoppte mich mit einer besseren Alternative: „Andrew, koch bitte Kaffee und bleib hier im Keller der Gemeinde, während wir losziehen, um interessierte Studenten zu dir zu bringen. Okay?"

Der Rest des Teams schwärmte über den Campus aus und spitzte die an, die dachten, die Ansprüche Jesu in der Bibel mit einfachen Argumenten in der Luft zerreißen zu können. Wir forderten sie heraus: „Habt ihr den Mut, mitzukommen und mit einem Mann zu reden, der jeden eurer Einwände entkräften kann?" Einige kamen mit. Wir begleiteten sie zum Keller der Gemeinde und stellten sie vor: „Andrew, das ist Fritz. Er denkt, dass der christliche Glaube nicht glaubwürdig ist. Ich habe gesagt, du könntest ihm zeigen, warum er es doch ist. Fritz, setz dich doch und trink eine Tasse Kaffee."

Andrews Gespräche brachten Frucht. Diese Erfahrung lehrte mich, die Botschafter Gottes entsprechend ihrer von Gott gegebenen Persönlichkeit und Begabung einzusetzen. Ich lernte, dass wir alle das sehr gut können, was wir sehr gut können!

Einer unserer Mitarbeiter bei Operation Universität war Mehdi Dibaj, ein Gläubiger aus dem Iran mit muslimischem Hintergrund.

Ich bin mir nicht sicher, wie fruchtbar er bei uns im Team war, zumal er keine der europäischen Sprachen gut beherrschte, aber Gott formte in dieser Zeit einen Helden für sein Reich.

Einige Jahre später wurde Mehdi im Iran für den Abfall vom Islam verhaftet. Neun lange Jahre schmachtete er im Gefängnis, einen großen Teil davon in Einzelhaft. Seine Peiniger belogen ihn mit der Behauptung, seine Frau sei zur Prostituierten geworden und drohten ihm, dass seine Kinder weggenommen würden, wenn er seinen Glauben an Jesus nicht widerriefe. Schließlich machte der Bischof der Gemeinde Gottes im Iran, Haik Hosepian, Mehdis Fall international publik. Es schien zu funktionieren. Mehdi wurde aus dem Gefängnis entlassen. Aber drei Wochen später jagte ein Attentäter ihm auf der Straße in Teheran eine Kugel durch den Kopf. Einige Zeit später hatte ich das großartige Vorrecht, neben Bischof Hosepian zu sitzen, während ein anderer der Schätze Christi aus einer muslimischen Familie, Khadra aus Somalia, uns beim Abendmahl diente. Nur Wochen später wurde auch Haik ermordet.

War das Verschwendung? War es eine unkluge Entscheidung, sich der iranischen Regierung zu widersetzen? Wurden nicht fünf weitere Pastoren kurz darauf von Muslimen ermordet? Manche Leute schätzen, dass seitdem eine Million Iraner ihre Knie vor Jesus als dem Herrn gebeugt haben. Vorsichtigere Schätzungen setzen die Zahl bei „nur" 100.000 an. In jedem Fall finde ich es leicht, mir vorzustellen, wie Mehdi und Haik mit den Engeln im Himmel herumhüpfen und Gott preisen, weil er ihr Blut für würdig geachtet hat, der Same der iranischen Gemeinde zu werden.

Jack Roberts und Bob Hall waren zwei weitere Kollegen bei Operation Universität. Beide verließen unser Team mit dem Eindruck, versagt zu haben. In ihrer eigenen Vorstellung waren sie nicht brauchbar für Gottes Zwecke. Sie landeten beide in South Bronx, New York City – ein Ort, an dem nur wenige Anglo-Amerikaner leben. Mehr als 40 Jahre ihres vorbildlichen und selbstlosen Dienstes haben zur Entstehung einer Gemeinde beigetragen, die ganz bestimmt ein Lächeln auf Gottes Gesicht zaubert: die Bronx Fellowship. Es ist eine Freude, sie zu erleben – voll von erretteten, fröhlichen Menschen aus einem Regenbogen ethnischer Hintergründe. Diese beiden „Versager" haben ein eigenes Team in einem

Dienst der Menschen hilft, aus Alkohol- und Drogensucht frei zu werden. Ihre beiden Familien haben fast zwanzig Kinder adoptiert. Sie haben ungezählten Teenager-Mädchen geholfen, die sich entschieden, ihre Kinder nicht abtreiben zu lassen. Und sie haben ganz im Stillen viele andere Taten der Gerechtigkeit vollbracht.

Gott liebt es, die Schwachen, Menschen, die am Kämpfen sind und die schlecht Vorbereiteten zu gebrauchen, um zu zeigen, was er durch die tun kann, die sich ihm ganz zur Verfügung stellen und die Kosten überschlagen haben.

Nicht alle, die durch OM rekrutiert wurden, um Jesus zu dienen, hielten auf lange Sicht durch. Einige Mitarbeiter verschwanden einfach, und wir haben sie nie wieder gesehen. Einige Kollegen aus Südasien merkten, dass ihr Wunsch, nach Nordamerika zu kommen größer war als der Wunsch, Jesus zu folgen, wohin er sie auch rufen würde. Ich erinnere mich auch an einen sehr redegewandten Mann, der sich sofort OM anschloss, nachdem er sich bei einer Freiversammlung zu Jesus bekehrt hatte. Aber seine nächste „Bekehrung" bestand darin, dass er sich selbst davon überzeugte, als Jude geboren zu sein – was seine polnische Mutter verwunderte. Er führte eine lebhafte junge Jüdin, die gerade dabei war, als „Debütantin" Eingang in die High Society zu finden, zum Glauben an Jesus als ihren Messias und heiratete sie – nur um sie bald wieder zu verlassen. Sie ist ihrem Herrn weiter treu gefolgt. Ob er es auch tut oder nicht, kann ich nicht sagen. Traurig ist, dass nicht wenige wie er müde wurden, Christus zu gehorchen, und sich stattdessen für ein Leben entschieden, das Jesus verleugnet.

Wir konnten Sallys Schwester Mary für unsere Operation Universität gewinnen. Dann traf sie Colin Crow, einen Briten, der in Frankreich und Belgien aufgewachsen war. Er sprach fließend Französisch und Deutsch, bereicherte unser Team sehr und wurde dann auch zum Mitglied unserer Familie. Ich durfte sie in Paris trauen. Der große Crow-Clan (mit fünf Brüdern und zwei Schwestern) wurde zu unserer innig geliebten angeheirateten Verwandtschaft in England. Zusätzlich zu seiner Fürsorge mit Vätern und Müttern versorgte mein himmlischer Vater mich auch mit Brüdern und Schwestern, genau wie er es versprochen hatte.

KAPITEL 16

Neun Ehefrauen

Wir hatten Indien verlassen, aber drei Jahre später merkte ich, dass Indien mich in gewisser Weise begleitet hatte – in Form von lymphatischer Filariose, die ich mir dort eingefangen hatte und nie wieder losgeworden war. 1968 war mir klar geworden, dass ich Hilfe brauchte, um die mikroskopisch kleinen Würmer loszuwerden, die sich vor meinen Augen schlängelten. Ich war zu schwach geworden, um rekrutieren zu können. Deshalb war Verwer damit einverstanden, dass wir ans Wheaton College zurückkehrten, damit ich meinen Magister abschließen und medizinische Hilfe in Anspruch nehmen konnte.

Es brauchte einen berühmten Missionsarzt, um eine Diagnose zu stellen, aber die Medizin, die er verschrieb, schien schlimmer als die Krankheit selbst. Ich fühlte mich wie Dr. Jekyll, der sich in den geisteskranken Hyde verwandelt. Obwohl unsere Jungs jetzt vier und zwei waren, litt Sally mehr unter meinen Wutanfällen als unter ihren.

Während der fünf Monate, die wir in Wheaton verbrachten, verfiel ich einer starken Zwangsvorstellung. Der Hauptpreis einer Verlosung von *American Express* war ein lebenslanges weltweites Frei-Flugticket mit allen IATA-Fluggesellschaften. Hatte der Herr nicht versprochen „Was immer ihr bittet…"? Ich war mit der Zeit fest überzeugt, dass er mich dazu führte, diesen Hauptpreis zu beanspruchen. Ich würde jede Woche in der ganzen Welt umherreisen können – und es würde OM praktisch nichts kosten. Ich fastete. Ich betete. Ich versuchte andere zu überzeugen, sich mit mir in Jesu Namen eins zu machen. Ich hatte mehr Erwartung und größeren Glauben als je zuvor – oder seitdem. Ich war sicher, all die biblischen Voraussetzungen erfüllt zu haben. Ich hatte nicht den geringsten Zweifel in mir, dass ich das Freiticket gewinnen würde.

Ich wusste nicht, ob *American Express* anrufen oder ein Telegramm schicken würde. Also saß ich am Tag der Auslosung neben dem Telefon, mit Blick zur Haustür. Das Telefon klingelte nicht. Niemand kam. Ich war wütend. Jemand hatte meinen Preis gestohlen! Ich erinnerte mich daran, dass *American Express* gesetzlich verpflichtet war, auf Anfrage eine Liste der Gewinner zuzuschicken. Ich forderte eine Kopie an. Als sie kam, fand ich meinen Namen nirgends unter den 5.000 Gewinnern. Ich hatte nicht einmal ein T-Shirt gewonnen. Um der Verletzung auch noch die Beschämung hinzuzufügen, lebten einige der Gewinner direkt in Wheaton.

Ich stürmte in die Gegenwart des Königs und verlangte eine Erklärung. „Habe ich nicht alle Bedingungen für erhörtes Gebet erfüllt? Was ist hier los?" Über die Jahre habe ich gelernt, dass unser treuer himmlischer Vater uns in der Regel wenigstens eine Andeutung gibt, warum er etwas tut oder verhindert, wenn wir ernsthaft danach fragen. An jenem Tag öffnete er mir die Augen. Es waren seine gnädige und liebevolle Freundlichkeit und seine unermessliche Weisheit, die ihn davon abhielten, mir diesen Preis zu geben.

Ununterbrochenes Reisen hätte meine Gesundheit weiter ruiniert und mich viel zu sehr von Sally und den Jungs ferngehalten. Ich wäre ein weltweiter Laufbursche geworden, hätte einen Motor nach Indien gebracht oder Bücher nach Jordanien. Jeder anstehende seelsorgerliche Besuch hätte mich ins nächste Flugzeug verfrachtet. Verspätungen und Nächte an den falschen Orten hätten dazu führen können, dass ich moralisch versage oder überfallen werde. Oh welche Weisheit Gottes!

Lew Williams hörte, dass wir, die wir 1959 mitgeholfen hatten, OM zu gründen, 1968 wieder in der Gegend von Chicago waren. Das brachte ihn dazu, die klassischen Gebetsnächte an Freitagen wiederzubeleben. Ich kann mich nicht erinnern, wer an diesen Freitagen in unser Zuhause zum Beten kam – mit der Ausnahme eines engen Freundes, der bis heute in einem arabischen Land im

Einsatz ist, obwohl er fast 70 ist. Die Gabe des Hütehundes war also immer noch aktiv – selbst in meinem kränklichen Zustand!

Während ich mich von meiner Krankheit erholte, forderte es zähneknirschende Disziplin, meine Magisterarbeit zu schreiben. Danach musste ich nur noch einen Kurs erfolgreich abschließen, versagte dabei aber jämmerlich. Mein Professor wollte nicht, dass ich wegen eines nicht bestandenen Examens den Abschluss nicht schaffte. Deshalb kam er zu uns nach Hause und fragte mich: „Du wolltest nicht das und das schreiben, oder? Du meintest bestimmt das und das…“ Dadurch konnte ich absolvieren.

Schließlich erholte ich mich von meiner Filariose. Aber über die Jahre bin ich zu der Überzeugung gekommen, dass die schlimmste Krankheit für Missionare nicht die Filariose oder die Malaria ist. Die gefährlichste Krankheit ist die „Stumpferitis“. Du merkst, dass du sie hast, wenn du abgestumpft bist, wenn du nicht mehr begeistert von den Verheißungen im Wort Gottes bist und nicht mehr auf Gottes Antworten auf ausdauerndes Gebet wartest.

Als wir wieder in der Zentrale in Brüssel waren, brauchte unser Direktor für Europa jemanden, der Hirte für die 40 Mitarbeiter dort sein konnte. Er wollte sich darauf konzentrieren, Felddirektor für die Teams in ganz Europa zu sein. Ich war festgenagelt. Konnte der Hütehund auch ein guter Schafhirte sein?

Wir schlossen uns einer französischsprechenden Baptistengemeinde in Brüssel an. Obwohl ich als Baptistenpastor ordiniert war, nahmen die Ältesten unsere theologischen Überzeugungen in die Mangel, bevor wie Mitglieder werden konnten. Schließlich fragten sie, ob wir noch irgendwelche Fragen an sie hätten. „Nur eine“, antwortete ich. „Die Bibel nennt Gastfreundschaft als eine der Qualifikationen für Älteste. Wir kommen jetzt seit über einem Jahr zu dieser Gemeinde, aber niemand hat uns je zu sich nach Hause eingeladen. Habe ich die Bibel in diesem Fall missverstanden?“ In jener Woche wurden wir zweimal zu einem Essen eingeladen, und danach nie wieder.

Auch wenn die Gottesdienste in Französisch abgehalten wurden, befand sich unsere Zentrale im flämischen Teil Brüssels. Unser fünfjähriger Evan ging in einen flämischen Kindergarten. Am

Ende des Schuljahres merkte seine Erzieherin an, dass Evan zwar nicht viel Flämisch gelernt hätte, das Englisch-Niveau der Klasse aber deutlich gestiegen sei.

Bis zu diesem Zeitpunkt hatten Sally und ich uns abgemüht, um Spanisch, Hindi, Deutsch und jetzt Französisch zu lernen. Gelegentlich fragt mich jemand, wie viele Sprachen ich spreche. Mit ernstem Gesicht antworte ich: „Zwölf!" Bisher hat es noch jeden beeindruckt... bis ich nicht anders kann, als breit zu lächeln und hinzuzufügen: „Fünf Sätze in jeder!"

Nachdem ich etwa sechs Wochen Französisch gelernt hatte, wurde der Mitarbeiter krank, der bei OM für die Einkäufe zuständig war. Ich fühlte mich bereit, ihn zu ersetzen und die Einkäufe bei unserem Großhändler zu tätigen. In der Annahme, ich würde fünf Kilo Reis bestellen, sagte ich: „Cent kilos de riz, s'il vous plaît!" Als er daraufhin unter der Last eines Sacks mit 100 Kilo Reis daherwankte, erkannte ich mein Missverständnis. Ich rief aus: „Nein! Nicht cent (hundert) kilos, cinq (fünf) kilos!" „Cinq?", rief er bestürzt und murmelte ein paar Worte, die ich glücklicherweise nicht verstand (deren Kernaussage ich aber deuten konnte). Ich ging nie wieder dorthin.

Die vierzig Mitarbeiter der europäischen Zentrale lebten alle in einer alten Papierfabrik unter einem Dach und aßen im selben Speisesaal – Verwaltungsmitarbeiter, Sekretärinnen, Mechaniker und ein nicht abreißender Strom von Teams aus den Einsatzgebieten. Ich nehme an, dass man sich gut vorstellen kann, dass es bei vierzig (und manchmal sechzig) Leuten unter einem Dach auch gelegentlich zu Konflikten kommt. Zwei Wochen lang weigerten sich zwei der Mütter, miteinander zu reden. Es war offensichtlich, dass das für uns alle eine ziemlich ungute Atmosphäre schuf. Ich bat beide Frauen dringend, sich zu versöhnen. „Nein, das würde nichts bringen!" Jede bestand darauf, dass die andere nicht zuhören würde. Nach zwei Wochen begann unser Gebäude ein Sumpf der Verzagtheit zu sein. Entnervt schob ich die beiden Frauen buchstäblich zusammen und zwang sie, zu reden. Innerhalb von zwanzig Minuten weinten beide und umarmten sich. Sie waren wieder beste Freundinnen. Ich wurde daran erinnert, doch zu versuchen, Gottes Anweisungen zu folgen, wenn nichts anderes funktioniert.

Die Frauen hatten einander mit Schweigen traktiert, aber zwei der Mechaniker wandten die entgegengesetzte Taktik an. Erst schrien sie einander an, dann sank ihr Niveau auf einen Faustkampf. Ich versuchte, die beiden großen Kraftprotze auseinanderzuschubsen, die beide stark genug gewesen wären, mich hochzuheben und durch die Werkstatt zu werfen. Schließlich versöhnten auch sie sich wieder.

Die beiden Jahre als Kapitän der Mannschaft der europäischen Zentrale war eine praktische Ausbildung in Friedenstiften und pastoraler Begleitung. Ich überlegte, ob ich die Lektionen aus dieser Zeit unserer Pilgerfahrt unter dem Titel „Ich führte neun Ehefrauen" aufschreiben sollte.

Wenn Konflikte unausweichlich sind, dann sind es auch Versuchungen. Ledige Frauen sehen oft attraktiver aus als Mütter, die von den Pflichten des Alltags untergebuttert werden und von fordernden Kindern umgeben sind. Eine unserer Sekretärinnen hatte derart reizende Augen und war die femininste Frau, mit der ich je länger andauernden Kontakt hatte. Zusätzlich war sie angenehm bemüht, mich zu unterstützen.

Heute bin ich zutiefst dankbar für die eisernen Regeln bei OM. Außer wenn sie miteinander verheiratet waren, durften ein Mann und eine Frau unter keinen Umständen zu zweit in einem Raum oder einem Fahrzeug sein. Niemals! Manchmal war dieses Gesetz mehr als unbequem. Es bedeutete jedoch, dass meine Beziehung mit der Sekretärin nie über meine Fantasie hinausging (die ich schlussendlich Sally gegenüber auch beichtete). Wir hatten einander fest zugesagt, in unserer Ehe nichts vor dem anderen zu verbergen. Aber mein Bekenntnis war für uns beide schmerzhaft. Sally war immer die Wissenschaftlerin gewesen, mit der ich jedes wichtige Thema besprechen konnte. Charme war nie eine ihrer Prioritäten gewesen. Als ich sie jedoch Jahre später bat, eine *Charme School*[1] zu besuchen, war sie damit einverstanden – und hatte sogar Spaß daran. Darüber hinaus funktionierte es auch – ich wandte meine Aufmerksamkeit ganz ihr zu.

---

1 Ein Kurs, der früher Frauen auf gutes Benehmen in gehobener Gesellschaft vorbereiten sollte.

Ich könnte wahrscheinlich die Leute an den Fingern einer Hand abzählen, die über die Jahre durch meine persönliche Einladung ihre Knie vor dem Herrn Jesus Christus gebeugt haben. Höchstens an zwei Händen! Ich habe bewiesen, dass ich ausgesprochen unbegabt bin in der Evangelisation, obwohl ich mich immer bemüht habe, Menschen mit Christus bekannt zu machen. Ob nun begabt oder nicht, ich denke, dass alle Christen jede Gelegenheit nutzen sollten, um über Jesus zu reden.

Trotzdem habe ich mich immer zu den Menschen hingezogen gefühlt, von denen ich den Eindruck hatte, dass sie keinen bekennenden Christen in ihrem Umfeld haben. So ging es mir auch mit den Leuten an der Universität in Brüssel. Die Uni ließ ihre Professoren eine Erklärung unterschreiben, dass sie keine übernatürliche Offenbarung wie zum Beispiel die Bibel akzeptieren. Christliche Gruppen durften sich dort nicht treffen. Niemand kannte irgendwelche Studenten, die versuchten, an der Uni dort Salz und Licht zu sein.

Das System der Einschreibung an der Brüsseler Universität war denkbar einfach: Man stellte sich am Tag der Einschreibung in die Schlange und bat den Professor, dessen Kurs man belegen wollte, eine Karte zu unterschreiben, die besagte, dass er einen in den Kurs aufnahm. Damals war ich 29, also stellte ich mich so unauffällig wie möglich in solch eine Schlange und wurde in einen Kurs aufgenommen. Der Professor schaute nicht einmal auf, während er meine Karte unterschrieb. Der einzige freie Platz in dem Kurs war neben einem Mädchen, das zum Glück Englisch sprach.

„Ähm, was ist das für ein Kurs?“, fragte ich sie.

„Die Geschichte der ägyptischen Kunst“, antwortete sie und sah verwundert aus, dass ich fragte.

„Perfekt!“, antwortete ich. Da der größte Teil der Vorlesung durch Dias ägyptischer Kunst illustriert wurde, konnte ich den Ausführungen des Professors auf Französisch fast folgen.

Da innerhalb der Universitäts-Tore keine christliche Aktivität erlaubt war, parkten wir unseren Transporter, in den zwölf Leute passten, nahe bei der Einfahrt. Ich zeigte meiner Mitstudentin im Kurs „Ägyptische Kunst“ eine Einladung zu einem offenen Bibelstudium, das über die Mittagszeit in unserem Transporter stattfinden sollte. Sie zog ihre Augenbrauen hoch, als hätte ich sie eingeladen, Kokain zu schnupfen. „Komm, wenn du mutig genug bist!“, forderte ich sie heraus.

„Ich habe vor nichts Angst!“, warf sie zurück. Sie kam und war dann immer wieder dabei, bis der Vater im Himmel sich ihr offenbarte. Einige der jungen Frauen in unserem Büro wurden ihre engen Freundinnen und leiteten sie in der Jüngerschaft an. Aus Dankbarkeit gab sie unseren Jungs eine große Kiste mit Lego, für die ihr Bruder zu alt geworden war. Das Letzte, was ich hörte, war, dass die Brüsseler Uni eine mehr oder weniger heimliche Gruppe christlicher Studenten hatte.

Im Sommer 1968 schickten wir während der Studentenproteste, die letztlich zum Sturz der Regierung de Gaulle führten, mehrere Teams nach Paris. Wie gewöhnlich hatten unsere Teams die Aufgabe, von Tür zu Tür evangelistische Literatur zu verbreiten. Es war keine Ausnahme, dass sie die Treppe bis ins 8. Stockwerk eines Hauses hinaufstiegen, ohne dass jemand bereit gewesen wäre, die Türe zu öffnen und mit Fremden zu sprechen. Die Teams brauchten ganz klar Ermutigung, aber es war kein Geld für eine Zugfahrkarte da. Also fuhr ich per Anhalter nach Paris. Giovanni, ein freundlicher Italiener, nahm mich mit. Aber nach ein paar Kilometern bestand er darauf, dass ich nur weiter mit ihm fahren könne, wenn ich ein Glas Rotwein mit ihm tränke. Mit Ausnahme jenes Abendmahls ein paar Jahre zuvor in Spanien hatte ich weiter komplett auf Alkohol verzichtet. Aber Giovanni blieb hart. Da ich unbedingt nach Paris wollte, kapitulierte ich. Später hielt er für ein weiteres Glas an. Beim dritten Stopp merkten wir schnell, dass die Bar nur der Eingang zu einem Bordell war und rannten hinaus, bevor er weitere zwei Gläser *Vin Rouge* bestellen konnte.

Aber als wir weiterfuhren, bekam ich ziemlich lästige Kopfschmerzen, die stärker wurden, als wir uns Paris näherten. Ich schaffte es, drei der Teams zu besuchen und tat mein Bestes, sie zum Weitermachen zu ermutigen. Bis ich an dem Abend im Pariser OM-Büro ankam, hatte ich furchtbares Kopfweh. Ich schloss daraus, dass der Herr mich dafür bestrafte, dass ich meinen Eid gebrochen hatte. Nachdem ich Buße getan hatte, ging ich sofort ins Bett.

Aber gegen Mitternacht wachte ich schreiend vor Schmerz auf. Nachdem ich im Eiltempo ins Krankenhaus gebracht worden war, stellte man dort eine Wirbelsäulen-Meningitis fest. Nachdem eine Punktion der Wirbelsäule den Druck auf meinem Gehirn gelindert hatte, wollte ich die Assistenzärzte auf beide Wangen küssen, wie es die Franzosen tun. Aber der Schmerz kam zurück.

Mit meinem gebrochenen Französisch und Pantomime konnte ich einer Hilfsschwester aus Haiti klarmachen, dass ich etwas gegen die Schmerzen brauchte. Schließlich kam sie mit etwas wieder, was ich für ein kleines Stück Schokoriegel hielt. Als ich es in den Mund stecken wollte, schrie sie „Non! Non! Non!“ Dann versuchte ich es mit dem Ohr. „Non! Non! Non!“ Also schrie ich zurück: „Was soll ich denn dann damit machen?“ Sie drehte sich um, streckte ihren Hintern heraus und zeigte an den Ort, wo ein Zäpfchen in den Körper eingeführt wird. Da ich noch nie im Leben ein Zäpfchen gesehen hatte, gab ich es ihr zurück, drehte mich um und sagte: „Tun Sie es!“

Ich bin mir ziemlich sicher, dass es nicht normal ist, sich von einer Wirbelsäulen-Meningitis innerhalb einer Woche zu erholen. Aber der große Arzt hörte die Fürbitte meiner Freunde und Mitarbeiter von buchstäblich überall auf der Welt. Ich konnte das Krankenhaus sieben Tage später völlig gesund wieder verlassen. Ich hatte eine Familie und einen himmlischen Vater, die sich um mich kümmerten.

KAPITEL 17

Landung in Arabien

Nachdem ich zwei Jahre in der europäischen Zentrale von OM als Hirte gedient hatte, bekamen wir endlich grünes Licht in Richtung unserer ursprünglichen Berufung – der arabischen Welt. Zwar war ich zu der Zeit schon dreißig, ging aber davon aus, dass ich meine zweite Lebenshälfte einsetzen konnte, um Jünger unter arabischsprechenden Muslimen zu machen. Und Libyen würde sich uns bestimmt zu Gottes Zeit öffnen.

Sally war im 8. Monat schwanger, weshalb sie mit Evan und David nach Beirut flog, während ich mit dem Rest des Teams für die arabische Welt über Land fuhr. Sally wird ihren ersten Abend in Beirut nie vergessen. Ägyptens beliebter Präsident Gamal Abdel Nasser war gerade gestorben, und die gesamte Region befand sich im Aufruhr. Ihr Willkommen zum Leben in der arabischen Welt war die Autofahrt vom Flughafen in einem Slalomkurs durch brennende Reifen und junge Männer, die in die Luft schossen.

Ein paar Jahre zuvor hatten wir bei unserem ersten Besuch in Beirut Mazhar Mallouhi kennengelernt. Mazhar war der erste gläubige Araber mit muslimischem Hintergrund, den ich kennengelernt hatte – und er gehört immer noch unumstritten zu den unvergesslichsten Leuten, die ich kenne. Wir lebten beide ohne engere Verwandte. Ich hatte keine Geschwister, und seine hatten ihn weggejagt. Wir wurden Brüder auf Lebenszeit, trotz Ereignissen und Missverständnissen, die ganz sicher die meisten anderen Menschen getrennt hätten.

Mazhar hatte 1959 in der syrischen Armee auf den Golanhöhen gedient. Zu der Zeit hatte er sich schon vom traditionellen Glauben seiner Familie abgewandt, weil er fühlte, dass Allah zu weit von der Menschheit entfernt war. Er hatte sich ein paar andere Religionen angesehen und sich gegen sie entschieden. Er hatte den Schluss gezogen, dass die Menschen Religion als eine zukünftige Hoffnung gegen den Schmerz dieser Welt erfunden hatten. Aber er hatte sich geweigert, irgendetwas über die „Religion der Kreuzritter“ zu lesen, obwohl er das Zelt mit einem christlichen Offizier teilte.

Nachdem Mazhar Religion abgelehnt hatte, wandte er sich der Politik zu, um die Welt zu retten. Mit diesem Anliegen las er Gandhis Korrespondenz mit Tolstoi und fand heraus, dass Gandhi Jesus zitiert hatte. Das machte Mazhar Appetit, mehr über die Lehren Christi zu erfahren. Er lieh sich die Bibel seines Zeltgenossen aus und las sie mehrmals durch. In der Stille jenes einsamen Postens rief Mazhar Gott an und bat um das neue Leben, das Jesus versprochen hatte.

So wie ich legte Mazhar einen Blitzstart hin. Es lag ihm nicht, seine Ansichten zu verheimlichen. Also begann er, Muslimen zu sagen, dass sie dem falschen Gott folgten. Seine provokative Art war nicht effektiver als meine in meiner ersten Zeit als Christ – weder in der syrischen Armee, noch als er in seinen Heimatort zurückkehrte. Mazhars Großonkel war ein hoch geschätzter religiöser Führer in Syrien gewesen. Seine Familie versuchte, ihre Ehre zu retten, indem sie Mazhar als Verräter an ihrem Glauben umbringen wollten. Eine Narbe an seinem Hals zeugt von ihrem Versuch.

Nachdem er den Angriff überlebt hatte, schloss Mazhar Frieden mit seiner Familie, indem er Syrien verließ und in den Libanon ging, wo er eine Bibelschule besuchte. Er begann seinen Dienst als Redakteur bei der Arabischen Literaturmission, was seine Fähigkeit als Autor weiterentwickelte. Sein erster arabischer Roman, *Der Reisende*, wurde 28-mal nachgedruckt. Zehn weitere Bücher folgten.

Mazhar hatte Mühe zu verstehen, warum Missionare der arabischen Kultur gegenüber so unsensibel waren. Seine provokante Art schüchterte die meisten westlichen Mitarbeiter ein. Deshalb war der Leiter des OM-Teams für die arabische Welt mehr als glücklich, ihn „mir zu überlassen“. Ich bin so froh, dass er es tat. Von Mazhar habe ich mehr über die arabische Kultur gelernt als ich nachvollziehen kann.

Gleichzeitig hatte Mazhar seine eigenen Probleme. Christliche Araberfamilien lassen ihre Töchter nicht in muslimische Familien einheiraten. Deshalb war es schwer für Mazhar, eine Frau zu finden. Als er schließlich doch heiraten konnte, stellte sich heraus, dass seine Frau ernsthaft geistesgestört war. Ihre Familie hatte wahrscheinlich gedacht, dass die Heirat mit einem bekehrten Moslem die einzige Möglichkeit war, sie überhaupt zu verheiraten.

Als ihre wahnhafte Störung sich verstärkte, erstattete sie bei der libanesischen Regierung offiziell Anzeige, Mazhar und das OM-Team würden als amerikanische Spione arbeiten. Diese Beschuldigung verfolgte Mazhar für den Rest seiner Zeit im Libanon, wo die Christen ihm gegenüber misstrauisch blieben. Deshalb dachten wir, es wäre sinnvoll, ihn nach Marokko zu entsenden, um einen Buchladen zu eröffnen. Wir kannten dort ein paar andere Gläubige mit muslimischem Hintergrund. Mazhars Frau weigerte sich, mit ihm zu gehen, sodass auch seine zweite Familie ihn im Stich ließ. Da er in Casablanca kaum Gemeinschaft hatte, um ihn zu stärken, entfernte Mazhar sich langsam vom Herrn und suchte Trost bei muslimischen Freunden. Es schien, dass sein Dienst zu Ende war. Traurigerweise war ich zu beschäftigt damit, Teams in den Jemen und den Irak, nach Syrien und Libyen zu schicken, um Mazhar im Auge zu behalten. Aber sein treuer himmlischer Vater ließ ihn nicht laufen.

In Libyen gab es keine Missionare, die vor Ort lebten. Da dieses Land unsere persönliche Aufgabe blieb, drängte ich unser Team in Beirut im Sommer 1971, vier Männer nach Libyen zu senden, um Lukasevangelien dort hinzubringen. Die beiden Amerikaner, ein Belgier und ein Libanese wurden bald verhaftet und wegen der Verbreitung „antiislamischer Propaganda“ zu einer Gefängnisstrafe von acht Jahren verurteilt. Wir waren fassungslos und hilflos. Während wir täglich dieselben Gebete beteten, verlor unser Glaube an Schwung. Die Botschaften der Heimatländer konnten auch nicht helfen. Wir schrieben an Billy Graham – in der Hoffnung, dass er den amerikanischen Präsidenten Nixon dazu bringen könnte, sich beim libyschen Führer Muammar Gaddafi für die Männer einzusetzen.

Nach acht Monaten wurden unsere vier Männer ohne ersichtlichen Grund freigelassen. Es ist keine Überraschung, dass ich bis 1980, acht Jahre später, niemand mehr davon überzeugen konnte, nach Libyen zu gehen. Wer möchte schon in einem dreckigen, durch Ratten und Moskitos verseuchten Gefängnis Nordafrikas festsitzen?

Es ist schon merkwürdig, dass Christen auf der ganzen Welt sich nach verschiedenen Erfahrungen aus dem Neuen Testament sehnen – der Kraft zu heilen, Vollmacht in der Evangelisation oder einem ekstatischen Erlebnis mit dem Heiligen Geist. Aber niemand möchte die anderen Erfahrungen des Neuen Testaments machen – Gefängnis, Schläge, Ablehnung oder Ausweisung. Wir sind begeistert über Verse wie Offenbarung 5,9 oder 7,9, wo Gott uns zeigt, dass der Herr Jesus Sieger ist. Dort wird es schlussendlich Jünger aus allen Volksgruppen geben, die das Lamm Gottes anbeten. Aber kaum jemand bemerkt, dass das nur Wirklichkeit werden kann, weil vorher viele das erleiden müssen, worauf in Offenbarung 6,9-11 Bezug genommen wird. Dort macht der Herr den Gläubigen Mut, die für ihre Treue zu Christus ermordet wurden:

> *Und als es das fünfte Siegel auftat, sah ich unten am Altar die Seelen derer, die umgebracht worden waren um des Wortes Gottes und um ihres Zeugnisses willen. Und sie schrien mit lauter Stimme: Herr, du Heiliger und Wahrhaftiger, wie lange richtest du nicht und rächst nicht unser Blut an denen, die auf der Erde wohnen? Und ihnen wurde gegeben einem jeden ein weißes Gewand, und ihnen wurde gesagt, dass sie ruhen müssten noch eine kleine Zeit, bis vollzählig dazukämen ihre Mitknechte und Brüder, die auch noch getötet werden sollten wie sie.*

Oder wie oft predigen Pastoren über Johannes 16,2? Dort verspricht unser Herr seinen Knechten: „Es kommt aber die Zeit, dass, wer euch tötet, meinen wird, er tue Gott einen Dienst damit."

Die Amerikanische Universität von Beirut wurde von gottesfürchtigen, evangelikalen und evangelistisch gesinnten Presbyterianern aus den Vereinigten Staaten gegründet. Vom letzten Drittel des 19.

Jahrhunderts bis zum Ersten Weltkrieg gingen sie dort davon aus, dass Muslime vor allem lernen müssten, rational zu denken. Wenn Muslime im Nahen Osten mit westlicher Ausbildung und der Bibel vertraut werden könnten, würden sie auch die Logik sehen, *dem* zu folgen, der die Wahrheit ist.

Aber was geschah tatsächlich an der Amerikanischen Universität von Beirut, der Amerikanischen Universität in Kairo, dem *Roberts College* von Istanbul und den vielen anderen Ausbildungsstätten, die von Missionaren auf der ganzen Welt gegründet worden waren? Ausbildung versetzte die Jugend in die Lage, sich von den Banden der Kolonialisierung zu befreien. Nationalismus wurde „gezüchtet" – und die Sehnsucht nach Unabhängigkeit von ungewollten Herrschern, einschließlich Gott. In Europa hatten wir die Auswirkungen der sogenannten Aufklärung gesehen. Die Missionare hatten als Dozenten und Lehrer unbeabsichtigt die Studenten des Nahen Ostens darauf vorbereitet, dasselbe zu tun wie ihre jungen europäischen Gegenstücke – die Enge und Traditionen der Religion von sich zu werfen. Nur in seltenen Ausnahmen führten diese Akademiker Muslime dazu, an Jesus als Retter zu glauben.

Im Libanon ist Evangelisation legal. Ermutigt durch den Erfolg der *Operation Universität* in Europa entschieden wir 1971, dass es Gottes Stunde sei, um desillusionierten Studenten im Libanon die Gute Nachricht zu bringen. Georges Houssney war jung und einer der wenigen libanesischen Christen, die erleben wollten, dass Muslime ins Reich Gottes kamen. Mit ihm, Leitern von OM, den Navigatoren, *InterVarsity Christian Fellowship*, Campus für Christus und einer einheimischen libanesischen Gruppe verpflichteten wir uns, die Ansprüche Christi mutig unter Uni-Studenten in Beirut zu verkünden.

Unser Ziel war, den libanesisch-amerikanischen Philosophie-Professor Mark Hanna für eine Woche mit evangelistischen Veranstaltungen für Studenten an der Amerikanischen Universität ins Land zu holen. Die Plakate, die wir überall anbrachten, schmückte ein Foto von Licht, dass durch die Wolken an Beiruts Küste dringt, mit dem Aufhänger in großen Buchstaben: „Ratet mal, wer wiederkommt!"

Bei Besuchen in den Wohnheimen verteilten wir von Zimmer zu Zimmer Tausende von Einladungen an Studenten. Die meisten kamen aus muslimischen Ländern, in denen es keine Missionare gab: Saudi-Arabien, Libyen, Irak, Sudan, Katar, die Vereinigten Arabischen Emirate, Oman und die Malediven. Da unser Leiter davon ausging, dass es unsicher wäre, unsere echten Namen zu benutzen, verwendeten die meisten von uns in Gesprächen Pseudonyme. Eines Tages lud ein saudischer Student, dessen Vater in Mekka heiliges Wasser verkaufte, uns großzügig in sein Zimmer ein. „Hallo, ich bin Lukas, und das sind Markus und Johannes", stellte ich uns vor. Der Saudi grinste: „Und wo ist Matthäus?"

Durch unsere Veranstaltung mit mehreren Organisationen beschenkte unser himmlischer Vater einige muslimische und wesentlich mehr maronitische und orthodoxe Studenten mit offenen Augen für die Realität des lebendigen Herrn Jesus. Einige Leute empfanden es als genauso ermutigend, dass verschiedene christliche Gruppen begonnen hatten, zusammenzuarbeiten. Zusätzlich lernten manche libanesische und jordanische Christen, wie sie ihren Glauben an Muslime weitergeben konnten. Einige gingen sogar als Missionare nach Jordanien, in den Irak und auf die Arabische Halbinsel.

Was wir auch versuchten, Sally und ich konnten keine Studenten aus den konservativsten muslimischen Ländern überreden, zu uns zum Abendessen zu kommen. Aber drei muslimische Jungs von irgendeiner Insel, deren Namen wir nie gehört hatten, machten sich unsere Gastfreundschaft zunutze – oft ohne eingeladen zu sein. Ich denke sie hatten uns „adoptiert". Ich hatte keine Ahnung, dass die Malediven südwestlich von Indien zu 100 Prozent muslimisch waren und es dort nicht einmal eine Kirche für Touristen gab. Latif war der Leiter des Trios von den Malediven und zog Sartre jedem religiösen Autor vor. In der Annahme, dass wir nichts zu verlieren hatten, konfrontierten wir diese Jungs unerbittlich mit Jesus. Trotzdem verbrachten sie gern Zeit in unserem Zuhause in der Nähe der Uni.

Als Jahre später das erste Schiff von OM, die Logos, in der Hauptstadt der Malediven anlegte, war Latif der erste Einheimische, der die Landungsbrücke heraufkam. „Kennen Sie Luke

Livingston?“ fragte er den Leiter des Schiffsteams. „Nun, ich kenne einen Greg Livingston...“

Noch einige Zeit später machte ein Teamleiter von Frontiers auf den Malediven Latifs Bekanntschaft. Inzwischen war er ein bekannter Funktionär in der Regierung geworden. Wir beten beide weiter, dass Latif und seine beiden Kollegen den Herrn Jesus entdecken und Apostel für ihr Volk der Divehi werden.

Der Gasboiler in unserem Badezimmer in Beirut war defekt. Eines Abends verlor unser sechsjähriger Evan das Bewusstsein, als er ein Bad nahm. Da er nicht sofort wieder zu Bewusstsein kam, trug ich ihn die Treppen hinunter und rannte so schnell ich konnte mit ihm zum nahe gelegenen Krankenhaus. Als wir dort ankamen, war Evan wieder bei Bewusstsein. Obwohl er keinen Schaden davongetragen zu haben schien, dachte ich, es wäre in jedem Fall gut, wenn ein Arzt ihn untersuchte.

Die Rezeptionistin fragte mich nach Namen, Adresse und Beruf. Als ich auf die letzte Frage mit „Student“ antwortete, schaute die libanesische Dame Evan in meinen Armen an. Sie vermied den Augenkontakt mit mir und sagte zu meinem Sohn: „Sag deinem Papa, dass es Zeit ist, etwas zu arbeiten.“

Auch wenn es nicht die Art von Anstellung war, die die Rezeptionistin meinte, bestand mein ganzes Leben aus Arbeit. Auch all unser Geld investierten wir in den Dienst. Als Sally mich nach Pauls Geburt bat, ihr eine Waschmaschine zu kaufen, sperrte ich mich dagegen. Ich wollte keine Waschmaschine kaufen, weil mir ach so bewusst war, wie viele Neue Testamente man stattdessen mit dem Geld kaufen konnte. Aber an dem Punkt wollte Sally sich untypischerweise nicht unterordnen. Ich bat unseren arabischen Pastor Victor Sadaka um Rat, der selbst ein ziemlich harter Bursche war. „Tja, du hast die Wahl; entweder holst du ihr eine Waschmaschine, oder du holst dir eine neue Frau.“ Ich kaufte die Maschine noch am selben Tag.

Aber ich darf das Ereignis von Pauls Geburt im neuen Amerikanischen Krankenhaus in Beirut nicht unterschlagen. Ich war so sicher, dass wir eine Tochter bekommen würden, dass auch Sally inzwischen überzeugt war. Wir wollten ihr den Namen Amy geben, nach Amy Carmichael. Als die Geburt kam, durfte ich wieder einmal nicht im Kreißsaal dabei sein. Aber zumindest gab es dort ein Wartezimmer. Außer mir war nur eine einheimische Familie dort. Sie hatten schon vier Mädchen und wollten unbedingt einen Sohn. Zu dieser Zeit war es in Beirut üblich, dass im Falle der Geburt eines Sohnes der Arzt selbst kam und mit den Worten „Hier präsentiere ich Ihnen Ihren Sohn“ alle Anerkennung für sich beanspruchte. Aber in ihrem Fall kam eine Krankenschwester und eröffnete ihnen mit einem bedauernden Ton in der Stimme: „Das Baby ist da.“ Zu meinem Erstaunen fing die Familie an zu heulen, als hätte die Schwester ihnen verkündet, Mutter und Kind seinen tot.

Gefesselt von dieser Szene bekam ich gar nicht mit, dass der Arzt an mich herantrat um mir zu verkünden: „Hier präsentiere ich Ihnen Ihren Sohn.“ – „Was? Ein Sohn?“ Ich konnte es nicht glauben. Plötzlich hörte die libanesische Familie auf zu weinen, sie kamen zu mir gelaufen, klopften mir auf die Schulter und riefen mit ihre Glückwünsche zu: „Allah kareem! (Gott ist großzügig!) Drei Söhne!“ Für einen kurzen Moment kämpfte ich in meinen Gedanken mit den biblischen Lehren zum Babytausch und seinen Auswirkungen.

Wenn drei Söhne einen großzügigen Gott zeigen, wie ist es dann mit vier? Ein paar Monate nach Pauls Geburt gingen die Mädels aus unserem Team von Haus zu Haus und entdeckten dabei einen zweijährigen Jungen, der praktisch allein lebte. Er war der Sohn einer libanesischen Prostituierten und, wie wir annahmen, eines Seemanns von irgendwoher. Mit der Unterstützung durch die Mutter brachten die Mädels den Jungen zu uns nach Hause – wir sollten ihn adoptieren! Wir schluckten. Da ich selbst verlassen worden war, empfand ich, dass wir es wahrscheinlich tun sollten. Sally zeigte durch ein Nicken ihre Zustimmung. Allerdings nur so lange, bis wir merkten, wie geschädigt er schon war. Sobald wir ihn aus den Augen ließen, biss er in Pauls Zehen, bis sie bluteten. Obwohl wir durcheinander waren und uns schuldig fühlten, brachten wir ihn zu seiner Mutter zurück.

Da wir noch nicht von unserem idealistischen Ziel kuriert waren, vorbildliche Missionare zu sein, steckten wir Evan in eine einheimische Schule. (Das war nur ein Jahr, nachdem er in Belgien

Flämisch gelernt hatte!) Bald waren wir beeindruckt von seiner Fähigkeit, Arabisch zu schreiben. Ich frage ihn, was es bedeutete. Evan sprach das arabische Wort aus. „Was bedeutet es in Englisch?" Evan schüttelte den Kopf. Er hatte keine Ahnung.

Während dieses Schuljahrs nahm Evan plötzlich stark an Gewicht zu. Wir brachten ihn zu einem einheimischen Arzt, der im Westen ausgebildet worden war. „Darf ich bitte allein mit ihrem Sohn sprechen?", fragte der Arzt. Wir zuckten angesichts dieser ungewöhnlichen Bitte mit den Schultern, und die beiden gingen für 20 Minuten in ein anderes Zimmer.

„Sie müssen ihrem Sohn helfen, seine Identität zu finden! Er weiß nicht, wer er ist." Wir sahen den Arzt mit großen Augen an. OM-er hörten regelmäßig Vorträge darüber, wie sie Nationalismus vermeiden konnten. Wir wurden besonders eindringlich gewarnt, keine „hässlichen Amerikaner" zu sein. Wir sollten daran denken, dass wir Himmelsbürger waren. Aber schließlich öffnete Gott meine Augen für ein besseres Verständnis der Schrift: Du kannst nicht etwas abgeben, das du nicht besitzt. Als Erwachsene konnten wir unseren kulturellen Gewohnheiten sterben, weil wir etwas zu verlassen hatten. Wenn du eine Heimat hast, kannst du dich entscheiden, sie um des Reiches Christi willen zu verlassen. Aber wenn du keine Heimat hast, ist solch ein Opfer bedeutungslos.

Als Evan zehn war, hatte er erst ein paar Monate in Amerika verbracht. Deshalb machten wir ihm Mut, sich eine Heimatstadt auszusuchen, um ihm zu helfen, eine Identität aufzubauen. Im Laufe der Zeit taten wir das mit all unseren Söhnen. Evan wählte Los Angeles. David suchte sich Pittsburgh aus, die Heimat seiner Mutter während ihrer Kindheit. Und Paul wählte Boston, was meinen Eifer für die Boston Red Sox widerspiegelte. Wir besorgten Sportkappen und Banner dieser Städte, die unsere Söhne in ihren Zimmern aufhängen konnten.

Während wir im Libanon waren, wuchs auch mein Verständnis dafür, was es hieß, ein Team im Dienst zu leiten. Es waren tatsächlich zwei Teams – eins mit Männern, und eins mit Frauen. Eines Tages kam die Teamleiterin des Frauenteams zu mir und sah ziemlich verstört aus. Sehr unruhig und verlegen schaffte sie es, zu erklären, dass die einheimischen Männer die Frauen in den Hintern zwickten. „Das muss furchtbar lästig sein!“, sagte ich mit echtem Mitgefühl. Mit noch sorgenvollerer Miene fuhr sie fort und gab zu, dass das nicht einmal das Schlimmste sei. Ich geriet in Panik und fragte: „Ist eine von ihnen sexuell missbraucht worden?“ – „Nein! Noch schlimmer ist...“, und ihre Pause erhöhte meine Besorgnis, „... dass sie mich nicht in den Hintern zwicken!“ Ein paar Jahre später konnte ich sie mit einem arabischen Christen trauen, der heute sein eigenes Werk unter Muslimen in verschiedenen Ländern leitet.

Wir waren endlich in der arabischen Welt angekommen. Aber tatsächlich hatte ich keine Erfahrung darin, Muslimen zu helfen, das Evangelium als wirklich gute Nachricht zu verstehen. Ich entschied mich, an der *Near East School of Theology* in Beirut Islamwissenschaften zu studieren. Ich ging davon aus, dass sie dazu da war, um die Wahrheit Christi in den Nahen Osten zu bringen. Man sagte mir, ich könne mich glücklich schätzen, einen Kurs bei dem großen Islamkenner Kenneth Cragg belegen zu können. Allerdings hatte ich den Eindruck, dass er nicht dachte, dass Muslime durch den Glauben an Jesus Christus gerettet werden müssten. Ich entschied, dass ich einfach nicht auf seinem intellektuellen Niveau war!

Ich trug meine 671 Seiten lange *Kurze Enzyklopädie* des Islam mit mir herum, damit ich die Antwort auf Fragen wie die folgenden finden konnte:

- Worin unterschieden sich die *Karijis* von den *Murjis*?
- Was sind die fünf fundamentalen Lehren der *Mu'tazila*?
- Welchen Einfluss hatte der Hellenismus auf islamische Theologie?
- Fasse die Schwerpunkte von Montgomery, Watt, Duncan, MacDonald, Naguib Mahfuz, al-Ghazzali und Rumi zusammen.

Ich wurde immer unaufmerksamer, als ich verstand, dass ich viel über die verschiedenen Richtungen des Islam, die Geschichte des Islam und sogar einiges vom Inhalt des Koran und der Hadithen lernte. Aber ich wollte die Muslime in den Universitäten und Häusern um uns herum verstehen und sie in die Familie von Isa al-Masih bringen. Die muslimischen Studenten, mit denen ich zu tun hatte, schienen noch weniger an ihren islamischen Theologen interessiert zu sein als ich.

Wie sonst auch besuchten wir als Team Menschen, indem wir von Tür zu Tür gingen und Bücher verkauften. Einmal im Sommer traf ich einen Saudi, der in den libanesischen Bergen seinen Urlaub verbrachte. Ich gab ihm eine arabische Ausgabe des Buches *Friede mit Gott* von Billy Graham. Auf dem Preisschild hieß es 3,00 libanesische Pfund. „Das ist zu teuer!", beschwerte sich der junge Saudi. Ich runzelte die Stirn: „Nein, das ist es nicht! Es ist billig!" Er holte tief Luft, verschwand in der Wohnung und kam dann mit 300 libanesischen Pfund (etwa 100 US-Dollar) wieder. „Nein", erklärte ich, „es kostet nur drei Pfund!" – „Oh, wenn das so ist, dann nehme ich zwei!"

In meinem Tagebuch aus dieser Zeit fragte ich mich: „Warum lernen Muslime nicht durch mich Jesus kennen? Wenigstens ein paar jedes Jahr? Warum schafft es unser Zeugnis nicht über Schritt eins hinaus? Wie soll ich angesichts so magerer Ergebnisse meine Erwartungshaltung bewahren?"

Wir hatten keinen Francis Schaeffer der arabischen Welt, der wusste, wie man zu Muslimen durchdringt. Zum Beispiel sagten Muslime immer wieder: „Ich will euer *Injil* (Evangelium) nicht. Es wurde verfälscht. Es ist nicht mehr Gottes Wort."

Muslime glauben, dass Gott vier heilige Schriften auf die Welt geschickt hat: die Gesetze Moses (*Taurat*), die Psalmen Davids (*Zabur*), das Neue Testament (Indschil) und den Koran. Allerdings beteuern sie normalerweise schnell, dass Juden und Christen zugelassen haben, dass ihre Bücher verfälscht wurden. Wir hielten mit unserem besten Argument dagegen: „Wenn Allah nicht die Macht hatte, die ersten drei Bücher davor zu bewahren, verfälscht zu werden, woher wissen wir dann, dass der Koran nicht auch verfälscht wurde?" Aber irgendwie funktionierte die Argumentation auf der intellektuellen Ebene bei Muslimen nicht so wie bei Europäern. Jemand musste Gottes Antworten entdecken.

Aber statt die nötigen Antworten zu entdecken, wurde ich nach nur zwei Jahren im Nahen Osten gefeuert.

John war der Gesamtleiter von OM im Libanon. Im Rückblick kann ich jetzt sehen, dass die Leiter von OM John und mir hätten helfen sollen, zu durchdenken, wie wir die Leitungsverantwortung teilen konnten. Ich hatte mitgeholfen, OM zu gründen und war einer der Gesamtleiter von 1962 bis 1970, als wir nach Beirut aufbrachen. Dort erlebten John und ich dann ein Aufeinanderprallen unterschiedlicher Erwartungen.

Unsere Persönlichkeiten hätten nicht verschiedener sein können. John ging methodisch vor und schien fast jeden Tag ein Teamtreffen abhalten zu wollen. Seine größte Freude war die Planung, nicht die Umsetzung. Ich war das Gegenteil. Es ist keine Überraschung, dass wir aneinandergerieten. Wir baten George Verwer und Dale Rhoton, der damals Koordinator für den Nahen Osten war, um Hilfe. Sie entschieden, dass ich den Libanon verlassen sollte. Schließlich konnte John Arabisch und ich nicht. Und Verwer zog es sowieso vor, mich wieder in der Mitarbeitergewinnung einzusetzen statt in der Gemeindegründung.

Wir waren nur zwei Jahre an dem Ort unserer Berufung, der arabischen Welt, gewesen. Ich war durcheinander und fühlte mich gedemütigt. Ich verließ Beirut wie ein begossener Pudel, als Versager. Jahre später bezog Verwer sich auf die Auseinandersetzung zwischen John und mir als „Gregs versuchter Umsturz"! So viel zu dem Ruf eines gottesfürchtigen Lebens, den ich zu entwickeln gehofft hatte.

Es war eine dieser entscheidenden Wegkreuzungen: Konnte ich glauben, dass mein himmlischer Vater diese Umstände trotz meines Versagens und meiner Ungeduld gebrauchte, um uns aus der arabischen Welt zu führen? Ich traf eine Vereinbarung mit Gott: „Herr, lass Satan bitte einen so hohen Preis dafür bezahlen, dass meine Füße auf westlichem Boden stehen, dass der Feind Gottes sich wünschen würde, ich hätte weiter in Tripolis oder Bagdad Gemeinden gegründet!"

Verwer gab mir keine Zeit, um mich selbst zu bemitleiden. Ken Taylor hatte OM 100.000 Paperback-Ausgaben der *Living Bible* zur Verfügung gestellt. Ich wurde sofort losgeschickt, um die größten Verteiler christlicher Literatur in den Hauptstädten aller ehemaligen britischen Kolonien in Afrika zu besuchen. Meine Aufgabe war es, 50.000 Bestellungen für Bibeln von diesen Verteilern zu bekommen.

In der Zwischenzeit fuhren zwei schwedische Teammitglieder Sally und die drei Jungs vom Libanon über Syrien, die Türkei, Bulgarien, Jugoslawien, Italien und Frankreich zurück zur europäischen OM-Zentrale in Brüssel. Kurz vor dem Ende der Reise machten sie Halt, um meine Pflegeeltern Ringle zu besuchen. Ich hatte Papa Ringle, den früheren Herausgeber der Zeitung von Aspen, dafür gewonnen, in einer Druckerei für ein Missionswerk in Frankreich zu arbeiten. Später rieb er mir mit einem Augenzwinkern unter die Nase: „Dass du uns dafür gewonnen hast, in Frührente zu gehen und nach Frankreich zu kommen, hat uns 100.000 Dollar gekostet!“ Grinsend schoss ich zurück: „Tja, dass du mich zu Christus gebracht hast, hat mich wahrscheinlich eine Million Dollar gekostet!“

Während meine Familie langsam über Land zurück nach Europa gefahren wurde, hüpfte ich von einer afrikanischen Hauptstadt zur nächsten. Bei den meisten Flugtickets war eine Nacht in einem der besten Hotels des Landes inklusive. In manchen Hotels bekam ich sogar mehr angeboten, als ich wollte. Eines Abends kam ich aus dem Speisesaal, als ein kleiner afrikanischer Mann mir mit einem strahlenden Lächeln den nächsten Punkt seiner Tagesordnung für mich zeigte: eine über zwei Meter große Frau, die zahllose Ketten und sonst nicht viel mehr trug. Sie war absolut Angst einflößend. Ich dankte dem Mann für seine Großzügigkeit und versuchte dann, meinen Glauben zu bezeugen. Ich erklärte ihm, dass ich Christ sei, und was das im Blick auf sexuelle Reinheit bedeutete. Überrascht schaute er mich an und antwortete: „Ich möchte nicht, dass Sie denken, *ich* sei kein Christ!“

KAPITEL 18

Rein und raus

Verwer schaute nie lange zurück. Deshalb hatte er keine Zeit, über mein Versagen im Libanon zu sprechen. Er schwor mich auf ein neues Ziel ein: OM in Kanada etablieren und 100 Kanadier rekrutieren. „Ja, Sir!"

Toronto schien der naheliegende Ort, um zu starten, da drei Ehemalige von OM dort wohnten. Wir lebten immer noch nach dem Grundsatz von OM, dass es fehlender Glaube war, Miete zu zahlen (wenn nicht sogar Sünde!). Aber einer der Ehemaligen reagierte auf unseren Bedarf einer Bleibe und überließ uns seine Wohnung. Als er sie nach einem Monat wieder brauchte, fanden wir eine andere kostenlose Möglichkeit, wo wir während der Abwesenheit des Besitzers ein Haus nutzen konnten. Als er zurückkam, waren wir gezwungen, zum dritten Mal eine Unterkunft zu suchen. Dieses Mal mussten wir Miete bezahlen, aber da das Haus sehr heruntergekommen war, kostete es nicht viel. Wir waren neun Monate in Toronto, und Sally musste dreimal ein Zuhause für uns einrichten! (Das war ein weiterer Grund, warum ich letztlich dazu kam, mich als Gottes „Stümper" zu sehen.) Ein anderer Ehemaliger hatte Beziehungen zu einer Gemeinde gegenüber der Universität von Toronto, und sie gaben uns den Raum für Kanadas erstes OM-Büro.

In der Zwischenzeit waren unsere Söhne ziemlich international geprägt: von Deutschland nach Belgien, dann nach Amerika, zurück nach Belgien, in den Libanon und dann nach Kanada. Die Jungs in der Nachbarschaft in Toronto waren nicht besonders freundlich. Als sie eines Tages den achtjährigen Evan in der Mangel hatten, lief sein jüngerer Bruder David hinauf in die Wohnung, um einen Speer zu holen, den ich als Souvenir in Ghana gekauft hatte. Sein Einsatz zur Verteidigung seines älteren Bruders mündete in einem Warnruf der Jungs aus der Nachbarschaft: „Achtung! Er hat einen Speer!“ Die Angreifer zerstreuten sich schnell in ihre Häuser.

Eine der schönsten Erinnerungen unserer Jungs an Toronto ist der Besuch eines Streichelzoos. Ich machte ihnen Mut, sie könnten das Lama ohne Angst streicheln. Aber plötzlich nieste es eine Menge Rotz auf mein Gesicht und mein Hemd. Die Jungs konnten nicht mehr aufhören zu lachen.

Wir meldeten David und Evan in der 1. und 2. Klasse einer kirchlichen Schule an, wo sie erstaunlich gut lesen lernten. Wegen unserer ständigen Umzüge war ihre Schulausbildung zusammengestückelt. Aber wir hatten die Theorie, dass sie immer Versäumtes aufholen konnten, wenn sie gern und gut lasen. Es funktionierte. Evan und David sind unersättliche Leser, die es schafften, an der kalifornischen Universität in Berkeley zu studieren. Paul war eher an der Praxis interessiert als am Studieren. Er wurde ein berühmter Sitar-Spieler – und ist inzwischen auch sehr belesen.

In jenem ersten Jahr kamen etwa sechzig Kanadier zu OM. Einer von ihnen, Dave Lundy, übernahm Leitungsverantwortung in Indien, wurde dann der Leiter von OM Kanada und schließlich der internationale Direktor von *Arab World Ministries*.

Nach neun Monaten hatte ich Georges Anweisungen erfüllt, und wir übergaben OM Kanada in kanadische Hände. Dann geschah etwas völlig Unerwartetes. Mazhar Mallouhi stand plötzlich in meinem Büro. Während er in Nordafrika gewesen war, hatten Gerüchte über ihn die Runde gemacht. Ich hatte einige übertriebene Geschichten darüber gehört, dass er den Glauben an Jesus aufgegeben hätte. Deshalb war ich total grob zu ihm, indem ich ihm knapp erklärte, dass ich keine Zeit für ihn hätte.

Ich nehme nicht oft in Anspruch, dass der Herr direkt zu mir redet, aber in jener Nacht tat er es unmissverständlich: „Hilf diesem Mann!“ – „Aber Herr, ich habe gehört, dass man ihm nicht mehr trauen kann!“ – „Wie oft hast du es gebraucht, dass ich mit dir neu angefangen habe?“, fragte mich der Barmherzige. Ich verstand. Ich sollte mir keine Gedanken darüber machen, ob Mazhar eine „strategische" Person werden würde. Er war der auserwählte Sohn des himmlischen Vaters („verloren" oder nicht), und deshalb war er mein Bruder (treu oder untreu).

Mazhar hatte eine Aufnahmebescheinigung von einer Englisch-Schule in Los Angeles, aber die Botschaft der USA war misstrauisch im Blick auf deren Echtheit. Sie beschuldigten ihn, einfach nur irgendeine Frau heiraten zu wollen, um die amerikanische Staatsbürgerschaft zu bekommen. Entgegen meiner anderslautenden Einschätzung begleitete ich ihn zur Botschaft und verbürgte mich für ihn. Er bekam sein Visum, und ich ging davon aus, dass ich ihn nie wieder sehen würde.

Nachdem wir die Leitungsverantwortung in Kanada weitergegeben hatten, machten wir als Familie Urlaub – unseren ersten nach etwa zehn Jahren. Wir verbrachten den Sommer 1973 damit, den nordamerikanischen Kontinent zu bereisen. Dadurch konnten wir viele unserer Unterstützer besuchen – und unsere Jungs sahen zum ersten Mal viele Gegenden der Vereinigten Staaten.

Das OM-Büro in den USA lieh uns einen Pick-up-Camper, in dem sich die Familie im hinteren Teil während der langen Fahrten gemütlich aufhalten konnte. Allerdings gab es kein Fenster zwischen Fahrerkabine und Wohnbereich und dementsprechend auch keine Möglichkeit, zu kommunizieren. Eines Tages winkte Sally mir nach einem Tankstopp zu, dass sie bereit sei. Ich hörte, wie sich die hintere Tür schloss, und fuhr los. Nach etwa zwanzig Minuten stoppte mich ein Polizeiwagen mit Sirene. Ich wusste, dass ich nicht zu schnell gefahren war, und war deshalb etwas durcheinander, als der Polizist an mein Fenster kam. „Ist Ihre Frau in der Kabine?" – „Ja, Sir!" – „Sind Sie sicher?" – „Ja, Sir!" – „Können wir nachsehen?" Wir sahen nach. Sally war nicht da.

Nachdem sie mir signalisiert hatte, dass sie bereit war, hatte Sally die hintere Tür geöffnet. Dann hatte sie sich aber doch entschieden, noch einmal zur Toilette zu gehen, und die Tür wieder geschlossen. Ich dachte, sie sei drin, und fuhr los. Ach ja... die Herausforderungen der Kommunikation in der Ehe!

Wir trafen George Verwer in Denver, um über unsere nächste Aufgabe im Dienst zu sprechen. Er hatte den Eindruck, ich sollte Kaplan auf der *Logos* werden, dem Schiff, das OM neu in Dienst genommen hatte. Es sollte um die Welt fahren, um Literatur zu verteilen, junge Leute auszubilden, humanitäre Hilfe bringen und die Nachricht der Hoffnung durch Jesus Christus zu verbreiten. Um ehrlich zu sein, empfand ich nicht, dass „Schiffsgeistlicher" die richtige Rolle für mich war. Aber als Sally dann vor mir auf die Knie fiel und mich anflehte: „Ja, Greg, lass uns das machen!", konnte ich mich schlecht ihr *und* George widersetzen. Ich gab nach. Wir würden es für neunzig Tage ausprobieren.

Wir sollten in Bandar-Abbas an der Südküste des Iran an Bord der *Logos* gehen. Nachdem wir in Belgien angekommen waren, bestiegen wir wieder einmal einen alten VW-Bus, um mit zwei neuen Mitarbeitern aus Kanada von Belgien in den Iran zu fahren. Diese zweite Überlandreise in den Iran erlebten wir mit unseren drei Söhnen recht anders als die erste. Um sich die Zeit zu vertreiben, las Evan *Herr der Ringe* durch, und David las das Alte Testament von 1. Mose bis zu den Psalmen.

Wir kamen rechtzeitig in Bandar Abbas an und sahen die *Logos* in den Hafen einlaufen. Umso verwirrter waren wir, als sie plötzlich wendete und Kurs auf das offene Meer nahm. Später erfuhren wir den Grund. Beim Ausfüllen der Papiere, um in den Hafen einlaufen zu dürfen, hatte jemand aus Versehen als Teil des Meeres, aus dem wir einliefen, den „arabischen Golf" statt den „persischen Golf" angegeben. Das ist im Iran ein ziemlich ernster politischer Ausrutscher. Der amerikanische Marineattaché in Teheran schaltete sich ein, und schließlich erlaubten die Iraner der *Logos*, für 24 Stunden anzulegen.

Während wir darauf warteten, dass diese Verhandlungen abgeschlossen wurden, nahm ich Sally und die Jungs mit an den Strand, um Schwimmen zu gehen. Wir fanden ein idyllisches Plätzchen mit azurblauem Wasser. Ich ging zuerst ins Wasser, um sicher zu gehen, dass es nicht plötzlich tief wurde und keine Unterströmung da war. Es war ideal, und es gab weit und breit keine anderen Leute, die unser Spiel hätten stören können. Ich fragte mich nur, was dieses Schild am Ufer auf Iranisch zu bedeuten hatte.

Wir waren gerade zu fünft im Wasser, als Sally plötzlich schrie: „Schlangen! Wir sind umringt von Schlangen!" Das war immer noch geraume Zeit bevor ich lernte, dass ich mir selbst einen Gefallen tat, wenn ich auf meine Frau hörte. Sehr bestimmt verkündete ich: „Das können keine Schlangen sein! Das ist Salzwasser!" Ich bestand darauf, dass wir im Wasser blieben. 45 Minuten lang wirbelten diese aalähnlichen Geschöpfe um unsere Beine. „Die wollen nur spielen", beruhigte ich meine Familie.

Als das Schiff dann endlich angelegt hatte und wir an Bord gegangen waren, fragte Sally eine Frau der Schiffsmannschaft: „Gibt es so etwas wie Seeschlangen?" – „Oh ja", antwortete diese, „und sie sind sehr, sehr gefährlich!" Ich spöttelte immer noch darüber. Viele Jahre später blätterte ich bei einem Teambesuch in Usbekistan durch eine alte Ausgabe des *National Geographic*, die Seeschlangen zum Thema hatte. Ich bekam große Augen, und mein Puls begann zu rasen, als ich erfuhr, dass Seeschlangen tatsächlich zu den giftigsten Geschöpfen dieser Erde gehören. Durch einen einzigen Biss ist das Opfer nach zehn Minuten gelähmt und nach zwanzig Minuten tot. Es gibt sie nur an zwei Orten – vor der Goldküste Australiens und (ihr habt es schon erraten) im Süden des Iran. Ich fiel auf meine Knie, während ich einerseits Tränen der Buße vergoss und andererseits Gott als unseren Beschützer anbetete. Im Rückblick kann ich nur mutmaßen, dass wir eine Wiederholung der Erlebnisse Daniels in der Löwengrube erlebt hatten. Der Herr hatte diesen Schlangen einfach befohlen, uns nicht zu beißen.

Ja, mit den Schlangen lag ich falsch, aber mit der Aufgabe als Schiffskaplan lag ich richtig. Heute gehört pastorale Fürsorge (manchmal *Member Care* genannt) zu den grundlegenden Aufgaben eines Missionswerkes. 1973, und dazu noch bei OM, sah keiner die Notwendigkeit. Eine der Sekretärinnen auf dem Schiff sagte, ich sollte mir eine „richtige Arbeit" suchen. Also bot ich mich an, der Crew die Mahlzeiten aus der Bordküche zu servieren.

Unsere Jungs liebten die Schule auf dem Schiff. In Bhāvnagar in Indien buddelten wir Fische aus, die sich im Schlamm vergraben hatten. Auf einem Markt in Bombay kauften wir einen Papagei. Die Jungs hatten einen Riesenspaß daran, dass er auf meiner Hand herumkaute, wenn wir ihn fütterten.

An Tag einundneunzig unseres Dienstabschnitts auf der *Logos* ging ich in George Verwers Büro auf dem Schiff und bat ihn, mir zu erlauben, eine neue Arbeit in Pakistan zu beginnen. Er antwortete, OM sei schon zu weit verteilt und müsste sich erst einmal festigen, nicht weiter ausbreiten. Das war keine gute Nachricht für mich, da ich ganz grundsätzlich jemand bin, der Dinge ausbreiten möchte.

Unsere Augen füllten sich mit Tränen, als uns klar wurde, dass dies das Ende unseres Dienstes bei OM war. Diese Begegnung war eine der wenigen Situationen in der Leiterschaft Verwers, in denen ihm für einen unternehmerisch gesinnten Mitarbeiter wie mich keine neue Arbeit einfiel. Ich glaube, dass der Herr ihm die Augen verschlossen hatte, weil wir sonst nicht die Freiheit gehabt hätten, OM zu verlassen. Die Organisation war unsere Familie und unser seelisches Zuhause geworden. Dieses Mal war ich der, der andere verließ, statt verlassen zu werden. Trotzdem fühlte sich unser Abschied von OM für mich wie eine Wiederholung der Situationen des Verlassenwerdens in meiner Kindheit an.

Als mir klar wurde, dass unser Dienst mit OM zu Ende war, empfand ich in meinen Gedanken eine Last für zwei sehr unterschiedliche Dinge: Gemeindegründung unter Muslimen und pastorale Fürsorge für Missionare. Ich hatte beobachtet, dass manche Missionare ihren Dienst beenden mussten, weil sie sich ihren emotionalen Problemen nicht stellten. Deshalb entschloss ich mich zu einer Bewerbung an der *Rosemead School of Counceling* in Kalifornien. Hastig legte ich noch die Aufnahmeprüfung für das Doktorandenprogramm ab, bevor wir Bombay verließen und nach New York flogen. Ich hatte kein Stellenangebot und keinen Dienst mehr, aber ich war mir sicher, dass ich ins Doktorandenprogramm in *Rosemead* aufgenommen werden würde. Wir bestiegen mit unseren drei Jungs und neun Kisten mit all unseren Habseligkeiten einen Greyhound-Bus, um die 4.800 Kilometer nach Los Angeles zurückzulegen.

Ratet mal, wer uns kurz nach unserer Ankunft wiederfand: Mazhar. Er sah sich als meinen älteren Bruder an und wich uns nicht von der Seite, ob wir das wollten oder nicht. Endlich wurde mir klar, dass Gott uns als Team zusammen haben wollte – lebenslang! Ich stellte Mazhar Charles Kraft und Dudley Woodberry an der *School of World Mission* des Fuller *Theological Seminary* vor. Er wurde bestärkt in seinem wachsenden Wunsch, in die arabische Welt zurückzukehren und in der Weitergabe seines Glaubens neue Wege zu entwickeln, die besser zur arabisch-muslimischen Kultur passten.

Später sagte Mazhar: „Greg hob mich auf, als ich verloren war, und nahm mich an sein Herz. Durch seine langfristige Begleitung und Fürsorge wurde meine Beziehung zu Gott und zu vielen seiner Diener wiederhergestellt, die mein Volk auf dem Herzen haben." Traurigerweise sollte es noch Jahre dauern, bis arabische Christen und einige Missionskreise Mazhar wieder Vertrauen entgegenbrachten.

In der Zwischenzeit schrieb ich mich für den Sommer an der California State University ein, um ein paar erforderliche Kurse in Psychologie zu belegen. Sally wurde Pfadfinder-Gruppenmutter für David und seine neuen Freunde. Wir schickten die Jungs in eine christliche Schule, weil die flexibel genug war, sie auch während des Schuljahres neu aufzunehmen. Um ihr Schulgeld zu bezahlen, arbeitete ich als Hilfslehrer, obwohl ich nie zuvor Kinder unterrichtet hatte. Ich liebte die Viertklässler, aber fragte mich, wie ein liebender Gott Siebt- und Achtklässler erschaffen konnte.

Wir waren so pleite, dass Sally sich in einer Schlange anstellte, um Lebensmittelgutscheine zu bekommen. Die Angestellte am Schalter rief aus: „Es ist eine nette Abwechslung, diese Leistungen mal an ein weißes Gesicht auszugeben!" Sally war sich nicht sicher, ob es für einen Menschen irgendeiner Hautfarbe schön sei, für Lebensmittelgutscheine anzustehen.

Ich schloss meinen Kurs in Psychologie ab, aber die Ergebnisse meiner Aufnahmeprüfung für das Doktorandenprogramm kamen von der Prüfungsorganisation in Berkeley nie an – auch nachdem sie mir am Telefon versichert hatten, dass sie unterwegs seien. Nachdem ich mit Mitarbeitern am Rosemead besprochen hatte, was ich tun konnte, erklärte mir ein netter Professor sehr einfühlsam, dass ich auch mit den Prüfungsergebnissen keine Chancen auf einen der zwölf Plätze im Doktorandenprogramm hätte. Er machte mir Mut, dass pastorale Fürsorge für Missionare eine großartige Vision sei, fügte aber noch schnell hinzu: „Sie sind nicht die richtige Person dafür. Sie sind ein Unternehmer, kein Seelsorger."

Ich respektiere diesen Mann und schätze seine Einsicht bis heute. Aber das war eine heftige Warnung für mich. Wie konnte es sein, dass ich wieder einen so falschen Weg eingeschlagen hatte? Ich hatte OM verlassen, meine Familie einmal halb um den Globus gezerrt, sogar ein paar Kurse in Psychologie belegt, aber war nicht angenommen worden. Ich hatte jahrelang gelehrt, wie man den Willen Gottes für sein Leben herausfinden kann. Jetzt hatte ich offensichtlich dabei versagt, ihn für unsere Familie zu verstehen.

Eine Woche lang starrte ich total ratlos an die Wand. Dann klingelte das Telefon. Es war der leitende Diakon meiner alten Gemeinde in Aspen. Der Pastor hatte an jenem Sonntagmorgen verkündet, dass er weggehen würde. Dann war er von der Kanzel gestiegen, hatte seine Frau und die Kinder zu einem fertig gepackten Auto begleitet und war davongefahren. Ob ich mir vorstellen könnte, sofort als Übergangspastor zu ihnen zu kommen?

Es klang besser, als für einen minimalen Lohn Hilfslehrer an der christlichen Schule vor Ort zu sein. Und standen wir nicht außerdem in ihrer Schuld? Die Gemeinde in Aspen hatte uns jeden Monat unterstützt, seit wir vor elf Jahren in die Mission aufgebrochen waren. Mazhar bestand darauf, uns beim Umzug nach Aspen zu helfen.

KAPITEL 19

Hirte

Ich hatte noch weniger Ahnung davon, Pastor zu sein, als davon, Kaplan zu sein. Und ich wusste auch nicht viel darüber, was damals in den USA so los war. Hal Lindseys Endzeitvision in seinem Buch „Alter Planet Erde, wohin?“ hatte viele Hippies aus Angst in die Kirchen getrieben. Die Gemeinde in Aspen hatte auch ungefähr ein Dutzend. Als ich am ersten Sonntag in die Gemeinde kam, stellte Jim sich mir gemeinsam mit seiner Zimmerkollegin Susie vor. „Du meinst wohl Hausgenossin?“ – „Nein, Zimmerkollegin.“ – „Oh!“

Nach meiner ersten Predigt ging ich zum Ausgang, um den Leuten die Hand zu schütteln, da ich meinte, mich zu erinnern, dass man das so machte. Die erste junge Frau umarmte mich mit den Worten: „Heftig, Pastor, heftig!“ In der Annahme, dass das heißen sollte, dass meine Predigt sie zum Nachdenken gebracht hatte, lächelte ich. Direkt nach ihr kam Diane, eine weitere glanzvolle junge Frau, die mich mit der Bemerkung auf die Wange küsste: „Weit draußen!“ Meinte sie damit, dass sie meine Predigt nicht verstanden hätte? Dann war Patti dran. Sie schockte mich mit einem Kuss auf den Hals und dem Ausruf: „Keine Sch...e, Pastor!“ Meine Knie gaben nach. Wir waren in einem neuen Stamm gelandet.

Nachdem ich entdeckt hatte, dass einige der Neubekehrten unverheiratet zusammenlebten, nahm ich einen von ihnen namens Archie zur Seite und bat ihn, nicht mehr am Abendmahl teilzunehmen, bis er bereit wäre, Gottes Geboten zu folgen. Als er mit der Faust ausholte, um mir eine zu verpassen, stoppte sein Kumpel Tommy ihn. „Hey, Archie, er ist der oberste Gruppenführer. Er hat recht. Es steht so im Buch.“

Innerhalb eines Monats hatte ich Tommy und Archie zu Freunden gewonnen, sie und ihre Damen getauft und sie getraut. Nach seiner Hochzeit gab Archie mir einen Umschlag, von dem ich dachte, dass er das normale Honorar für den Pastor von etwa 20 Dollar enthielt. Nach meiner Rückkehr in die Gemeinde stellte ich fest, dass er zehn 100-Dollar-Noten enthielt. Später erfuhr ich, dass Archie ein ehemaliger CIA-Agent war, der auf einer Mission im Stich gelassen worden war. In seiner Ernüchterung entschied er, nie wieder irgendwelche Papiere für die Behörden auszufüllen und vor allem von seinen Einkünften durch den Drogenhandel keine Steuern zu zahlen!

In der Gemeinde in Aspen waren wir eine bunte Mischung aus Baptisten der alten Schule, ehemaligen Katholiken und hungrigen Charismatikern. Eine der Letzteren antwortete auf die Frage, wie es ihr ginge, immer nur „Preist den Herrn!" Eines Tages sprach ich sie darauf an. „Cherie, ist dir klar, dass es mich verletzt, wenn ich frage, wie es dir geht, und du mir sagst, ich soll mich um meine eigenen Angelegenheiten kümmern?" – „Wie bitte? Wann habe ich das je getan?" – „Jedes Mal! Nur versteckst du es hinter einem ‚Preist den Herrn!', ohne etwas von dir preiszugeben."

Die *First Baptist Church* wurde von den Reichen und Berühmten, die sich in Aspen breitmachten, ziemlich boykottiert. Als Missionar, der nun schon einige Jahre damit verbracht hatte, in der Welt herumzureisen, war es ganz natürlich für mich, die Kultur und die Denkvoraussetzungen der Einheimischen zu analysieren. Als Erstes hörte ich damit auf, Leute im Gottesdienst zur Bekehrung nach vorn zu rufen, weil ich merkte, dass das Leute von der Gemeinde fernhielt. Dann beendete ich den Besuchsdienst. Wir merkten, dass die Leute, die wir von Haus zu Haus besuchten, hinterher dachten, sie wüssten, was ein Baptist ist und dass sie keiner werden wollten. Nur die Gemeindeglieder, die sich immer schuldig fühlten, meldeten sich trotzdem für den Besuchsdienst.

Wenn ich über diese Jahre nachdenke, erinnere ich mich an meine wachsende Sorge im Blick auf unseren Dienst bei OM. Wir hatten keine Gemeinschaften von Gläubigen hinterlassen, die in ihrer Umgebung zeigen konnten, wie Jesus Menschen verändert. Vielleicht holte Gott uns von OM weg, um mir beizubringen, wie man das Leben einer Gemeinde so gestaltet, wie Gott es sich wünscht. In Aspen hatte ich die Möglichkeit zu erkennen, wie eine Gemeinde nach dem Neuen Testament in meiner eigenen Kultur aussehen sollte.

Ich sagte unserer Versammlung von vierzig Leuten, dass es unser neues Ziel war, eine Gemeinschaft zu werden, die aufrichtig füreinander sorgte und damit einsamen Menschen in Aspen Appetit machte. Unser erster Schritt in diese Richtung war die „altmodische“ Aktion, einer Familie mit wenig Geld und vielen Kindern ein Haus zu bauen. Ich konnte die drei christlichen Bauunternehmer, die im *Roaring Fork Valley* wohnten, dafür gewinnen. Durch Gottes erstaunliche Gnade taten sie sich zusammen und planten, wie wir als Gemeinde ein ausreichend großes Haus an einem einzigen Samstag bauen konnten. Da er am wenigsten für den Umgang mit Werkzeugen begabt war, schleppte der neue Pastor halt die Bretter. Die Scheunenbauer der Amisch hätten an diesem Tag keine Chance gegen uns gehabt.

Nicht lange danach ging ein junger Christ namens Pat pleite. Gedemütigt verließ er Frau und Kinder und setzte sich nach Hawaii ab. Die jüngeren Männer in der Gemeinde berieten sich. Dann entschieden sie, wer nach Hawaii fliegen sollte, um Pat zurückzuholen. Sein Vater, ein Katholik, war so beeindruckt, dass er sagte: „Genau darum geht es im christlichen Glauben!“

Zwei Jahre später merkten wir, dass Gott unser Anliegen, eine hingegebene und tief verbundene Gemeinschaft zu werden, erhört hatte. Anna aus unserer Gemeinde bekam die Unterhaltung zweier nichtchristlicher Frauen mit: „Wenn du in diesem ***** Ort eine ***** Freundin haben willst, dann musst du zu der ***** Baptistengemeinde gehen.“

Einer unserer neuen Freunde war Danny, ein jüdischer Fotograf aus New York, der zum Skifahren nach Aspen gekommen war. Cynthia, unsere Gemeindesekretärin, gefiel ihm. Sie weigerte sich, mit ihm ins Bett zu gehen, aber es gelang ihr, ihn zu einer Bibelstudiengruppe bei uns einzuladen. Als ich mich neben ihn setzte, erwartete Danny, dass ich ihn anpredigen würde. Aber alles was ich sagte war: „Junge, bin ich müde!“ Er erzählte mir später, dass er sinniert hatte: „Vielleicht sind diese Christen letztlich doch menschlich." Er entschied sich, ein Buch aus meiner Bibliothek mit dem Titel „Was macht ein netter jüdischer Junge wie du bei den Baptisten?" zu lesen. Nachdem er sich dem Herrn Jesus anvertraut hatte, traute ich Cynthia und ihn. Um seine jüdischen Eltern zu ehren, vollzogen wir die Trauung im Haus unseres reichsten Gemeindegliedes in den Bergen – komplett mit einem jüdischen Baldachin und dem traditionellen Zerstampfen einer Glühbirne.

Rosemary war eine nominelle Katholikin, die der Herr in jenen Tagen fand. Sie bat um die Glaubenstaufe. Wir führten unsere Taufen lieber an einem See oder in einem Schwimmbad als in der Gemeinde durch, sodass die neuen Christen sich dabei wohlfühlen konnten, ihre heidnischen Freunde einzuladen. Ro (ihr Spitzname) wohnte in einem Komplex mit Eigentumswohnungen, zu dem auch ein Schwimmbecken gehörte. Zu ihrer Taufe kam sie im Bikini aus ihrer Wohnung. „Ähm, Ro, hast du vielleicht auch eine Jeans?", fragte ich sie. „Ja klar. Warum?" – „Nun, die Taufe ist irgendwie eine heilige Sache, und..." Sie ging noch mal rein und zog sich eine Jeans an. Nach einiger Zeit durfte ich sie mit Marty Martin trauen, der später Pastor in der Cherry Creek Presbyterian Church in der Nähe von Denver wurde. Diese Gemeinde gehörte im Gegenzug dann zu unseren besten Unterstützern als Missionare unter Muslimen. Heute ist Marty einer der Leiter von *Food for the Hungry.*

Offensichtlich reagierte nicht jeder in Aspen offen auf die Nachricht von Jesus. Beim Skifahren saß ich einmal mit Winthrop Rockefeller, dem Gouverneur von Arkansas, im Sessellift. Er konnte mir nicht entrinnen. Ich forderte ihn heraus, Christus zu folgen. „Vielleicht ein anderes Mal..." Oh, was für ein großartiger Seelengewinner bin ich... NICHT!

Als Gemeinde waren wir nicht gewillt, darauf zu warten, dass die Leute durch unsere Tür kamen, um uns kennenzulernen. Also gründeten wir eine Softball-Mannschaft und schlossen uns der „Bar-Liga" an. Zu ihr gehörten Teams von mehreren Bars in Aspen – und die First Baptist Church. „Heute spielt der Schnaps gegen Gott!", rief einer unserer Gegner. Während eines Spiels schlug ein sehr großer Gegenspieler den Ball zum „Home", wo ich als der Fänger wartete. Er kam dort vor dem Ball an und schleuderte mich fast vier Meter weit in den Staub. Die jungen Christen in unserer

Mannschaft verloren ihre Heiligung und rasten heran, um „den Kerl umzubringen". Ich musste mich taumelnd aufrappeln, um die Streithähne zu trennen.

Ich entschied mich, zur Wahl des Bürgermeisters von Aspen anzutreten, weil ich mir von diesem Amt passende Möglichkeiten zum Predigen erhoffte. Diese Neuigkeit muss sich schnell verbreitet haben. Nur ein paar Tage später sagte Cynthia, unsere Gemeindesekretärin, Senator Mark Hatfield aus Oregon, ein bekannter Evangelikaler, sei am Apparat. „Aber klar doch", dachte ich, „einer der Kerle aus der Gemeinde erlaubt sich einen Spaß." Also nahm ich den Hörer und sagte: „Hey, Marky Baby, wie steh'n die Aktien?" Eine Stimme erwiderte nüchtern: „Hier spricht Senator Mark Hatfield. Ich habe gehört, dass Sie sich zur Wahl stellen wollen. Ich möchte sie gern davon überzeugen, dass es nicht unbedingt eine tolle Idee ist, dass ein weiterer Baptistenprediger in die Politik geht."

Ich war mir immer noch sicher, dass es einer unserer Jungs war und witzelte weiter herum. Als der Mann am Telefon langsam wütend wurde, dämmerte es mir, dass es tatsächlich Senator Hatfield war! Mein Gesicht muss puterrot gewesen sein. Wie kann man zurückrudern und nach solch einer Dummheit wie ein vernünftiger Mensch klingen? Hatfields Argumente gegen den Schritt in die Politik waren recht überzeugend. Dann fragte mich ein Freund, ob ich wirklich meine Zeit damit verbringen wollte, den Verlauf von Entwässerungsrohren zu planen. Also ließ ich die Idee der Bürgermeisterwahl fallen. Aber diese Begebenheit erinnerte mich auch daran, dass ich den Herrn gebeten hatte, uns wissen zu lassen, wenn es Zeit war, wieder zurück aufs „Missionsfeld" zu gehen.

Während dieser Zeit war mein arabischer Freund Mazhar immer noch in Los Angeles. Ihm wurde klar, dass Gott wollte, dass er zurück in die arabische Welt ginge. Aber er konnte kein Missionswerk finden, das ihn annahm, da er geschieden war. Also gründete ich mit meinem alten väterlichen Pastor Clifford Clark in Oklahoma *Caravans of the Middle East* – ein Missionswerk für einen Mann. Darüber konnte Mazhar dann durch die Gemeinde in Aspen und den *Tulsa Baptist Temple* unterstützt werden.

Noch im selben Jahr kam eine junge und sehr intelligente Australierin durch Los Angeles. Sie hatte eine Berufung zu arabischen Muslimen und war unterwegs in ein Krankenhaus am Persischen Golf, das von *The Evangelical Alliance Mission* (TEAM) betrieben wurde. Christine Hutchins hatte schon länger um einen arabischen Ehemann gebetet, um sich dadurch besser in die arabische Gesellschaft einfügen und Christus effektiver bezeugen zu können. In Kalifornien traf sie Mazhar, der sie nach Aspen in Colorado schickte, um seiner Mission beizutreten. Kurz darauf tauchte Christine dann bei uns zu Hause auf und sagte, sie wolle mehr über Mazhars Mission herausfinden. Ihre Vereinbarung mit TEAM war zwei Wochen vor ihrer Ausreise in deren Kandidatenkurs in beiderseitigem Einvernehmen beendet worden. Sie war immer noch entschlossen, ihrer Berufung zu folgen, wusste jetzt aber nicht mehr, wie es weitergehen sollte. Tatsächlich hatte Mazhar entschieden, das Christine seine Lebenspartnerin werden sollte. Also war es jetzt an Sally und mir, das irgendwie in die Wege zu leiten. Und das taten wir auch. Er kam bald zu uns nach Aspen, wo sie sich unter unseren wachsamen Augen anfreundeten. An Silvester heirateten sie in der Gemeinde in Aspen. Zusammen mit der Gemeinde in Tulsa und christlichen Unterstützern in Australien sandten wir sie schließlich nach Kairo.

Ich hatte den Eindruck, dass es nicht berechtigt war, geschiedene Leute vom Missionsdienst abzuhalten, aber Leute mit Schwachstellen in anderen Lebensbereichen zu senden. Unser Gott macht alle Dinge neu! Die Mallouhis haben inzwischen 40 Jahre des ergreifenden und fruchtbaren Dienstes hinter sich – in Ägypten, dem Libanon, Marokko, Tunesien, Syrien, dem Jemen und darüber hinaus, besonders durch ihre Bücher und die Ausgaben der Bibel, die auf die besonderen Bedürfnisse von Muslimen zugeschnitten sind. Christine schreibt:

> *Mein „Kandidatenkurs" waren Greg und Sally und ich bei einem Picknick bei „Maroon Bells" und einem Gespräch darüber, wie ich in der arabischen Welt gebraucht werden wollte, obwohl ich erst 25 war und keine besonderen Gaben hatte. Greg sagte: „In Ordnung, ich kann dir helfen, deine Vision umzusetzen." Wir*

aßen unser Picknick und kehrten ins Gemeindebüro zurück, wo Greg Dinge in Bewegung setzte. Nichts war zu schwierig oder zu verrückt für Greg. Seine Einzeiler waren „Du kannst das schaffen!" oder treffender „Gott kann das durch dich tun!" Greg hatte großen Optimismus und Glauben, dass Gott eine Person gebrauchen konnte, auch wenn das niemand sonst sah. Greg und Sally blieben unsere engen Freunde und Eheberater durch zahlreiche Länder und Probleme. Als Greg sich an verschiedenen Stellen der Missionsarbeit einsetzte, behielt er uns auf seiner Besuchsliste und hatte wesentlichen Anteil an unseren Lebensentscheidungen. Als unser Baby geboren worden war, kam er mit einem Koffer voller Dinge angeflogen, die man für ein Baby brauchte. Als unser Leben und Dienst 1995 in Damaskus unter dem Druck des syrischen Geheimdienstes verkümmerten, schickten wir eine Nachricht an Greg, dass wir ihn brauchten. Alle sagten ihm, es sei unweise für ihn, nach Syrien einzureisen. Aber Greg sagte: „Mein Bruder braucht mich!" Ungeachtet aller Warnungen kam er zu uns und ermutigte uns. Sein Besuch war Christi Besuch bei uns.

Mazhar wurde mit der Zeit meiner Einschätzung nach der wohl effektivste Verkündiger der Ansprüche Jesu Christi für arabische Muslime weltweit. Er kann mit einem Moslem eine Unterhaltung beginnen, der die Ansprüche Jesu kategorisch ablehnt. Zwanzig Minuten später bettelt dieser um eine Bibel.

Mazhar und Christine erreichten etwas, was in der arabischen Welt sehr selten war. Sie gründeten in Kairo eine beispielhafte Hausgemeinde. Man kann sich vielleicht vorstellen, was es für Sally und mich bedeutet, dass wir eine wesentliche Rolle im Leben und Dienst dieser beiden großen Pioniere unter arabischen Muslimen spielen durften.

Recht spät auf seiner Lebensreise kehrte Mazhar zum Schreiben als seiner wesentlichen Lebensaufgabe zurück. Mehr als eineinhalb Jahrhunderte lang hatten arabische Christen die Bibelübersetzung eines Niederländers benutzt (dessen Muttersprache offensichtlich nicht Arabisch war). Mazhar und Christine begannen, diesem Problem zu begegnen, indem sie Kommentare zu Genesis, Lukas und Johannes in künstlerisch gestalteter Aufmachung herausgaben. Sie sorgten dafür, dass diese in fast jedem arabischen Land durch etablierte muslimische Verlage gedruckt wurden. Dadurch konnten Bibelteile und Kommentare legal verkauft werden.

Mazhar und Christine wurden schon aus Marokko, Ägypten und Syrien ausgewiesen. Trotzdem machen sie weiter, besuchen suchende Menschen und neue Jünger am Persischen Golf, im Nahen Osten, in Nordafrika und auch in nicht-arabischen muslimischen Ländern.

Während unserer Zeit in Aspen genossen unsere Söhne Evan, David und Paul das Paradies der Rocky Mountains. Sie lernten Skifahren, hatten Freunde und besaßen ihren ersten Hund. Als wir in Aspen angekommen waren, hatten die Jungs um einen Hund gebettelt. „Gut", sagte ich, „aber wir werden keinen großen Hund durchfüttern und kein Geld für einen Rassehund ausgeben." Einverstanden! Wir gingen zu einem Lebensmittelladen, an dem eine junge Frau Welpen verschenkte. Sie kosteten nichts und waren klein. (Ich wusste damals nicht, dass man die zukünftige Größe eines Hundes an den Pfoten des Welpen ablesen kann.)

Wir nannten die Hündin Muzzie nach Mazhar, obwohl wir wussten, welche Beleidigung das für einen Araber war. Es stellte sich heraus, dass unser kleines Hundemädchen ein Pyrenäen-Berghund war, der fast so groß wird wie ein Bernhardiner. Als ausgewachsene Hündin konnte sie die drei Jungs auf einem Schlitten durch den Schnee ziehen. Sie konnten mit ihr kämpfen, ohne ihr je auch nur ein Knurren zu entlocken.

Die Leute in unserer Gemeinde schätzten unsere Jungs sehr, weil sie warmherzig und höflich waren. Es gab nie Klagen über sie. Als wir nach drei Jahren weiterzogen, empfand ich, dass sie einen sehr hohen Preis dafür zahlten, dass wir Aspen verließen.

Während unserer Zeit dort wuchs die Gemeinde von 40 auf 300 Mitglieder. Ich fühlte mich in dieser Zeit fruchtbar und durch den Herrn bestätigt. Tatsächlich war die Situation dort so befriedigend, dass wir versucht waren, die Rückkehr aufs Missionsfeld aus dem Blick zu verlieren. Es fühlte sich unheimlich gut an, von Gott gebraucht zu werden und sichtbare Ergebnisse im Leben von Menschen zu erleben. Ich empfand, dass die meisten Menschen Sally und mich ziemlich mochten – Gemeindeglieder und auch die Leute im Ort. Mir gefiel das Bewusstsein, dazuzugehören. Es fühlte sich gut an, ein großer Fisch in einem kleinen Teich zu sein – besonders wenn die jungen Männer der Gemeinde zusammensaßen und einander anstachelten, mit mir als bevorzugter Zielscheibe ihrer Witze. Männliche Zuneigung, wie sie besser nicht sein kann. Ich habe es nie wieder so genossen, mit einer Gruppe von Männern zusammen zu sein.

Aber wir waren nicht in Aspen, um die Gemeindeglieder zu betüddeln. Ich sah meine Berufung darin, sie als Hütehund in einen fruchtbaren Dienst zu „treiben". Jill Harris, die den Kinderchor begonnen hatte, hatte über Jahre einen unglaublich fruchtbaren Dienst, in dem sie an vielen Orten dieser Welt Kindern Mission nahebrachte. Jim Wurst wurde Pastor in Denver. John Russel, Sportfotograf im Bereich Tennis und Ski, sprach beständig mit Profisportlern über Jesus. Zwei oder drei Gemeindeglieder wurden zu Schlüsselpersonen bei der Gründung neuer Gemeinden im Roaring-Fork-Tal. Einige derer, die zu meiner Zeit als Pastor Kinder waren, sind heute selbst Pastoren. Es war eine sehr ermutigende Zeit, unser Leben so in die Menschen von Aspen zu investieren – die uns im Gegenzug immer großzügig finanziell unterstützt haben, seit wir 1977 in den Dienst unter Muslimen zurückkehrten.

KAPITEL 20

Spezialist für Trendwenden

George Verwer kam in Aspen vorbei und fragte mich, ob ich während der Weihnachtswoche 1976 bei der Urbana-Konferenz am Stand von OM mitarbeiten könnte. George war bei dieser riesigen Missionskonferenz für Studenten mit 17.000 jungen Leuten einer der Hauptredner. „Sicher", dachte ich, „warum nicht mal wieder ein paar Leute für OM rekrutieren?"

Als ich im neuen Jahr nach Aspen zurückkam, ging ich mit Sally essen und erzählte ihr von einer komischen Begebenheit bei der Konferenz. Bill Bell, der Nordamerika-Direktor der Nordafrika-Mission (NAM), hatte mich sehr direkt angesprochen und mir verkündet, Gott hätte ihm gezeigt, dass ich sein Nachfolger sein sollte!

Zu meiner Überraschung hatte Sally sofort den Eindruck, dass das Gottes Wegweisung für uns war. Noch erstaunlicher war, dass Evan und David ohne zu zögern zustimmten. Wir waren alle bereit, den angenehmen und fruchtbringenden Dienst im wunderschönen Aspen gegen den gefährlichsten Außenposten einzutauschen, den die NAM hatte – Philadelphia!

Als ich zu meinem Vorstellungsgespräch mit dem Vorstand der NAM ankam, waren die Männer in ihren schwarzen Nadelstreifen-Anzügen offenkundig belustigt von meiner Cordhose und der Leder-Weste. Vielleicht hatte Bill Bell sie überzeugt, dass er mich wollte oder niemanden. Was immer auch der Grund gewesen sein mag, nahm dieses Gremium von älteren und viel konservativeren Vorstandmitgliedern meine Bewerbung an.

Im folgenden August stopften wir unseren Chevrolet voll mit all unserem weltlichen Besitz, unseren drei Jungs (dreizehn, elf und sieben Jahre alt), Muzzie, einer Katze, einer Schlange und einer Kiste mit Fröschen. Die Katze lief uns an der Grenze von Kansas weg. Die Frösche und die Schlange starben durch die Hitze, da wir keine Klimaanlage hatten. Aber der Rest kam ans Ziel.

Als wir jedoch dort ankamen, änderte David seine Meinung. Er wollte zurück nach Aspen. „Herr, tu etwas", beteten wir, „um David für Philadelphia zu begeistern." Die Schule hatte noch nicht begonnen, und wir besuchten ein Museum. Bei McDonald's im Keller füllten wir alle Teilnahmekarten für ein Preisausschreiben aus und warfen sie in ein Gefäß. Eine Woche später bekamen wir einen Anruf, dass David den Hauptpreis gewonnen hatte. Er (und sein Papa) waren ins Trainingslager der Philadelphia Eagles eingeladen, wo er sich mit den Stars fotografieren lassen konnte und ein Trikot bekam, auf dem hinten „LIVINGSTON" stand. Außerdem bekamen wir Freikarten für die ganze Familie zu einem Freundschaftsspiel gegen Denver. Plötzlich war Philadelphia mehr als okay für David. „Danke, Vater!", betete ich.

Ein Vorstandsmitglied der NAM gab unserer Familie ein zinsloses Darlehen als Anzahlung für ein Haus. Die billigeren Häuser gab es in Havertown, einem vor allem irisch-katholisch geprägten Wohngebiet. An die Kultur dort mussten Sally, die Jungs und ich uns erst gewöhnen. Und letztlich bekam ich nie wirklich einen Draht zu meinen sich prügelnden, oft betrunkenen Nachbarn aus der Arbeiterklasse und verstand auch nie ihre matriarchalische Kultur, in der die Frauen das Sagen hatten.

Die Nachbarn waren ihrerseits auch gar nicht glücklich darüber, dass wir in ihr Gebiet gezogen waren. Als ich die Jungs einmal an Halloween von Tür zu Tür begleitete, ging etwas vor uns ein irischer Junge, der sein Gesicht schwarz angemalt hatte. Als wir näherkamen, fluchte der Mann an der Tür und rief aus: „Mein Gott! Wo sind wir hingekommen? Erst Schwarze, und dann Protestanten!"

Während unserer vierzehn Jahre mit OM lebten wir buchstäblich den Namen der Organisation aus: *Operation Mobilisation*. Wir hatten seit unserer Hochzeit immer Seite an Seite gearbeitet. Aber als wir nach Philadelphia zogen, war Sally nicht mehr meine Mitarbeiterin, mit der ich die Herde hütete. Sie war die Hausfrau, die zurückblieb, wenn ich zu meinem Bürojob aufbrach.

Sie war immer der ernsthafte Bücherwurm in ihrer Familie gewesen – die, die einfach nur aus Spaß Griechisch gelernt hatte. Sie war die außergewöhnliche Frau, die die Hindernisse für eine Aufnahme in die medizinische Fakultät überwunden hatte – zu einer Zeit, als das für Frauen ziemlich selten war. Ich schlug ihr vor, sich für ein Masterstudium an der Universität von Villanova einzuschreiben. Nachdem sie meinen Vorschlag überdacht hatte, fragte Sally: „Und woher sollen wir das Geld für die Studiengebühren herbekommen?" – „Mach dir keine Sorgen", gab ich sofort zurück, „der Herr wird dafür sorgen."

Er sorgte dafür, aber erst, als sie eine Arbeit annahm. Die Priester an der Universität von Villanova, einer katholischen Einrichtung, taten alles was sie konnten, um Sally zu einem Job zu verhelfen. Sie testeten ihre Fähigkeiten als Sekretärin. Nein! Dann im Bereich Buchhaltung. Das ging auch nicht. Schließlich fanden sie etwas. Da Sally Missionarin war, wäre sie doch die perfekte Frau, um die Studenten zu betreuen, die sich für gesellschaftliche Veränderungen einsetzten und den radikalen Priester Daniel Berrigan als Held verehrten. Meine liebste Erinnerung daran ist, dass Sally diese „Kreuzritter" auf ihrem Protestmarsch gegen die Weitergabe von Atomwaffen vor einer Waffenfabrik von *General Electric* begleitete.

Sally schloss ihren Master in Familienberatung ab. Als sie Arbeit in einer nahe gelegenen Klinik fand, wurde ihr bald klar, dass die Angestellten „wiedergeborene" Christen als verrückt ansahen. In einem Gruppengespräch wurden einmal Evangelikale missbilligend erwähnt. Plötzlich machte einer der Mitarbeiter eine kurze Pause, als würde ihm etwas klar, und sagte dann: „... aber Sally ist eine von ihnen, und sie ist ziemlich in Ordnung!"

Dr. Francis Steele war viele Jahre Direktor von NAM Nordamerika gewesen, hatte dann aber die Leitungsposition abgegeben und demütig als einfacher Mitarbeiter weitergemacht. Wir waren uns das erste Mal begegnet, als ich mit Pfeifferschem Drüsenfieber in Wheaton im Krankenbett lag. Damals hatten Sally und ich entschieden, uns nicht der NAM anzuschließen. Stattdessen gingen wir mit den Radikalen, die OM ins Leben riefen. In einer Geschichte der NAM schreibt Steele:

> *1969 riefen wir Pastor William Bell aus seinem Einsatz in Frankreich als Leiter der Radiobibelschule zurück, um die Verwaltung des Büros von NAM Nordamerika in Upper Darby, Pennsylvania, zu leiten. Es gab wirtschaftliche Schwierigkeiten und andere Probleme, die das erwartete Wachstum der NAM hinderten. Trotz aller Bemühungen, die Situation zum Guten zu verändern, gingen dennoch Spendenaufkommen und Bewerbungen weiter zurück. Ziele, die der Missionsrat unter Gebet Jahr für Jahr steckte, wurden nicht erreicht. Deshalb war der Rat gezwungen, die Kosten in der Heimat zu reduzieren. Ein großes Bürogebäude wurde verkauft, und wir zogen in kleinere, gemietete Räume um. Einige Mitarbeiter mussten wir entlassen... Eine schmerzliche Enttäuschung für uns, da wir uns des Bedarfs an weiteren Mitarbeitern in den Einsatzländern bewusst waren...*
>
> *Bill Bell wurde 1976 wieder in Frankreich gebraucht, um das Ausbildungszentrum für Missionare zu leiten. Aber was sollte mit der Leitung des Büros in Nordamerika werden? Wieder versorgte Gott uns mit einem Mann, der besonders dafür geeignet war... Pastor Gregory M. Livingston.*
>
> *Greg war 17 Jahre zuvor mit der NAM in Kontakt gewesen, hatte aber damals entschieden, Operation Mobilisation hätte mehr zu bieten. Zwölf Jahre lang diente er als Leiter von OM-Teams in Indien, dem Libanon und Europa und baute die Arbeit von OM in Kanada auf. Aber er verlor nie seinen Traum, persönlich an einer gemeindegründenden Mission unter Muslimen beteiligt zu sein... Greg traf Bill Bell bei der Konferenz in Urbana 1976... Acht Monate später wurde Greg als Direktor von NAM Nordamerika eingesetzt – und Dinge begannen zu brummen, wenn nicht sogar zu tosen.*
>
> *In den vergangenen Jahren ist die Zahl neuer Mitarbeiter von zwei auf über zwanzig pro Jahr gewachsen und wächst wei-*

> *ter. Die Sommer-Teams sind jedes Jahr voll... Deshalb loben wir Gott und vertrauen ihm weiter. (Steele, S. 90-91)*

Das war die Art von Arbeit, für die Gott mich geschaffen hatte. Ich bin ein Trendwende-Spezialist. Meine liebste Herausforderung besteht darin, etwas zu nehmen, das stagniert oder rückläufig ist, und es in Bewegung zu bringen. Wie sollten wir diese 96 Jahre alte britische Mission neu erfinden und zum Werk der Wahl für Amerikaner und Kanadier machen?

NAM hatte harte Jahre des Rückgangs erlebt. Die Mitarbeiterschaft, die im Büro übrig geblieben war, bestand zum Großteil aus liebenswürdigen Heiligen im Ruhestand, die große Herzen, aber nicht mehr viel Energie hatten. Sam Schlorff und Hobe Dearborn waren die Einzigen mit Auslandserfahrung, aber ihre Stärken lagen in der Lehre und der Radioarbeit, nicht in der Gewinnung von Mitarbeitern.

Der Vorstand setzte sich aus mehreren Geschäftsleuten, einer gütigen Frau, die an einer Bibelschule lehrte, und einem bekannten Pastor zusammen (der im Vorstand mehrerer Missionswerke war und manchmal vergaß, bei welchem er gerade war). Bei unserer ersten Vorstandssitzung wurde ich angewiesen, von Montag bis Freitag zwischen neun und siebzehn Uhr im Büro zu sein und sonntags in Gemeinden zu predigen. Ausgaben über 25 Dollar brauchten die Unterschrift zweier Vorstandsmitglieder.

Ich unterbrach den Vorsitzenden. „Es tut mir leid, Sir, aber wir haben da vielleicht ein Missverständnis. Ich will, dass Sie mich behandeln, wie Sie einen Football-Trainer behandeln würden. Wenn ich Spiele gewinne, freuen Sie sich. Wenn ich verliere, feuern Sie mich. Aber ich werde in jedem Fall selbst entscheiden, wo ich mich aufhalte und wann das sein wird."

Im Raum herrschte tödliche Stille. Der Vorsitzende, der sich selbst als den wirklichen Leiter der Mission ansah, machte den Anschein, als hätte er einen Herzinfarkt. Ich erinnere mich nicht genau, was als Nächstes geschah und wie die Sitzung endete. Aber ich weiß noch, dass Dr. Steele mich mit dem Auto nach Hause brachte. Bevor ich ausstieg, sah er mir in die Augen und forderte mich auf: „Geben Sie nicht nach! Es ist an der Zeit, dass die NAM hier einmal richtige Leiterschaft erlebt!"

Es schien mir nicht passend zu sein, dass die Missionare in Nordafrika Entscheidungen von Vorstandsmitgliedern befolgen mussten, die sich alle drei Monate für ein paar Stunden trafen.

Nachdem ich erst einige Wochen im Amt war, bekam ich einen Brief des Internationalen Direktors Abe Wiebe, der mich umwarf. Dort hieß es: „Vielleicht haben wir Sie aus Versehen nicht darüber informiert, dass NAM mit der *Sudan Interior Mission* über einen Zusammenschluss verhandelt." Ich dachte: „Was? Sie ziehen uns aus der Gemeinde ab und lassen uns von Aspen nach Philadelphia umziehen, ohne uns zu sagen, dass sie wahrscheinlich bald den Laden dichtmachen und von der SIM geschluckt werden, die ihren Sitz in New Jersey hat?"

Ich brauchte ein bisschen Zeit, um das mit meinem himmlischen Vater durchzukämpfen. Schlussendlich wiederholte ich ihm gegenüber: „Nicht mein, sondern dein Wille! Du bist der souveräne Gott, und es ist okay, wenn ich arbeitslos werde, bevor ich überhaupt richtig angefangen habe." Außerdem sicherte mir die gütige Leitung der SIM mit einem Grinsen zu, dass sie bestimmt etwas für mich zu tun finden würden.

Nachdem ich den Schock überwunden hatte, machte ich mich an die Arbeit, um den Zusammenschluss zu einem Erfolg zu machen. Wir verhandelten ein Jahr lang und hatten den Zusammenschluss fast unter Dach und Fach. Da entschied der Internationale Rat der NAM, dass die Entscheidung mit einer Zwei-Drittel-Mehrheit von den Feldmitarbeitern abgesegnet werden sollte. Wir verfehlten diese Mehrheit knapp – vielleicht, weil die Briten nicht von New Jersey aus geleitet werden wollten.

Im Gehorsam dieser Entscheidung gegenüber zog ich meinen Hut wieder einmal vor dem Herrn der Ernte und ging zu meiner Arbeit zurück, Missionspioniere zu suchen. Während der nächsten fünf Jahre gab mir der Herr offensichtlich seine Salbung und ließ mich die finden, die er für den Pionierdienst unter arabischen Muslimen in Nordafrika vorbereitet hatte. Mein Plan für den Umbau einer 100 Jahre alten britischen Mission enthielt folgende Punkte:

- Den Vorstand so schnell wie möglich umbilden
- Neue Unterstützer finden, die jünger als 50 Jahre alt sind

- Darauf bestehen, dass alle Anfragen spätestens in 72 Stunden beantwortet werden
- Das Gebäude zurückkaufen, das vor meiner Ankunft verkauft worden war
- Einen stellvertretenden Direktor finden
- Die Gehälter erhöhen, um Mitarbeiter zu halten
- Einen kanadischen Direktor finden, um ein selbstständiges kanadisches Büro aufzubauen
- Den Kandidatenausschuss, der aus Laien bestand, durch Leute mit Auslandserfahrung ersetzen
- Die Arbeit von Nordafrika auf die gesamte arabische Welt ausweiten

Bis meine Mutter Bob Livingston heiratete, als ich neun war, hieß ich Gregory Martindale Foss. Als sie geheiratet hatten, muss jemand entschieden haben, dass Foss durch Livingston ersetzt werden sollte. Erst als ich mit achtzehn die Registrierungskarte der Einzugsbehörde bekam, wurde mir klar, dass Bob mich nie formell adoptiert hatte. Mein gesetzlicher Name war immer noch Foss, obwohl ich weiter den Namen Livingston benutzt hatte.

Normalerweise ist es etwas ärgerlich, wenn der eigene Name falsch geschrieben wird. In meinem Fall war ich ein bisschen stolz, wenn in Gemeindeblättern angekündigt wurde, dass Greg Livingstone (mit einem „e") im Namen der NAM sprechen würde. Ich nehme an, dass Gemeinden mich unbewusst mit dem Pionier-Missionar Afrikas, David Livingstone, in Verbindung brachten. Verständlicherweise wurde ich ständig gefragt, ob ich mit dem großen Schotten verwandt war. Ich lächelte dann und schüttelte den Kopf. Das passierte noch öfter, nachdem ich später einen Doktortitel erworben hatte. „Dr. Livingstone, nehme ich an?"

Als die Frage eines Abends zum tausendsten Mal gestellt wurde, machte ich gedankenvoll eine Pause, wie jemand, der gerade eine Entscheidung trifft. „Ja!" – „Wirklich?" – „Ja. Durch Adoption." Der verwirrte Blick des Fragestellers forderte eine Erklärung.

„Ich adoptierte David Livingstone als meinen Urgroßvater.“ Für mich spiegelte diese Ansage eine freudige Feststellung wider. Unser himmlischer Vater hatte uns beide adoptiert – David Livingstone und mich. Wir waren verwandt – in alle Ewigkeit. Hatte der Herr nicht versprochen, uns einen „neuen Namen“ zu geben? Hatte der Apostel Petrus nicht geschrieben, dass wir alle, die zur Familie des Herrn Jesus gehören, „lebendige Steine“ sind? Ich hatte meine arabischen Freunde beneidet, weil alle die Bedeutung ihrer Namen kannten. Livingstone *bedeutete* etwas.

Forrest Foss, mein leiblicher Vater, hatte mich im Stich gelassen. Er hatte nicht einmal zugegeben, dass es mich gab. Bob Livingston adoptierte mich nicht und verließ mich dann auch. Carl Fagerstrom, der norwegische Barkeeper, der mit meiner Mutter Aspen verließ, machte sich keine Sekunde lang Gedanken darüber, dass sie einen 14-jährigen Jungen alleinließen – ohne Verwandte und ohne Zuhause. Es gab keinen Grund, mich einem dieser drei unwürdigen Männer verbunden zu fühlen.

Aber in jenem Moment, im Alter von 40 Jahren, verband mein himmlischer Vater mich mit seinem Sohn und Diener David Livingstone. Dieser nicht aufzuhaltende Schotte hatte dieselbe Berufung wie ich. Er setzte auch sein ganzes Leben ein, um Gemeinschaften von Nachfolgern Jesu entstehen zu sehen, wo die Gemeinde noch nicht vorhanden war. Livingstone war ein Name, auf den ich stolz sein konnte. Schließlich fügte unsere ganze Familie das „e“ an, um Livingstones zu werden. In der mir typischen Art war ich ziemlich nachlässig damit, das Ganze auch offiziell zu machen. Viele Jahre später zwang mich das Computer-Zeitalter dazu, einen Notar aufzusuchen und unsere Namensänderung legal zu machen. Aber es war in jenem Moment der Erleuchtung, dass ich David Livingstone in einer sehr realen Weise als meinen väterlichen Vorfahren adoptierte.

KAPITEL 21

Neue Wasser

Die Geschichtsschreibung wird meiner Überzeugung nach die *North American Conference on Muslim Evangelism* 1978 als das größte Sprungbrett der Mission zu den islamischen Völkern festhalten. Don McCurry, ein Missionsveteran im Dienst in Pakistan, leitete die Konferenz, die in Glen Eyrie, dem Zentrum der Navigatoren in Colorado Springs, stattfand.

Nur ein Jahr zuvor hatte Vivienne Stacey, die lebenslang Missionarin unter Muslimen auf dem indischen Subkontinent war, in der Zeitschrift *Missiology* einen Artikel veröffentlicht. Darin hatte sie die Geschichte des Versagens der Christen zusammengefasst, die islamische Welt zu erreichen. Zu der Zeit war ein Fünftel der Weltbevölkerung Muslime, und trotzdem hatte es nie in der Geschichte und nirgends in der Welt einen Durchbruch von Muslimen zu Christus in größeren Zahlen gegeben – mit Ausnahme stark vom Volksislam geprägter Muslime auf Java in Indonesien in den 1960er-Jahren.

Die Konferenz in Colorado 1978 war vielleicht das erste Mal, dass fast jedes Missionswerk und jede Gemeinde mit nennenswerten Zahlen von Mitarbeitern unter Muslimen anwesend war. Ich steuerte ein wenig fundiertes Papier über die Situation der Gemeinde Jesu in Nordafrika bei. Aber viel wichtiger war für mich, dass die Konferenz ein neues Feuer in mir entzündete, das bis heute nie wieder erloschen ist. In den Worten anderer Leiter in der Mission klang das über die Jahrhunderte so: „Es *kann* getan werden! Es *muss* getan werden! Es *wird* getan werden!" Ich fand neu Vertrauen in Gottes Plan: Wir werden sehen, wie Jesus seine Gemeinde unter allen Völkern baut – Muslime eingeschlossen! *Ohne Ausnahme*!

Die Konferenz in Glen Eyrie brachte zwei unmittelbare Ergebnisse hervor. Das erste war der Leitfaden *The Gospel and Islam* (Das Evangelium und der Islam, McCurry, 1979), der viele Leute ansteckte, nach besseren Möglichkeiten zu suchen, um Muslime zu Jüngern zu machen. Das zweite war die Gründung des *Zwemer Institute of Muslim Studies* am *US Center for World Mission in Pasadena, Kalifornien*. Die Mitglieder der Konferenz stellten sich hinter McCurry, um dieses Trainingszentrum zu schaffen. Dort wurden schließlich Hunderte von tüchtigen und einsatzfreudigen jungen Leuten ausgebildet, um mit Muslimen zu arbeiten.

McCurry nahm meine neue Leidenschaft dafür wahr, dass Jesus Christus als Retter und Herr unter den Muslimen in dieser Welt geehrt wird. Deshalb lud er mich ein, im Vorstand der neuen Ausbildungsstätte mitzuarbeiten. Damals war das fast der einzige Ort, an dem Evangelikale einer neu heranwachsenden Gruppe von Missionaren die Fähigkeiten der Evangelisation, Jüngerschaft und Gemeindegründung unter Muslimen beibrachten. Das Zwemer-Institut war auch daran beteiligt, dass an anderen christlichen Hochschulen Kurse für die Arbeit unter Muslimen entstanden: am *Fuller Theological Seminary* in Kalifornien, an der *Columbia International University* in South Carolina, am *Concordia Theological Seminary* in Indiana und wahrscheinlich einem Dutzend anderen.

Für mich war es in dieser Zeit eine große Freude, im Schlepptau des ehrwürdigen Dr. Francis Steele unterwegs zu sein. Obwohl er 35 Jahre älter war als ich, war unsere Zusammenarbeit sehr angenehm, und wir profitierten voneinander. Fran stärkte mir den Rücken, als ich einen Vorstand aus Geschäftsleuten und Pastoren (die gesagt hatten, sie könnten der Mission nur ein paar Stunden pro Jahr opfern) dazu überredete, ihre kleinen Ziele aufzugeben.

Danny und Cynthia Strull kamen in unser Team. Der nette jüdische Junge, der sich in der *First Baptist Church* in Aspen Jesus zugewandt hatte, machte seine ersten Schritte im Dienst in einer Mission unter *Arabern*! Später, nachdem sie an der *Columbia International University* studiert hatten, arbeiteten sie bei *Juden für Jesus* mit. Heute ist Danny Pastor für messianische Juden in der *Olive*

Tree Congregation im Norden Chicagos. Es ist sehr erfreulich, daran zu denken, dass Sally und ich durch die beiden auch einen Dienst unter Juden haben.

Als ich mich für die NAM auf den Pfad der Mitarbeitergewinnung begab, fiel mir mein Gebet aus der Zeit wieder ein, als ich den Libanon verlassen musste. Ich hatte einen Bund mit Gott geschlossen und ihn gebeten, mit ihm zusammenarbeiten zu dürfen, um Mitarbeiter auf seine Erntefelder zu berufen. Die *North Africa Mission* verlor im Schnitt zehn Mitarbeiter pro Jahr und gewann eineinhalb neue hinzu. Das verhieß nichts Gutes für die Zukunft der Mission.

Trotzdem beschwerte sich der Kandidatenausschuss über meine Methoden. Sie fragten mich: „Warum versuchen Sie, Mitarbeiter von *Harvard, Berkeley, Vassar, Penn State* und anderen gottlosen Institutionen zu gewinnen? Was ist denn mit *Moody*, dem *Columbia Bible College* und dem *Philadelphia College of the Bible*?“ Ich hatte gemerkt, dass die typischen Absolventen der Bibelschulen und theologischen Hochschulen nach dem Studium ein Ziel hatten: Sie wollten Gläubigen die Bibel lehren. Ihre Ausbildung bereitet sie nicht darauf vor, Gemeinden zu gründen – und noch viel weniger darauf, in muslimischen Städten ohne jede Versammlung von Gläubigen zu leben. Ich musste Leute finden, die Pioniere waren, die den harten Boden an Orten aufbrechen konnten, in denen es mehr als 1.000 Jahre keine Gemeinde gegeben hatte!

Zu der Zeit schickte die NAM nur in vier Länder Missionare: Marokko, Algerien, Tunesien und Frankreich. Aber ein Jahr später forderte mich ein vorlauter Student namens Joseph von einer der Eliteuniversitäten heraus: „Was wird die *North Africa Mission* im Blick auf (ein bestimmtes afrikanisches Land südlich der Sahara) tun?“ Um ehrlich zu sein, ich hatte keine Ahnung von Afrika südlich der Sahara – nicht einmal von den muslimischen Ländern.

Ich befand mich in einer Zwickmühle. Ich wollte nicht zugeben, dass die NAM keine Pläne im Blick auf dieses Land hatte, das von Missionswerken als „geschlossen“ angesehen wurde. Aber ich wollte Joseph auch nicht warten lassen, bis der Internationale Rat entscheiden würde, ein neues Land in unsere Ziele einzuschließen. Deshalb schlug ich vor, alle Leute in unserer Adressdatei zu informieren, dass an einem bestimmten Samstag jeder in unser Büro kommen sollte, dem dieses Land am Herzen lag. Wir wollten gemeinsam beten und Pläne schmieden. Vierzehn Leute kamen, und ein Team war geboren. Ich ernannte Joseph zum Teamleiter, obwohl er keinerlei Papiere ausgefüllt hatte und uns keine Referenzen vorlagen. Meine Philosophie bei der Gewinnung von Mitarbeitern ist immer folgende gewesen: Zieh den Fisch ins Boot und entscheide dann, ob er essbar ist.

Bevor Joseph vom College absolvierte, hatte er ein Team von Freunden gesammelt, um gemeinsam einen Weg in dieses „verschlossene" Land zu finden. Ihre Initiative war der Anstoß für ein anderes Team, das von zwei herausragenden Ehepaaren und NAM-Veteranen geleitet wurde, später auch in diesem Land zu leben. Gemeinsam waren sie die ersten Missionare in diesem Wüstenland nach 1.000 Jahren der Vernachlässigung. Heute gibt es in diesem Land zwei Gemeinschaften mutiger Gläubiger (trotz Verfolgung) und unzählige Hausgemeinden unter einem anderen muslimischen Stamm!

Abe Wiebe, der Internationale Direktor der NAM, schrieb in seiner Autobiografie über die Ereignisse nach meiner Einsetzung als Leiter des Büros in Philadelphia:

> *Es erwies sich als entscheidender Schritt vorwärts für die Mission. Aber Gregs Bemühungen schwappten bald in alle Richtungen über. Ich wusste damals nicht, was für einen begabten und energiegeladenen Mit-Leiter wir da bekommen hatten.*
>
> *Greg Livingstone hatte eine Kombination von großem Glauben, Liebe zum Herrn und grenzenlosem Enthusiasmus. Menschen, die ihn trafen, fühlten sich sofort zu ihm hingezogen. Er ließ jeden spüren, dass er ein besonderer Freund geworden war. Mehr als eine Person hat angemerkt, wie tief Greg ihr Leben beeinflusst hat. Wo immer Greg hinkam, legte er begeistert los. Nach kurzer Zeit hatte er schon neue Bewerber für Nordafrika gefunden. Ich erinnere mich, einige der Bewerbungen jener Tage gelesen zu haben; diese angehenden Mitarbeiter waren herausragend. Greg schaffte es durch den Geist Gottes, sie alle spüren zu lassen, dass es bestimmt die wichtigste Verwendung ihrer*

Fähigkeiten wäre, Muslime für Christus zu gewinnen. Bald lief unser Sprachlern-Zentrum vor lauter Neuankömmlingen über.

Greg in einer Vorstandssitzung zu haben, ähnelte dem Versuch, einen Tiger im Zaum zu halten. Er hatte mehr Ideen als wir alle zusammen. Natürlich waren nicht alle seine Ideen durchführbar, aber viele waren es. Greg war solch ein natürlicher Leiter, dass Leute in der Regel einfach aus dem Weg gingen und ihn laufen ließen. (Wiebe, S. 107)

Im Januar 1980 veranstalteten die *InterVarsity Christian Fellowship*, Campus für Christus und die Navigatoren gemeinsam eine Missionskonferenz an der *Pennsylvania State University*. Sie luden einen älteren Mann, Ralph Winter vom *US Center for World Mission* und mich als Redner ein.

Dr. Winters Einsichten faszinierten mich. Er betonte all die „verborgenen Völker" dieser Welt – Völker, unter denen es immer noch keine Gemeindegründungs-Bewegung gab. Mein verborgenes Geheimnis war zu jener Zeit, dass mich die immer gleichen Diskussionen zum Thema Mission langweilten, die ich jeden Tag hörte. Manchmal schien es, dass Philadelphia noch keinen frischen Gedanken gesehen hatte, seit Benjamin Franklin weggegangen war. Ralph forderte mich heraus, einen neuen Zweig der NAM zu gründen. „Wie gießt man erfolgreich neuen Wein in alte Schläuche?", fragte er und gab gleich selbst die Antwort: „Indem man eine innere Hülle aus Plastik herstellt."

Während ich diesen Gedanken zur Seite legte, merkte ich meine Berufung nach Libyen wieder aufbrechen. Bis zu diesem Tag hatte ich zugelassen, dass die etablierte Missionswelt mir ihre Überzeugung aufzwang. Jedes Land, das keine Visa für Missionare ausstellte, sei „geschlossen". Man sollte nicht einmal wagen, an diese Länder zu denken. Die andere weit verbreitete Weisheit war, dass man dort hingehen sollte, wo die Leute offen waren. Diese Sicht der Dinge hielt die meisten Bewerber davon ab, muslimische Gebiete in Betracht zu ziehen.

Während diese Gedanken in mir brodelten, schüttete ich den christlichen Studenten, die sich an der Penn State versammelt hatten, mein Herz aus: „Lasst uns dahin gehen, wo die Leute nicht offen sind, weil sie noch nie eine Chance hatten, zu hören. Und was die geschlossenen Länder angeht, kann ich nirgends den Vers finden, der uns anweist: ‚Geht und macht all die Völker zu Jüngern, wo ihr Missionarsvisa bekommt!' Obwohl, eigentlich weiß ich, wo dieser Vers steht. Und zwar direkt neben dem Vers ‚Geht und macht alle Völker zu Jüngern, wo es sicher ist!'"

Es trieb mich immer noch um, dass alle Missionare aus Libyen hinausgeworfen worden waren. Deshalb forderte ich meine Zuhörer heraus: „Gibt es denn keinen hier, der es wagen würde, einen Weg nach Libyen zu finden, dort zu leben und Jünger zu machen? Es gibt im ganzen Land keine einzige Gemeinde für seine Bewohner!"

Vier junge Männer, die wenige Monate vor ihrem Abschluss standen, ließen sich herausfordern. Al Stahl, Bob Sjogren, Greg Fritz und Harry Gray kamen nach vorn und boten sich an, als Englischlehrer nach Libyen zu gehen. Keiner hatte als Hauptfach Englisch gehabt. Keiner hatte Erfahrung darin, Englisch als Fremdsprache zu unterrichten. Trotz all der Hindernisse setzten wir ein strategisches Planungstreffen während des Frühstücks am nächsten Morgen an.

Wir entschieden, dass sie nach London fliegen sollten, wo Libyen Englischlehrer anwarb. Als sie in London ankamen, erfuhren sie aber, dass die angebotenen Stellen nicht für Amerikaner waren. Aber davon ließen sie sich nicht abschrecken und flogen nach Malta, wo Hunderte Libyer Englisch studierten. Bei der Libyschen Botschaft wurden sie nicht durch das Tor gelassen. Also machten sie die Bekanntschaft verschiedener libyscher Studenten auf Malta, die ihnen halfen, eine Liste der Hochschulen in Libyen zusammenzuschustern. Sie schickten Bewerbungsschreiben ab. Nachdem sie sechs Wochen gebetet hatten, bekamen sie ein Telegramm der Technischen Universität in Tobruk mit einer Einladung an alle vier, dort zu unterrichten. Sie wurden die englische Fakultät.

Sie gingen zurück zur libyschen Botschaft auf Malta – dieses Mal mit dem Einladungsschreiben und dem Namen eines bestimmten Botschaftsfunktionärs. Sie wurden in einen Raum gebracht, wo er sie fragte: „Woher kommen Sie?" – „Amerika." – „Wo haben Sie studiert?" – „*Penn State* Universität." – „Wirklich? Mein Sohn studiert dort!" – „Wie heißt er denn?" – „Ahmad Shafir." – „Oh ja, wir sind ihm begegnet. Wir haben an der Uni mit ihm zu Mittag gegessen. Er ist unser Freund." Nach 45 Minuten und einer Tasse Kaffee hatten sie ihre Visa und konnten aufbrechen.

Als sie die Universität von Tobruk erreichten, entschuldigte sich der Direktor dafür, dass die einzige Möglichkeit, sie unterzubringen, im Männerwohnheim mit 190 Studenten war. Würden diese Amerikaner dort die Möglichkeit haben, den Herrn Jesus zu bezeugen? Sie hatten kaum Privatsphäre! Ständig waren Studenten in ihrem Zimmer und stellten Fragen. Es gab nicht enden wollende Möglichkeiten, zu erklären, was die Bibel über Isa al-Masih lehrte. Während der Ferienzeiten luden Studenten sie in ihre Familien ein, wo die vier von der *Penn State* den Jesus-Film in Arabisch zeigten – in Libyen, einem der am festesten „verschlossenen" Länder der Welt!

Bis 1982 hatten wir 95 neue Mitarbeiter gewonnen. Sie waren großartige Leute, die der Stolz jedes Missionswerkes gewesen wären. Aber dann geschah das Unvorstellbare. „Hören Sie auf, neue Mitarbeiter zu gewinnen!", ordnete der Internationale Direktor an. Die Ausbildungsstätte für Missionare der NAM in Frankreich war voll. Sie konnten keine neuen Missionare mehr annehmen. Ich versuchte, Abe Wiebe zu erklären, dass ich nicht aufhören konnte, nach mehr initiativen Gemeindegründern zu suchen. Der Herr war dabei, eine neue Generation von Pionieren für die arabische Welt und darüber hinaus heranzuziehen. „Das stimmt vielleicht", antwortete er, „aber wir sind trotzdem voll!"

KAPITEL 22

Ein schnellerer Schütze

Unser Abschied von der NAM-Familie begann, als Bob Sjogren aus Libyen zurückkam. Er stürmte in mein Büro in Upper Darby, Pennsylvania, und spuckte seine Vision von 300.000 neuen Missionaren für die unerreichten Völker der Erde aus.

Kein Cowboy möchte einem schnelleren Schützen begegnen. Ich schloss die Tür meines Büros, damit niemand unser aufwühlendes Gespräch mitbekommen konnte. Diesem Jungen war es todernst mit seiner Vision. Lächerlich! Hatte er eine Vorstellung davon, wie viel Arbeit es gewesen war, in fünf Jahren 95 Männer und Frauen zu rekrutieren?

Mir war auch klar, dass Bob sich nicht vorstellen konnte, wie solch eine Vision beim Vorstand der NAM aufgenommen würde. Ich erklärte ihm, dass ich noch in jener Woche bei einer Vorstandssitzung einige Ziele präsentieren sollte. Dann schlug ich vor: „Es könnte klüger sein, wenn wir etwas konservativer wären. Was würdest du davon halten, wenn ich dreitausend anstelle von dreihunderttausend nähme?"

„*Dreitausend*?" Diese Frage kam Bob mit einer Verachtung über die Lippen, als hätte ich vorgeschlagen, drei neue Mitarbeiter gewinnen zu wollen. Er war offensichtlich enttäuscht und muss mich als kleingläubigen Verräter gesehen haben.

Als ich später in jener Woche dem Vorstand unsere neuen Ziele vorstellte, vermied ich es, jemandem in die Augen zu sehen. Ich zuckte innerlich zusammen, als ich kleinlaut fragte: „Was würden Sie davon halten, dass wir uns das Ziel stecken, siebenhundert neue Missionare für die arabischen Länder zu gewinnen?"

„Siebenhundert?“ Der Raum explodierte förmlich vor Fassungslosigkeit. Es hätte wahrscheinlich nicht schlimmer sein können, wenn ich vorgeschlagen hätte, unsere Radio-Bibelschule durch den Verkauf von Heroin zu finanzieren.

Ich fühlte, dass ich gerade meine Entlassungspapiere unterschrieben hatte. Von diesem Moment an sahen sie mich nicht mehr als einen Visionär. In ihren Augen war ich unfähig geworden, in der Wirklichkeit zu leben. Der Vorsitzende wechselte schnell das Thema. Ich war offensichtlich nicht im Einklang mit ihren umsichtigen, wohldurchdachten Plänen. Wir gingen von völlig unterschiedlichen Voraussetzungen aus. Ab diesem Tag gelang es mir nie wieder, die Wellenlänge der Entscheidungsträger zu treffen. Ich verließ diese Vorstandssitzung mit dem Gefühl, ich hätte Bob Sjogren meine Karriere ruinieren lassen.

Da ich keine andere Möglichkeit sah, übergab ich den Posten des US-Direktors an Pastor Bill Saal, den ich als stellvertretenden Direktor gewonnen hatte. Dave Lundy, mein Kollege in Toronto, sollte die Verantwortung für die Kandidaten übernehmen.

Bob Sjogren und ich verbanden unsere Herzen und unsere Vision. Wir schafften es, ein zustimmendes Nicken der Leiter dafür zu bekommen, nach Kalifornien zu gehen und dort einen Unterstützungszweig der NAM zu gründen. Wir wollten ihn *North Africa Mission Associates* nennen. Wenn es uns gelänge, einige neue Teams für arabische Länder östlich von Tunesien zu bilden, wäre die NAM sicher überrascht, aber auch begeistert.

Auf Ralph Winters Einladung hin zogen wir als Familie nach Pasadena in Kalifornien um. *NAM Associates* wurde im September 1982 im *US Center for World Mission* gegründet. Die Idee dahinter war, neue Teams zu bilden, die im Dienst unter Muslimen mit neuen Wegen experimentieren sollten. Zum Beispiel würden sie nicht zuerst nach Frankreich gehen und Französisch lernen, sondern direkt nach Nordafrika, um dort Arabisch zu lernen.

Mehr als nur einige wenige Leiter anderer Missionen hielten meine Ideen für unbesonnen. Teil unserer Unterschiede im Denken war die Frage, wie aggressiv wir darauf zuarbeiten sollten, dass das Evangelium die arabische Welt durchdrang. Ich konzentrierte

Bob Sjogren war gerade von einem Jahr in Libyen zurück und forderte mich heraus, Gott zu vertrauen, dass er Tausende neuer Mitarbeiter in die islamische Welt schicken würde. Kurz darauf gründeten wir gemeinsam Frontiers.

Mit Schmetterlingen im Bauch beteiligte ich mich mit den Missions-Experten Sam Wilson (links), Ralph Winter und Warren Webster (nicht abgebildet) an einem Podiumsgespräch bei „Urbana", der großen Inter-Varsity Studenten-Missionskonferenz 1984.

In den späten achtziger Jahren, als dieses Foto in Pasadena aufgenommen wurde, waren wir auf dem besten Weg, insgesamt 27 Mal an einem neuen Ort ein Zuhause einzurichten.

In Pasadena Ende der neunziger Jahre hatte Lady Jessie Muzzie als Teil unserer Familie ersetzt. Evan war 22, Paul 20 und David 16 (von links).

Wir freuten uns riesig, Tyagi und seine Frau Kamala in Indien wieder zu treffen. Als wir frisch verheiratet dort waren, teilten sie ihr Haus mit nur einem Zimmer mit uns. Ein Leintuch über ein Seil gespannt gab beiden Paaren ein bisschen Privatsphäre. Fast fünfzig Jahre lang verging kaum ein Tag, an dem er nicht Evangelien in Urdu weitergab und in seiner gewinnenden Art mit Muslimen in ihren Wohnungen und Läden über Jesus sprach.

Bei einem Besuch im winterlich kalten Delhi in den frühen neunziger Jahren trafen Gordon Magney (ganz rechts) und ich Tyagi wieder, unseren ersten indischen Partner bei OM. Weniger als zwanzig Jahre später wurde Gordon in Kabul beerdigt und gab so buchstäblich sein Leben, damit Afghanen Jesus kennenlernen konnten.

In der ersten Zeit wuchs Frontiers so schnell, dass es eine Herausforderung war, mit den Bewerbungen Schritt zu halten und die Freundesbriefe unserer Mitarbeiter zu lesen.

Sally und ich besuchen Kollegen in Afghanistan.

Über die Jahre haben Sally und ich es immer wieder genossen, gemeinsam zu reisen, um Teams von Frontiers zu coachen. Hier sind wir Ende der neunziger Jahre in Nordindien.

Als wir in Kuala Lumpur lebten, schloss ich mich dem Rotary Klub an und konnte dadurch Freundschaft mit malaiischen Muslimen schließen.

2006 sagte ich zu Sally: „Du bist mir in so viele Länder gefolgt und hast 26-mal für uns ein Zuhause geschaffen. Ich denke, dass unser nächstes Zuhause das sein sollte, von dem aus wir in den Himmel gehen. Du sollst wählen, wo das sein wird.“ Ihre Antwort war absolut klar: „Ich möchte zurück in unser Haus in England!“

2009 besuchten wir Aspen, wo Freunde ein Treffen mit Mitgliedern der Baptistengemeinde organisiert hatten, die während meiner Zeit als Pastor der Gemeinde dabei waren. Es war eine riesige Freude zu sehen, dass ich viele von ihnen als junge Gläubige hatte taufen dürfen.

In meinen späteren Jahren bekam ich die Aufgabe, Leiter von Frontiers-Sendungsbasen zu begleiten. Hier ein Foto mit Marcos Napoli und seiner Tochter in Brasilien.

2006 trafen Sally und ich in Phuket in Thailand Missionare unserer Denomination, der Evangelical Presbyterian Church. Ich war ihr Koordinator für die Arbeit unter Muslimen.

Nachdem ich meine Tagebücher durchkämmt hatte, schrieb ich im Gästehaus von Arab World Ministry in Worthing, England, den ersten Entwurf dieser Autobiografie.

Als wir 2011 endlich Libyen besuchen konnten, fühlte es sich wie der Eintritt ins Verheißene Land an!

Sally und ich feierten im August 2012 unsere Goldene Hochzeit – und lieben einander mehr als je zuvor.

mich auf all die Anweisungen des Neuen Testaments, die mit Leiden zu tun hatten. Was meint der Herr Jesus, wenn er sagt: „Folgt mir!"? Er wurde entblößt, verspottet, gedemütigt, geschlagen, ausgepeitscht, angespuckt. Ihm wurde der Bart ausgerissen und eine Dornenkrone ins Gesicht gedrückt. Er wurde herumgezeigt wie der große Fang des Fischers.

Der Herr Jesus musste nicht nach Jerusalem gehen. Seine Jünger baten ihn, nicht hinzugehen. Es schien sehr dumm, sogar selbstmörderisch zu sein. Es war vorherzusehen, dass das schiefgehen würde. Die Antwort unseres Herrn war: „Geh hinter mich, Satan!" Die Wege der Menschen sind nicht Gottes Wege.

Genauso flehten die Freunde des Apostels Paulus ihn an, nicht nach Jerusalem zu gehen (Apostelgeschichte 21,12). „Was tust du da?", müssen sie ihn gefragt haben. Aber in Gedanken an die Worte Jesu in Lukas 9,24 („wer sein Leben retten will, wird es verlieren") antwortete Paulus: „Doch halte ich mein persönliches Ergehen und mein Leben für nicht der Rede wert. Wichtig ist nur, dass ich das Ziel erreiche und den Auftrag erfülle, den mir Jesus, der Herr, aufgetragen hat: den Menschen die gute Botschaft von Gottes Gnade zu bringen" (Apostelgeschichte 20,24, NeÜ).

Was, wenn uns das Geld ausginge? Na ja, Armut ist wohl kaum unnormal in dieser Welt – und auch im Dienst für Gott nicht. (In 2. Korinther 1,8 spricht Paulus darüber, in einer Pioniersituation als Missionar „unter großem Druck" gewesen zu sein.)

Wenn ich von jungen Unternehmern in der Geschäftswelt lese, fängt mein Herz an zu funkeln. Nichtchristen nehmen große Risiken auf sich und überleben von Wasser und Brot, um ihre Vision umzusetzen. Sollte ich weniger tun?

Während unserer ersten neun Monate in Pasadena waren wir entweder vom Radar der NAM-Leiter verschwunden oder niemand dachte wirklich, dass in dem neuen Unternehmen NAM-Associates wirklich viel passieren würde. Aber als sie merkten, dass wir schon vierzig neue Erwachsene gewonnen hatten, die nach Ägypten, Bahrain, Marokko und Mauretanien gehen wollten, war es zu spät, die Tür des Stalls zu schließen. Die Pferde waren draußen und rannten frei herum.

Abe Wiebe war auf die Situation aufmerksam geworden und wertete das „Problem" von NAM Associates zur dringenden Chefsache auf. Er und ich tauschten unsere Gedanken per Kassette, Brief und Telefon aus. Aber schlussendlich entschied er, dass NAM Associates nicht zur NAM passte.

Ziemlich verwirrt begann ich, mir selbst Fragen zu stellen: „Was machen wir mit unseren vier neuen Teams? Sollen wir sie bitten, sich ein anderes Missionswerk zu suchen? Und was sollte *ich* tun? Sollte ich mich vielleicht verschiedenen Organisationen zur Verfügung stellen, die neue Teams in arabische Länder senden wollen?“ Wiebe sah keine Alternative dazu, dass ich eine selbstständige Schwester-Organisation gründete. Aber was hatte Gott im Sinn?

Dave Lundy schrieb einen achtseitigen Protestbrief an NAM, in dem er fragte: „Welche fortschrittliche Organisation wirft einen ihrer produktivsten leitenden Mitarbeiter hinaus?“

Auf meine Nachfrage hin meinte der Missionsfachmann David Howard: „Normalerweise würde ich nicht dazu ermutigen, eine neue Mission zu gründen, aber wir sollten diesen passenden Zeitpunkt für den Islam nicht verpassen!“

Der internationale Evangelist Luis Bush stimmte zu. „Wir können nicht sehen, dass du dich zurückziehst, Greg. Wenn es keine Mission unter Muslimen gibt, der du dich anschließen kannst... dann gründe eine neue!“

Ed Morgan, der Vorsitzende des NAM-Rates in den USA, stellte fest: „Gott ist und bleibt souverän. Greg muss Gott gehorchen.“

Bill Saal sagte: „Der US-Rat empfindet... zwiespältig: Sie wollen Greg, ihr bestes Pferd im Stall, unter Vertrag, aber sie wollen auch Frieden und Einheit, die mit Greg so nicht möglich sind.“

Im April 1983 sprach ich am Telefon mit meinem Vorgänger und Mentor Fran Steele. Er sagte: „Als wir uns festgefahren hatten, schickte Gott den richtigen Mann, um uns wieder in Bewegung zu setzen. Deshalb sagen wir jetzt ‚Danke‘ und lassen ihn gehen, um dasselbe wieder in einer Schwester-Mission zu tun, mit der wir eng zusammenarbeiten können.“ Frans Eindeutigkeit war eine wichtige Bestätigung.

War das so wie an dem Tag, als mir klar wurde, dass ich keinen Platz mehr bei OM hatte? Es gab keine Schuldigen dabei. Es war einfach ein entscheidender Augenblick in der Missionsgeschichte.

Ich musste an die rhetorische Frage von Amos denken. „Können etwa zwei miteinander wandern, sie seien denn einig untereinander?“ (Amos 3,3). Ich hatte definitiv andere Ideen als die Leiter der NAM. Ich war überzeugt, dass in einer apostolischen Truppe nicht einfach die Entscheidungen der Mehrheit zählen sollten. Und ich war noch mehr davon überzeugt, dass Leute, die nur einen sehr kleinen Teil ihrer Zeit für die Sache investierten (wie Vorstandsmitglieder), nicht bestimmen sollten, was die Pioniere in den Einsatzländern zu tun hatten (und wie sie es zu tun hatten).

Ich kämpfte mit Dutzenden von Fragen:

- Bin ich der böse Junge, der Rebell ohne Grund – oder bin ich der Diener des Herrn mit einer Berufung, an einem größeren Durchbruch der Herrschaft Jesu in der islamischen Welt mitzuarbeiten?
- Der Feind flüstert mir ins Ohr: „Du bist ein aufgeblasener Größenwahnsinniger, ein sturer Idealist.“ Aber falls ich normal sein sollte, warum habe ich dann solch eine unnormale Vision?
- Fülle ich nur das Vakuum eines schwachen Selbstbewusstseins? Ganz bestimmt nicht. „Geh hinter mich, Satan, Vater der Lügen!“
- Wie kann ich kreuz und quer durch den Westen reisen und Leute herausfordern, sich auf den Weg zu machen, von Gott Neues zu erwarten und nicht aufzuhalten zu sein – wenn ich selbst so lange Gas wegnehme, bis der kleinste gemeinsame Nenner erreicht ist?
- Respektiert irgendjemand den kraftvollen Redner, der zwei Minuten nach dem Gottesdienst wie ein Humanist spricht und keinerlei Absicht zeigt, selbst das zu tun, wozu er andere eben herausgefordert hat? Wie könnte ich es mit mir selbst aushalten, ganz zu schweigen davon, anderen zu predigen, wenn ich solch eine Zwiespältigkeit zuließe?

Aber ich musste nicht nur meine eigenen Motive und inneren Ziele infrage stellen, ich kämpfte auch mit mir selbst im Blick auf den größeren strategischen Nutzen dessen, was ich in Gedanken bewegte:

- Muss ich ein neues Missionswerk gründen? Gibt es nicht schon genügend gute Organisationen?
- Was sind meine Ängste? Dass ich von Managern kontrolliert werde, die keine Träume haben? Dass ich Mitarbeiter rekrutiere, die nicht zu der nächsten Organisation passen, der wir uns anschließen könnten? Dass meine Freunde es weder gutheißen noch sich dahinterstellen werden, wenn wir eine neue Mission gründen?

Ich flog nach Frankreich, um persönlich mit Abe Wiebe und anderen Leitern der NAM an einer Lösung zu arbeiten. Tim Lewis, einer der neu berufenen Leiter für Nordafrika, kam aus Marokko angefahren, um die Einheit von NAM und NAM Associates zu retten. Aber nachdem er sich ein genaueres Bild von der Situation gemacht hatte, stimmte er mit der NAM-Leiterschaft überein: Die Teams von NAM Associates passten nicht wirklich zur NAM.

Bill Bell, der mich damals für NAM Nordamerika gewonnen hatte, empfand jetzt, dass es zu viel Energie kosten würde, die beiden unterschiedlichen Philosophien für den Dienst in Einklang zu bringen. Er dachte, ich sollte die NAM im Frieden verlassen.

In der Überzeugung, dass man die beiden Wege nicht zusammenführen konnte, fiel die Entscheidung, dass NAM Associates sich von der NAM trennen und eine selbstständige Schwester-Organisation werden sollte. Ich fühlte mich, als hätte man mich wie einen bockigen Teenager laufen lassen. Ich brauchte eine überzeugendere Gründungsurkunde als das, wenn wir etwas Neues beginnen sollten. Ich brauchte ein klares Mandat, um eine neue Mission für die islamische Welt zu gründen. Im Mai 1983 lieferte die NAM dieses durch einen Beschluss des obersten Rates:

> *Der Internationale Rat der NAM ist überzeugt, dass diese Entwicklung größere Effektivität und weniger Irritationen ermöglichen wird, weil beide Werke sich auf ihren eigenen besonderen Beitrag zu dem gemeinsamen Ziel des Gemeindebaus in der islamischen Welt konzentrieren. Wir befehlen Greg und alle seine Teammitglieder der Gnade und dem Segen unseres Herrn an.*

In seiner Biografie beschreibt Wiebe die Entscheidung der NAM über mich:

> *Es wurde bald offensichtlich, dass Gregs Vision für Muslime weit über unsere eigenen Pläne und Programme hinausreichte. Nordamerika allein war ein zu kleiner Arbeitsplatz für ihn. Er war geschaffen, um die Welt zu berühren. Ich habe nie sonst mit jemandem wie ihm gearbeitet. Ab 1982 kämpften wir darum, Greg in unserer Organisation zu halten. Wir beide kamen gut miteinander zurecht, aber Gregs Kapazität übertraf meine nicht nur, sie war auch viel weiter gefasst. Er forderte mich heraus und überforderte mich. Deshalb war es keine Überraschung, dass wir im Frühjahr 1983 eine passende Art des Miteinanders finden mussten. Wir waren ein 100 Jahre altes Schlachtschiff, das ständig von einem schnellen Segelschiff mit vollständig gehissten Segeln umkreist wurde. Letztlich kam es zu einem Beschluss des Internationalen Rates, in dem wir Greg segneten und ihn ziehen ließen, um seinen Träumen zu folgen. Das war so ungefähr das Schwerste, was ich je getan habe. Stell dir vor, du sagst dem Spieler, der immer die meisten Punkte für deine Mannschaft erzielt, er solle sich einen anderen Verein suchen oder selbst einen gründen. Genau das geschah damals. (Wiebe, S. 107)*

Gott sei Dank konnte ich zum Flughafen fahren, nach Kalifornien zurückfliegen und weiter geistliche Gemeinschaft mit meinen Kollegen bei der NAM haben. Ich war dankbar, dass ich durch Gottes Begabungen und seine Gnade eine fast im Sterben liegende Mission wieder hatte aufbauen dürfen. Und dass ich sie jetzt nicht nur ohne Entfremdung, sondern im gegenseitigen Segen verlassen konnte.

Aber unabhängig davon bewegte mich die Frage, ob ich tatsächlich eine neue Organisation gründen sollte. Wann ist es an der Zeit, ein neues Missionswerk zu beginnen? Es muss die passende Zeit dafür sein, wenn wir Hudson Taylor, William Carey, Cameron Townsend, den Gründern der *Africa Inland Mission*, der *Sudan Interior Mission*, von OM, Jugend mit einer Mission und anderen zustimmen. Neue Missionen werden geboren, wenn Gott einen Diener mit einer bestimmten neuen Vision beruft.

Als wir gemeinsam mit George Verwer OM begannen, sahen wir uns geführt, gemeinsam für Gebiete ohne effektives Zeugnis zu beten: Spanien, Russland, die arabische Welt und Indien. Warum wurden wir nicht so wie unser Freund Phil Parshall geführt, uns bestehenden Organisationen anzuschließen, statt OM zu gründen?

In einem persönlichen Brief gab mir John Kyle von InterVarsity folgenden Rat:

> *Ich bin nicht mit denen einverstanden, die sagen, wir sollten keine neuen Missionswerke gründen. Ich denke es ist Zeit für eine neue Organisation mit dem Ziel der islamischen Welt. Du kannst auf meine Empfehlung zählen. Vielleicht kann ich sogar ein bisschen Geld auftreiben. Du wirst überrascht sein, wie viele sich hinter Dich stellen werden. Ich habe nie daran geglaubt, dass bereits existierende Missionen es in der islamischen Welt schaffen werden. Aber ich denke, dass eine neue Mission über die arabische Welt hinaus die ganze muslimische Welt als Ziel haben muss.*

Während der Zeit der Entscheidungsfindung lud Paul McKaughan von der Presbyterian Mission to the World mich ein, zu ihnen zu kommen: „Wir möchten den Boden in der gesamten islamischen Welt testen." Ich wusste, dass ich, wenn es mir wirklich ums Reich Gottes ging, bereit sein musste, mich ihnen anzuschließen, oder den Southern Baptists oder auch der Gemeinde Gottes. Ich brachte dem Vater im Himmel meine Bereitschaft zum Ausdruck, jedem zu dienen, der entschlossen war, einen Durchbruch in der islamischen Welt zu forcieren. Auch wenn sie theologisch nicht unbedingt meine erste Wahl wären.

Am 3. Mai 1983, meinem 43. Geburtstag, schrieb ich in mein Tagebuch:

> *Ich bin voller Dank, dass der König mich in den Dienst gestellt und ausgestattet und begabt hat, um seine Ziele zu erfüllen. Mir*

> *ist jedoch völlig klar und ich bin traurig darüber, dass es nicht leicht ist, mit mir zu arbeiten. Ich habe mich sechs Jahre lang für die NAM mächtig ins Zeug gelegt, wie es mir auf dem Herzen lag. Aber offensichtlich bin ich zu weit gegangen. Ich habe zu viel gesagt. Ich habe meine Beziehung mit (der Leiterschaft) beschädigt. Ich fühle das Trauma einer Scheidung, aber es scheint klar, dass beide (Seiten) ihren Dienst effektiver werden tun können, wenn sie nicht immer aufeinander achten müssen.*

Die Kollegen der NAM zeigten mir gegenüber gütige und von Gottes Charakter geprägte Einstellungen und Verhaltensweisen. Trotzdem war es für mich persönlich ein sehr schwerer Übergang. Ich kämpfte mit frischen Gefühlen des Verlassen- und Nichtgewolltseins. Wieder einmal.

Ich hatte nie vorgehabt, 1974 OM und 1983 die NAM zu verlassen. Was hatte Gott jeweils damit vor? Beide Organisationen konnten keinen Platz für mich finden – beide, weil sie sich an einem Punkt befanden, wo sie den Bedarf sahen, Dinge zu festigen, nicht auszuweiten. Ich machte mir eine geistige Notiz, nie zuzulassen, dass die Pioniere in einer von mir gegründeten Mission überflüssig werden.

Meine Tagebücher zeigen, dass ich mich oft intensiv innerlich infrage gestellt habe, was die Motive dafür waren, was ich tat oder auch nicht tat. Trieb mich da nur irgendein fehlgeleiteter Ehrgeiz? Warum war ich nicht „normaler"? Verschwendete ich zu viel Zeit damit, mich selbst zu prüfen?

Während dieser Zeit des Suchens nahm ich mir drei Wochen Zeit zum Gebet. Bei einem Spaziergang mit meinem Retter am Strand von Ventura in Kalifornien empfand ich schließlich, dass der Herr sagte: „In Ordnung, es geht los!" In diesem Moment am 28. Mai 1983 wurde Frontiers geboren. Mit einem Lächeln beförderte der Herr mich im Alter von 43 Jahren zum Kapitän meines eigenen Schiffes. Aber wie sollte das Schiff aussehen? Wir wussten es nicht wirklich, und, offen gesagt, war es den 40 ehemaligen Mitgliedern von NAM Associates, die ich als Mitarbeiter gewonnen hatte, nicht besonders wichtig, alles schriftlich festzulegen. Die offizielle Etablierung von Frontiers lag noch vor uns, aber ab jenem

Tag akzeptierte ich, dass Gott mich berief, etwas Neues ins Leben zu rufen.

Doug und Patti Norrison verließen die USA als Mitglieder von NAM Associates. Bis sie in Frankreich angekommen waren, um von dort nach Tunis weiterzureisen, war NAM Associates aufgelöst worden. Plötzlich standen sie ohne sendende Organisation da. Doug schrieb mir später von dieser Zeit und illustrierte damit das Lebenschaos bei der Geburt einer neuen Bewegung sehr treffend:

> *Wir verließen die Vereinigten Staaten mit der NAM, und plötzlich gehörten wir nur noch zu Greg. Und er war ohne eine Mission. Bei einem Spaziergang in Frankreich sagte er mir, dass wir gern bei der NAM bleiben könnten (er sich aber nicht sicher sei, ob sie uns wollten). Ansonsten hieß er uns willkommen, bei ihm zu bleiben – und in dem, was einmal aus NAM Associates werden würde. Es war nie eine Frage für uns. Wir fühlten uns zu Greg und seiner Vision hingezogen. Struktur, Organisation oder Sicherheit waren uns nicht so wichtig.*
>
> *Also landeten wir am 31. Mai 1983 in Tunesien – mit einer Mission, die unter Gregs Leitung im Entstehen begriffen war. Und ich wurde als „Teamleiter“ für Tunesien eingesetzt. Klar! Was ist ein Teamleiter? Und was ist ein Team? Wir wussten während dieser Tage nichts mehr!*

Zu meiner Überraschung rief George Verwer mich von England an und ließ mich wissen, dass er äußerst aufgebracht darüber sei, dass ich ein neues Missionswerk gründen wollte. 45 Minuten lang warnte er mich vor den unausweichlichen Entmutigungen, die ich zu erwarten hätte:

- „Frontiers wird über die ganze islamische Welt verstreut Leichen erleben.“
- „Du weißt eigentlich sehr wenig über den Nahen Osten.“
- „Du hast verletzende Bemerkungen über andere Missionsleiter gemacht.“
- „Du gehst zu schnell vor.“

- „Deine Mitarbeiter werden rebellieren und sich zerstreuen. Es ist ein grausamer Kampf dort draußen."
- „Du warst in der Vergangenheit krank; jetzt wirst du richtig krank werden."
- „Das ruft Probleme für die Öffentlichkeitsarbeit von OM hervor."
- „Woher soll das Geld kommen?"

Aber am Schluss sagte er: „Du weißt, dass wir trotzdem hinter dir stehen!" Verwer unterstützte uns weiterhin, nicht nur während der Übergangsphase, sondern er tut es bis zum heutigen Tag.

Mehr als irgendjemand sonst in meinem Leben zeigte er mir immer, wie sehr er an mich glaubte. Er gab mir Aufgaben, die viel zu groß für mich waren, und erwartete einfach, dass ich die Pläne durch Gottes Gnade umsetzen würde. Das war ein Handlungsprinzip, das ich zu Frontiers mitnahm, als ich Teamleiter losschickte, um das Unmögliche auszuführen.

Obwohl George am Telefon sehr negativ und aufgebracht geklungen hatte, konnte ich direkt dahinterschauen. Verwer machte mir deutlich: „Ich liebe dich und möchte nicht, dass du leiden musst!"

KAPITEL 23

Neue Weinschläuche

Was für gemischte Gefühle! Ich war frei, aber das ist auch ein Seemann, der über Bord fällt und auf einer einsamen Insel landet. Wir hatten unser eigenes Schiff, aber im Vergleich zu dem Frachter, auf dem wir unterwegs gewesen waren, war es ein kleines Segelboot. Ich hatte die Freiheit, es auf meine Weise zu versuchen, wodurch sich Gefühle der Heiterkeit und der Panik bei mir mischten.

Das erste Dilemma betraf die 95 Leute, die ich für die Mitarbeit bei der NAM gewonnen hatte. Wie sollte ich ihnen klarmachen, dass ich mich quasi gerade von ihrer Mutter getrennt hatte? Wie abzusehen war, fühlte sich eine ganze Reihe von ihnen im Stich gelassen. „Hey! Du hast uns hierhergebracht, und jetzt verlässt du uns?“

Sally und ich waren mit den meisten dieser 95 Leute eng verbunden. Deshalb war ich schwer versucht, sie dazu einzuladen, zu unserer neuen Mission überzulaufen. Aber ich hatte den Eindruck, dass der Herr mir gebot, es nicht zu tun. Um ehrlich zu sein war ich überrascht, dass nur ein Ehepaar sich erkundigte, wie ein Wechsel zu... aussehen könnte. Aber dann fiel es mir wie Schuppen von den Augen: „Wechsel zu *was*?“ Frontiers war eine Vision und noch keine Wirklichkeit, die man hätte beurteilen können.

Tim Lewis war extra aus Marokko nach Frankreich gekommen, um eine Trennung abzuwenden. Aber jetzt stellte er sich hinter mich, um Frontiers ins Leben zu rufen, und trat dann mit seinem großen Team in Marokko der neu entstehenden Organisation bei. Die Norrisons, die den Boden der USA als Teil von NAM Associates verlassen hatten und in Frankreich ohne Mission angekommen waren, setzten ihre Reise nach Tunis in Verbindung mit Frontiers fort. Ich lud Mazhar und Christine Mallouhi ein, sich uns anzuschließen und *Caravans to the Middle East* in Frontiers aufgehen zu lassen. Schnell formten wir weitere neue Teams, um zu Muslimen in Bahrain, Ägypten und Mali zu gehen.

Unsere bunt gemischte Truppe in Pasadena kam zusammen. Es war wunderbar, dass nichts als Erleichterung zu spüren war, als das Team von NAM Associates die Gläser erhob, um den Neuanfang zu begrüßen. Wir wirkten vermutlich wie eine Football-Mannschaft aus der High School, die aufs Spielfeld lief, um gegen die Nationalmannschaft anzutreten. Würden wir einfach noch eine Organisation wie alle anderen werden? Und konnten wir überhaupt überleben, fast ohne Spender oder Startkapital?

Wir zogen Bilanz unseres dürftigen Sachvermögens. Wir hatten ein Büro in Pasadena, Kalifornien. Unser Vermieter, das US Center for World Mission (das liebevoll „das Zentrum" genannt wurde), war auf dem Gelände eines früheren Colleges der Nazarener entstanden. Deshalb bestand unser bescheidenes Hauptquartier aus einer umgewandelten Wohnung im Studentenwohnheim mit drei Zimmern und einer begehbaren Dusche. Möbliert war es im „frühen Stil der Heilsarmee". Unsere Aktenschränke waren aus Orangenkisten gemacht worden und erinnerten mich an mein Büro bei OM 1962.

Dr. Ralph Winter hatte davon geträumt, im Zentrum Synergien im Bereich der Weltmission zu ermöglichen. Auf demselben Gelände gründete er die *William Carey International University*, um Menschen für einen interkulturellen Dienst auszubilden. Außerdem hatte er ein paar Dutzend Studienprojekte im Bereich Mission, Institute für Ausbildung und Mobilisation sowie Missionswerke gewinnen können, sich dort einzurichten. Das brachte einen beständigen Strom von Besuchern in dieses Missions-Mekka. Auf jeden Fall kam uns das alles zugute. Im Zentrum hatten wir Fürsprecher, Ermutigung und wenigstens etwas Glaubwürdigkeit durch die Verbindung mit bekannten Werken. Außerdem gab es Wohnungen für uns, Zimmer für Gäste, Gruppenräume und Einblicke in das aktuellste Denken im Bereich Mission. Zusätzlich wurden wir dort für viele Menschen sichtbar.

Im Zentrum neue Mitarbeiter zu gewinnen war wie das Angeln in einem Teich, in dem viele Fische ausgesetzt worden waren. Wo sonst hätten wir so viel „Laufkundschaft" gehabt? Durch unsere Anwesenheit dort kamen wir mit Leitern in Kontakt, die den Missionsauftrag Jesu auf dem Herzen hatten. Andere neue Organisationen im Zentrum, die von Pionieren wie Greg Fritz und Steve Hawthorne geleitet wurden, dienten uns als Partner-Organisationen. Da ich im Vorstand des Zwemer-Instituts, der William-Carey-Universität und des Zentrums selbst war, konnten wir alle einander den Rücken kratzen.

Aber noch waren wir nicht legal als Missions-Organisation etabliert. Die NAM hatte uns großzügig erlaubt, unsere Finanzen für die ersten sechs Monate über ihre Bücher laufen zu lassen. In dieser Zeit sollten wir selbst die Gemeinnützigkeit beim Staat beantragen, um dann Spenden bescheinigen zu können, die von der Steuer absetzbar waren.

Kurz nach meiner Zeit in der Stille am Strand von Ventura, in der ich grünes Licht von Gott empfunden hatte, lief mir Steve Holloway über den Weg. Er war Teil eines entstehenden Teams mit dem Ziel der Malediven. Er machte mir einen Vorschlag. Sie hatten ein Werk namens *Maldive Islands Outreach* gegründet und dafür den gemeinnützigen Status bekommen. Aber sie hatten gerade den Leiter des US-Büros verloren. Deshalb war das Team auf die Malediven unterwegs, ohne in den USA ein Büro zu haben, das sich um ihre Angelegenheiten kümmern konnte. Er hatte sich gefragt, ob Frontiers vielleicht Maldive Islands Outreach „schlucken" könnte. Wir wurden uns einig, aber der kalifornische Staat bestand darauf, dass unser offizieller Name den der früheren Organisation einschließen sollte. Also wurden wir offiziell zu *MIO Frontiers*.

Ich war davon ausgegangen, dass unser Werk nur in der arabischen Welt arbeiten würde. Schließlich war das meine Berufung. Aber indem wir die Malediven einschlossen, eine Inselgruppe südwestlich von Indien, gingen wir ja schon weit über die arabische Welt hinaus.

Kurze Zeit darauf kam John Jewell in unsere Büros und machte uns mit seiner Vision für China bekannt. „Oh, das Büro für China ist da die Straße runter", erklärte ich ihm und zeigte quer über das Gelände. „Unsere Mission arbeitet unter Muslimen." – „Ich weiß", gab John zurück, „wir gehen zu den Muslimen in China." – „Es gibt Muslime in China?", fragte ich ungläubig.

Während ich noch versuchte, mir über die Auswirkungen bewusst zu werden, die eine Arbeit auch außerhalb der arabischen Länder haben würde, traf ich Rick Love. Er war Wellenreiter und Hippie in der Jesus-Bewegung und nicht allzu lange vorher war er noch bei den *Jesus People* an den Stränden Kaliforniens gewesen. „Ich möchte mit einem Team zu den Sundanesen gehen", eröffnete er mir. „Wunderbar!", antwortete ich. „Ich habe ein großes Anliegen für den Sudan." – „Nicht Sudan!", protestierte Rick und zog die Stirn in Falten. „Hast du etwa noch nichts von den 30 Millionen Sundanesen gehört, dem am wenigsten erreichten Volk dieser Welt?" Und dann bekam ich jede Menge von den muslimischen Sundanesen auf West-Java in Indonesien zu hören.

Dann kamen Bruce Graham und Rich Slimbach und fragten: „Was wird Frontiers im Blick auf die Muslime in Indien unternehmen – dem Land mit der drittgrößten muslimischen Bevölkerung der Welt?" Nun, das wusste ich. Ich war da gewesen. Rief Gott uns zurück zu etwas Wesentlichem unter den Muslimen, wo wir vor zwanzig Jahren mit OM begonnen hatten?

Es schien, dass wir als Missionswerk jede Woche ein neues Einsatzgebiet eröffneten, bevor überhaupt klar war, wer solche Entscheidungen treffen sollte.

Als ich eines Tages das Geschirr spülte und dabei das Radio anhatte, hörte ich einen Werbespot der US-Armee: „Komm zu uns und bring drei Freunde mit!" Die Armee lockte Rekruten mit der Garantie, dass bis zu vier Freunde im selben Quartier wohnen, in derselben Kompanie marschieren, denselben Unterricht besuchen und zusammen ihren Dienst ableisten könnten. Was verstand die Armee von amerikanischer Jugendkultur, das mir entgangen war? Mir war auch aufgefallen, dass sich unser jüngster Sohn Paul immer mit Gruppen verabredete, wo dann mehrere Jungs und Mädels miteinander abhingen. Einige Zeit später biss ich mich an dem Gedanken fest, dass ich einen ziemlich unerfahrenen Visionär dazu herausfordern konnte, Teamleiter zu werden und seine Freunde als Teammitglieder zu gewinnen.

Zwei Dinge schienen Männern Angst zu machen und sie davon abzuhalten, sich Missionswerken anzuschließen:

- Was ist, wenn ich als Missionar in ein fremdes Land gehe und versage? Ich wäre total blamiert. Und wie soll ich wieder eine vernünftige Arbeit bekommen, wenn ich aus meiner Berufslaufbahn ausgestiegen bin?
- Mit wem oder unter wem werden die Missionsleiter mich arbeiten lassen? Was ist, wenn sie antiquiert, gesetzlich oder schlichtweg nur langweilig sind?

Wir konnten der zweiten Angst begegnen. Anstatt junge Leute zu überreden, so zu arbeiten, wie wir es gewohnt waren, wollten wir eine Mission im Stil von *Burger King* sein: „Genau wie *du* es willst!“[1] Wir wollten dort hingehen, wohin unsere Bewerber sich von Gott geführt sahen. Wir wollten einer neuen Generation von Pioniermissionaren ermöglichen, ihre Vision für die islamische Welt umzusetzen. So lange sie Gemeinden unter unerreichten Muslimen gründen wollten, würden wir sie ermutigen, Wege zu entdecken, das effektiver als je zuvor zu tun.

Aber wie konnten wir eine glaubwürdige Organisation sein, ohne die entsprechenden Mitarbeiter in der Heimat zu haben? Bob Sjogren, dem wir das „Problem“ unserer unerhörten Hoffnungen zu verdanken hatten, sorgte für ein paar Lösungen, indem er einige junge Frauen zur Mitarbeit in unserem Heimatbüro gewann. Donna, Beth, Diane, Betsy, Cathi, Aleta und Debra plus Ted und Denise sowie Bobs eigener Bruder Jack wurden uns als Team enge Vertraute, während wir unsere Leidenschaft für das Unmögliche miteinander teilten. Ich empfinde so viel Dankbarkeit für diese „Gründer“.

Ich habe keine Ahnung, wie sie finanziell überlebten. Wir zahlten keine Gehälter und auch keinen Zuschuss für die Unterkunft in den Wohnheimen. Bob schlief im Badezimmer unseres Büros. Tatsächlich war es finanziell bei uns allen ziemlich eng. Sally und ich hatten die 10.000 Dollar vom Verkauf unseres Hauses bei Phi-

1 „Have it your way“ war 40 Jahre lang u. a. in den USA der Slogan von Burger King.

ladelphia eingesetzt, um Frontiers zu gründen. Wir mieteten ein Haus mit eineinhalb Schlafzimmern, in denen unsere Jungs schliefen, inzwischen siebzehn, sechzehn und zwölf Jahre alt. Sally und ich schliefen auf der verglasten Veranda. Das war überhaupt nicht angemessen – und es blieb definitiv weit hinter meiner Angeberei Sally gegenüber zurück, wir würden ein Haus finden, mit dem sie glücklich wäre.

Etwa zu der Zeit fing Paul an, sich für Baseball zu interessieren. Ich erzählte ihm, dass ich es nie geschafft hatte, in einer Mannschaft zu spielen. Aber ich versicherte ihm, dass jetzt keinem Kind mehr der Weg in eine Mannschaft der *Little League* versperrt würde. Also probierte er es aus. Aber zu meinem Entsetzen nahmen sie ihn nicht in einer Mannschaft der Liga auf. Ich war wütend. Wie eine Bärenmutter ließ ich alles liegen und stehen und raste zu den Trainern. Angetrieben von der Qual meiner eigenen Kindheitserinnerungen schrie ich sie an, dass sie das meinem Sohn nicht antun könnten. Die Trainer hoben ihre Hände, als wollten sie sagen: „Bitte nicht schießen, wir sind unschuldig!" Sie erklärten mir, dass es nicht genügend Trainer gab, um alle Jungs in eine Mannschaft aufzunehmen. Aber falls ich bereit wäre, als Trainer mitzuhelfen, könnten die bisher abgelehnten Jungs auch spielen.

Obwohl ich Tag und Nacht arbeitete, um Frontiers am Leben zu erhalten, erklärte ich ohne Zögern, dabei zu sein. Sie schickten alle Jungs zu mir, die von anderen Teams abgelehnt worden waren. Das war der Anfang unserer eigenen Version von „Die Bären sind los"[2]. Da ich wusste, dass ich viel unterwegs sein würde, um die Mannschaft jede Woche trainieren zu können, gewann ich Evan und David und sogar Evans Freundin Christine zur Mitarbeit. Die Mannschaft wurde zur Familienangelegenheit. Unglücklicherweise gab es einen Grund, warum diese Jungs nicht in den anderen Mannschaften spielten – sie wussten nicht, wie man Baseball spielt!

Ich erinnere mich, dass Gomez einmal auf der linken Seite des Feldes einfach auf dem Boden saß. Ich versuchte ihn dazu zu bringen, aufzustehen. Aber er gab nur zurück: „Niemand schlägt den Ball je bis hierher." Ein Fänger, der spät zur Liga kam, wurde

2 US-amerikanischer Spielfilm von 1976, in dem eine anfangs schwache Baseball-Mannschaft sich immer weiter hocharbeitet.

unserer Mannschaft zugeteilt. Er war ziemlich gut, aber bald war er der anderen Jungs so überdrüssig, dass er wegging. Wir verloren zwei oder drei Spiele einfach dadurch, dass nicht genügend unserer Spieler auftauchten. Bei einem dieser Spiele waren wir froh, dass zwei Kinder mitspielen konnten, die bei ihrer Oma zu Besuch waren. Am Ende des Spiels verschwanden sie, ohne ihre Trikots zurückzugeben.

Nach null Siegen und fünfzehn Niederlagen sah es tatsächlich danach aus, dass wir unser letztes Spiel gegen eine der besseren Mannschaften gewinnen würden. Wir hatten es schlussendlich geschafft, einen Werfer so zu trainieren, dass er den Ball tatsächlich bis zum Fänger werfen konnte. Aber vor dem letzten Durchgang traf ein Schlagmann der Gegner ihn voll mit dem Ball am Kopf. Anfangs versuchte ich, ihn dazu zu bringen, aufzustehen und das Spiel zu Ende zu spielen. Aber schnell war offensichtlich, dass er zum Arzt musste, um untersucht zu werden. Unser Ersatz-Werfer servierte den Schlagmännern der anderen Mannschaft den Ball so lange, bis sie gewonnen hatten. Nun ja.

Es gelang mir wesentlich besser, Mitarbeiter für das Heimatbüro von Frontiers zu gewinnen. Ich wollte mir Gary Taylor holen, meinen Kollegen auf der Ersatzbank des Football-Teams am Wheaton College. Er bastelte erfolgreich an einer Karriere bei der Navy. Gary erzählt die Geschichte in der ihm eigenen unnachahmlichen Weise:

> *Es begann mit Gregs Anruf im Planungszimmer der leitenden Offiziere des Pentagon. Mein Freund rief einen Apparat an, der damals für Anrufe bei Alarmstufe Rot gedacht war. Ich wusste, dass entweder er es war oder meine Frau – oder ein Admiral, wütend über einen falsch gesetzten Doppelpunkt in einem Schreiben an den Kongress, das ich für ihn als Ghostwriter verfasst hatte.*
>
> *„Taylor", sagte er (in Amerika redet man beste Freunde oft mit dem Nachnamen an), „ich gebe für unsere Gemeinschaft Alarmstufe Rot!" Wusste er, dass es sich um ein einstiges Alarm-Telefon handelte? Gespenstisch. Das hat vielleicht eine*

Bedeutung. „Wie schnell kannst du hier in Philadelphia sein? Muss mit dir reden!" Wenige Worte – wie die meisten Befehle in kritischen Situationen während Kriegszeiten. „Gib mir vier Stunden. Ich werde in Uniform kommen müssen." Vier schnelle, winterlich kalte Stunden voller Gedankenspiele brachten mich mit ihm an einen Tisch in einem einfachen, nach Fett riechenden Restaurant. (Ich wusste, dass Greg, der OM-er, nicht schamlos Geld ausgab.)

Ich wusste noch immer nicht, worum es ging, und hörte Greg über seine Enttäuschungen klagen. Vielleicht sollte er ganz neu anfangen, mit einer nicht traditionellen Organisation in der Arbeit unter Muslimen, den am meisten vernachlässigten (menschlichen) Kreaturen auf Erden? Ich war mir sicher, ihm raten zu können.

Aber wie ein Blitz aus heiterem Himmel schlug eine Frage ein, so überraschend und fesselnd wie eine Bauchtänzerin in Philadelphia. Ich war auf beides nicht vorbereitet. Die nächsten dreißig Sekunden veränderten mein Leben.

„Taylor, du hast in vielen Dingen Erfolg gehabt." Ich musste seinen Durchblick anerkennen. Wie gut kannte er mich. Ich spulte im Schnelldurchlauf meine Erfolge ab, einschließlich der Auszeichnung als Kapitän der Navy in hellem Gold, die mich schon in jungen Jahren schmückte.

„Aber jetzt", fuhr er fort, „schließ dich mir an und werde bedeutungsvoll! Lass uns gemeinsam erleben, wie Zehntausende in der islamischen Welt dem Herrn Jesus folgen!"

Nun fehlten mir die Worte. Wir befanden uns mitten in der Krise durch die Geiselnahme im Iran! „Araber retten?" (Das war eines der dümmsten der vielen Wörter, die in Eile und fälschlicherweise über meine Lippen gekommen sind. Wie viele Leute damals dachte ich auch, jeder Moslem sei ein Araber.)

Aber die Geschichte endete da nicht. Sie fing da an. Innerhalb von zehn Minuten wandelte mein Gesicht sich von sterbensbleich durch die unerwartete Herausforderung zu hellrot vor Begeisterung. Kurze 16 Monate später quetschten Carolyn und ich uns mit zwei kleinen Kindern und einem Hund in einen gespendeten Kleinbus – unterwegs nach Pasadena in Kalifornien, das für die nächsten neun Jahre unsere Heimat wurde.

Greg fing mich mit „Bedeutung". In all meinem typisch amerikanischen Erfolg hatte mich niemand je herausgefordert, bedeutungsvoll zu sein. Erfolg ist ein äußerer Bezugsrahmen für innere Zufriedenheit. An sich nichts Schlechtes. Aber allein das ist ein einsames, leeres, kurzlebiges Etwas. Erfolg wird auf unserer Beurteilung jenseits der Himmelstore kein Kriterium sein. Aber ich wette, dass die Erfolge eines Lebens in der Gemeinschaft mit Gott und im Dienst für die, die er dir anvertraut, auf der himmlischen Bedeutungsskala sichtbar sein werden.

Keine Mission hatte einen faszinierenderen Düsenjet-Piloten als ihren ersten Felddirektor. Was Gary über die Missionsarbeit unter Muslimen nicht wusste, machte er durch seine Bereitschaft wett, ein „Esel für Jesus" zu sein und alles Mögliche zu unseren Mitarbeitern in den Einsatzgebieten zu schleppen. Je verrückter der Auftrag, desto mehr schwelgte er darin.

Natürlich verlangten die Gesetze der USA, dass wir einen Vorstand hatten. Ziemlich unglaublich, aber wir fanden Vorstandsmitglieder, die sich auf unsere Bedingungen einließen. Diese waren und sind anders, als ein Vorstand das normalerweise erwartet. Wir machten deutlich, dass der Vorstand für die Missionare da war – nicht um sie zu kontrollieren, sondern um ihnen zu dienen. Die Missionare sollten ihre eigenen Entscheidungen im Einsatzland fällen, da sie am nächsten an der Situation waren. Wir wollten eine Mission sein, die von ihren Mitarbeitern geleitet wird. Natürlich baten wir die Vorstandsmitglieder, uns mit ihrem Rat, Gebet und Fachwissen zur Seite zu stehen. Norm Lewis, Tims Vater, war unser erster Vorsitzender, und er ermahnte seine Vorstandmitglieder, genauso Opfer zu bringen wie unsere Missionare.

Der Vorstand war nur dazu da, den Gesetzen der USA im Blick auf Finanzen, Moral und Ethik zu entsprechen – und der Öffentlichkeit zu versichern, dass unsere Theologie biblisch war. Das sollte alles sein. Und so ist es bis heute. Nur wenige Menschen eignen sich als Vorstandsmitglieder der inzwischen mehr als zwanzig

Frontiers-Sendungsbasen zwischen Buenos Aires und den Philippinen.

Steve, einer meiner frühesten Kollegen bei Frontiers, nennt mich einen „heiligen Skeptiker". Manchmal empfinde ich, als hätte ich zwei Kampfhunde in mir: einer steht für die Gabe des Glaubens und der andere für meine kritischen Fähigkeiten, die immer Beweise verlangen. (Zum Beispiel bin ich misstrauisch bei Behauptungen, für die nachprüfbare Fakten fehlen, wie „Zehntausende kamen im Iran und in Bangladesch zum Glauben".)

In der frühen Phase von Frontiers wurde diese heilige Skepsis einmal im Gespräch mit einer Gruppe von Kandidaten sehr deutlich. Als ich den Raum für Fragen öffnete, entfuhr es einem von ihnen: „Ich denke, Sie haben Frontiers den falschen Namen gegeben." – „Wirklich? Wie hätten wir uns denn nennen sollen?" – „Nun ja, aufgrund der Einführung, die Sie uns gerade gegeben haben, hätte ich als passenderen Namen ‚Hört-mit-dem-Blödsinn-auf-Mission' vorgeschlagen." Ich gratulierte ihm dazu, dass er unsere Gesinnung so klar erfasst hatte. Aber wir waren uns einig, dass solch ein Name nicht gut zu vermarkten gewesen wäre.

Dennoch suchte ich immer nach Mitarbeitern, die Gott mit ihrem ganzen Verstand genau wie mit ihrem Herzen und ihrer Kraft liebten. Wir wollten aus der Geschichte lernen und auf dem aufbauen, was Gott diejenigen gelehrt hatte, die uns vorausgegangen waren.

Von Cam Townsend, dem Gründer der Wycliffe Bibelübersetzer lernte ich, die Vision einfach zu halten und Streitereien über Lehrfragen zu vermeiden; ich wollte Mitarbeiter aufbauen, die klüger waren als ich selbst, anderen Missionswerken gegenüber großzügig sein und nie aufhören, die Arbeit unter neuen Volksgruppen zu beginnen, nur um irgendetwas zu festigen.

Ich suchte auch in meiner weltlichen Umgebung nach Weisheit und las Bücher wie *Der Zukunftsschock* und *Die dritte Welle* (beide von Alvin Toffler), *Auf der Suche nach Spitzenleistungen* (von Tom Peters und Robert H. Waterman jr.) und *Megatrends* (von John Naisbitt). Sie weckten mein Verständnis dafür, dass ich nicht das hässliche Entchen der Mission war (neben der Spur, ohne zu wissen, wie man Dinge richtig machte), sondern ein Schwan, der durch Gottes Führung unter Enten gelebt hatte. Ich begann, Mitarbeiter in der islamischen Welt als „Schwäne" oder als „Enten" zu bezeichnen. In meinem Vokabular arbeiten „Enten" nur mit den vorhandenen Christen. „Schwäne" konzentrieren sich ausschließlich darauf, Muslime zu Jüngern zu machen oder die zu befähigen, die lernen wollen, wie man Muslime zu Jüngern macht.

Ein Jahr nach der Gründung von Frontiers holte ich unsere acht Teamleiter, die von Anfang an dabei gewesen waren, in den Niederlanden zusammen, um Bilanz zu ziehen. Wir sprachen intensiv über unsere Gedanken, wie wir als eine Gemeinschaft von gemeindegründenden Pionieren funktionieren sollten.

Wir legten fest, das dünnste Buch mit Regeln zu haben, das es überhaupt gab. Wir wollten in der Lage sein, uns an wechselnde Möglichkeiten anzupassen und Experimentierfreude zu unterstützen; also mussten wir beweglich sein. Als ich am Strand von Ventura spazieren ging und der Herr mir grünes Licht für eine neue Organisation gab, empfand ich auch eine Überzeugung von ihm, dass Frontiers nur sechs unverhandelbare Grundsätze haben sollte. Die anderen stimmten ihnen zu, sodass sie zum Rückgrat unserer Gesinnung wurden:

1. Wir wollten ausschließlich unter Muslimen arbeiten. Die Gemeinde Jesu hatte muslimische Volksgruppen vernachlässigt. Unsere Teams würden dahin gehen, wohin andere nicht gingen. Durch die Konzentration auf diesen einen religiösen Block hofften wir auch, mit der Zeit zu Fachleuten zu werden.

2. Wir wollten uns auf Gemeindegründung konzentrieren. Alles was wir taten, sollte dazu beitragen, eine Gemeinschaft gehorsamer Gläubiger zurückzulassen – die dann hoffentlich andere Gemeinden hervorbringen würde (wenn auch nicht unbedingt mit einem Kirchengebäude). Sozialarbeit ist notwendig, aber wer sollte sie biblisch gesehen tun? In den ersten drei Jahrhunderten der Gemeinde waren es nicht die Missionare, sondern die Leute in den Gemeinden, die sie gründeten, die dann ihren Nächsten dienten.

3. Wir wollten in Teams arbeiten. Unsere Teams würden mehrere Mitglieder brauchen, um das Ziel der Gemeindegründung zu erreichen. Normalerweise braucht es eine Mischung von Gaben – nicht nur Evangelisten, sondern auch Leute, die andere in der Jüngerschaft anleiten können, um neue Gläubige fest in ihrem Glauben an Jesus zu verwurzeln. Und in der Regel brauchen Teams auch Unterstützer, die ihnen helfen, auf Kurs zu bleiben. Sie können oft auch Wege finden, dass ein Team lange genug eine Aufenthaltsgenehmigung bekommt, um im Land fruchtbar sein zu können.

4. Wir wollten „feldgeleitet" sein. Die Missionare würden immer am nächsten am Ort des Geschehens sein und deshalb auch die Entscheidungen bezüglich ihrer Arbeit treffen. Die Teamleiter sollten das letzte Wort dazu haben, wer zum Team dazukommen würde (oder es auch verlassen müsste). Pionierarbeit braucht Unternehmergeist, und Unternehmer brauchen Freiheit, neue Wege zu gehen. Unsere teil-autonomen Teams sollten die Flexibilität haben, auf offene Türen zu reagieren, ohne von einer Missionsbürokratie behindert zu werden. Unser oberstes Entscheidungsgremium sollte aus allen Teamleitern der Gemeindegründungsteams zusammengesetzt sein, die aus wenigstens sechs Erwachsenen bestanden. (Wir entschieden Dinge oft spontan, so wie Fragen auftauchten und Entscheidungen anstanden, aber unsere Grundüberzeugung war, dass das Missionswerk für die Gemeindegründungs-Teams da sein sollte und nicht umgekehrt.)

5. Wir wollten uns immer danach ausstrecken, von anderen zu lernen und uns weiterzuentwickeln. (Ich war lange genug im Dienst um zu merken, dass die meisten Missionare vor allem im Blick auf die Regeln ihres Werkes Rechenschaft ablegen müssen. Wenige erleben gute Begleitung in Bezug darauf, ob sie tatsächlich Jünger machen, die wiederum andere zu Jüngern machen.) Wir entschieden, den Schwerpunkt der Rechenschaft anders zu setzen – weniger auf die Fragen des Lebensstils und mehr auf Methoden und Lebensweisen, die zu geistlicher Frucht führten. Die Geschäftswelt duldet keine

Tradition, weil Tradition sie nicht an ihr Ziel bringt. Warum sollten wir es dann tun? Es macht keinen Sinn, dieselben Methoden Jahr um Jahr anzuwenden, wenn sie nicht funktionieren. Außerdem können wir als Mitarbeiter im Ausland der Versuchung erliegen, einfach unsere Familien dort durchzubringen und nicht so hart zu arbeiten wie die, die uns finanziell unterstützen. Wir müssen bereit sein, unser Leben und unser Verhalten unseren Kollegen gegenüber zu öffnen, um ehrliche Beurteilung und Rechenschaft zu ermöglichen.

6. Wir wollten uns im Umgang miteinander so an der Gnade orientieren, wie es der Herr uns gegenüber tut. Innerhalb der biblischen Leitplanken würden wir verschiedene Überzeugungen im Blick auf Lebensstil und Theologie anerkennen. In anderen Worten, wir würden voller Freude sowohl Hudson Taylor als auch Bill Bright aufnehmen; sowohl Wesley als auch Whitfield; Leute mit Doktortitel genauso wie Handwerker, die keine formale Ausbildung genossen haben; Weinkenner und Abstinenzler; den Hyperaktiven und den Phlegmatiker. Wir würden sie alle annehmen, so lange sie von einer biblisch fundierten Gemeinde empfohlen und ausgesandt wurden.

Zurück in Pasadena suchte ich Kontakt zu Missions-Kennern, die mir helfen konnten, unsere neue Mission wahrnehmbar, glaubwürdig und attraktiv zu machen. Ich bin den Leitern von *Mission to the World*, Wycliffe, World Vision, des *US Center for World Mission* und vielen anderen für die Hilfe in praktischen Fragen sehr dankbar. Wir durften den leistungsfähigen Computer von Open Doors für unseren Versand an die magere Anzahl unserer Gebetspartner und Unterstützer nutzen. George Carey (der später als Direktor von *World Outreach* der *Evangelical Presbyterian Church* mein Vorgesetzter wurde; siehe Kapitel 30) entwarf Radio-Spots, um uns auf christlichen Sendern bekannt zu machen.

Es war eine Sache, neue Mitarbeiter dahin zu bringen, wo es unter Muslimen noch keine Gemeinde gab. Aber erfahrene Missionsleiter hatten mich schon gewarnt, dass es eine andere Sache war, dass Mitarbeiter auch dort blieben und möglichst wenige

Schwierigkeiten hatten. „Wie kannst du Teams mit lauter unerfahrenen Leuten rausschicken?", fragten sie mich. Schließlich hatten wir keine Landesleiter und kein Gremium von Veteranen auf dem Feld. In Ländern wie Mali, Mauretanien oder Tadschikistan gab es niemanden in der Nähe, der ihnen hätte helfen können. Da es damals noch kein Internet gab, konnte sie auch niemand über Skype beraten. In unserem Büro in Pasadena kamen Faxe und Aerogramme an, die die Kämpfe unserer jungen Mitarbeiter zeigten.

Als wir eines Tages wieder einmal den Bericht eines Teamleiters vom Besuch des Geheimdienstes oder einem abgelehnten Visum lasen, fragte Sally mich mit einem schmerzlich verzogenen Gesicht: „Warum investieren wir unser Leben, um Leute in Schwierigkeiten zu bringen?" Ich war erst einmal still. Es stimmte. Wir drängten unsere Leute dazu, hohe Risiken auf sich zu nehmen. „Vielleicht weil wir wirklich glauben, dass das Gottes Idee ist", sagte ich zu ihr. Dieser Gedanke beruhigte meine eigenen Zweifel.

Trotzdem war mir klar, dass wir Coaches und pastorale Fürsorge für unsere Neulinge brauchten. Als ich nach Gottes Antwort suchte, verstand ich, dass er tatsächlich nur eine Armee hatte, um den Missionsbefehl zu erfüllen. Warum sollte ich nicht meine Freunde in anderen Werken bitten, Begleiter für unsere „Frischlinge" zu sein, bis sie genügend Erfahrung gesammelt hatten, um einander helfen zu können? Ich bin mir sicher, dass einer oder zwei gerne angemerkt hätten: „Hab ich's dir nicht gesagt?" Aber insgesamt war die Reaktion der erfahrenen Diener Gottes sehr erfreulich und gefiel Gott ganz bestimmt ausgesprochen gut.

Es ist keine Übertreibung, wenn ich sage, dass Frontiers in jenen Tagen von der Hand in den Mund lebte. Aber wann immer das „Öl der Witwe" versiegte, rettete uns der Herr – einmal mit 10.000 Dollar von Campus für Christus, in anderen Situationen mit großen Gaben unsere Freunde. George Verwer hatte in England eine Buchladen-Kette gegründet, die OM in Indien unterstützte. Ich betete, dass einige Geschäftsleute ein Unternehmen gründen würden, um Frontiers zu unterstützen. Aber das geschah nicht.

Wir hatten gehofft, nach unseren ersten zwei Jahren 100 Erwachsene in den Einsatzländern zu haben. Ungefähr 70 befanden sich auf muslimischem Boden. Deshalb brachte Bob Sjogren unsere Bemühungen, neue Mitarbeiter zu finden, auf Touren. Er stellte zwei Teams junger Leute zusammen, die bereit waren, mit verschiedenen Organisationen ins Ausland zu gehen. Er stellte den Teams je einen Minibus zur Verfügung und schickte sie an verschiedene Unis in den USA, um Studenten herauszufordern: „Kommt mit uns, um die unerreichten Völker dieser Welt zu erreichen!" Es war eine brillante Strategie, Absolventen der letzten Jahre einzusetzen, um andere junge Leute in unsere Reihen zu rufen. Nach einigen Jahren übergab Frontiers die inzwischen fünf Kleinbusse an Caleb Project. Dort dienten sie Teams zur Mobilisierung von Studenten, die jeweils aus Kandidaten fünf verschiedener Missionen bestanden.

Wir wollten, dass Gemeinden und angehende Missionare uns auf ihre Liste der wichtigsten Werke setzten. Die Botschaft, die wir verbreiten wollten, war: „Wenn du an Muslime denkst, denk an Frontiers!" Wir betonten sogar Nehemia 9,22a und hoben dabei das Wort „Frontiers" besonders hervor: „Du gabst ihnen Königreiche und Nationen, teiltest ihnen sogar die fernsten *Grenzen zu*[3]."

Dass wir unser Büro in Kalifornien hatten, brachte Vor- und Nachteile mit sich. Kalifornien ist kreativ (im Guten wie im Bösen), aber es vermittelte nicht unbedingt die Eigenschaften „solide, verantwortungsbewusst und vertrauenswürdig". Mit Bob Sjogren und einigen anderen eröffneten wir ein zweites Büro in Columbus, Ohio, dem Herzen Amerikas. Von Pasadena und Columbus aus setzten wir unsere intensive Kampagne fort. Wir wollten die Gemeinde Jesu in Amerika herausfordern, sich auf Gottes Verheißung zu konzentrieren, dass die Nachricht von Jesus *allen* Völkern gilt. In den ersten Jahren verkündeten Poster und Aufkleber: „Muslime – jetzt ist *ihre Zeit*!"[4] Die Botschaft kam an. In 30 Jahren wuchs Frontiers von 40 Erwachsenen auf 1.300.

Vor Kurzem sprudelte es mir gegenüber aus einem verstörten College-Studenten heraus: „Ich weiß nicht, ob Gott mich in die isla-

---

3 Nach der New International Version: „You gave them kingdoms and nations, allotting to them even the remotest frontiers."

4 Das Original „Muslims – It's their turn" hört sich natürlich griffiger an als die deutsche Übertragung.

mische Welt ruft, oder ob ich nur auf den Gruppendruck reagiere.“ Eine andere junge Frau fragte sich, ob ihr Interesse an Muslimen einfach daher käme, dass es „angesagt“ sei.

Muslime? Angesagt? Gruppendruck, in die islamische Welt zu gehen? Ihre Bemerkungen verblüfften mich und öffneten meine Augen dafür, wie der Herr der Ernte Arbeiter aussendet. Als wir Frontiers gründeten, schienen die Menschen sich der Existenz von Muslimen kaum bewusst zu sein. Ihnen war nicht klar, dass etwa ein Fünftel der Männer, Frauen und Kinder auf dieser Erde eingeimpft bekommen, dass Jesus nicht am Kreuz gestorben ist und dass die Bibel nicht Gottes Wort ist. Aber die Zeiten haben sich geändert, und das wachsende Interesse der Gemeinde Jesu, Muslime mit der guten Nachricht von Jesus als Retter bekannt zu machen, erstaunt mich weiterhin.

1984 gab es bei *Urbana* (der Studenten-Missions-Konferenz der *InterVarsity Christian Fellowship*) 29 Seminare und Arbeitsgruppen mit dem Schwerpunkt, wie wir Muslimen das Evangelium bringen können. Fast alle waren bis zum Überlaufen gefüllt. Missionswerke, die nicht unter Muslimen arbeiteten, empfanden zunehmenden Druck, sich auch zu beteiligen. Der Mitarbeiter einer Mission beschwerte sich, dass die Teilnehmer das Interesse am Gespräch verlören, sobald sie herausfanden, dass ihr Werk nicht unter Muslimen arbeitete!

War es möglich, dass Gott vorhatte, in den folgenden zwanzig Jahren Zehntausenden von Muslimen die Augen für Jesus als den Weg, die Wahrheit und das Leben zu öffnen? Bereitete er seine Gemeinde auf eine Ernte vor, die sich niemand früher hätte vorstellen können? Würde die Gemeinde Jesu bereit sein, eine ganze Generation neuer Pioniere zu unterstützen, die Gott jetzt berief? Ich war mir sicher, dass wir unsere Organisationen umstrukturieren mussten. Sonst würden wir die Menschen, die bereit wurden, Muslimen zu dienen, nicht senden und vor Ort halten können.

KAPITEL 24

Panikattacke

Als Frontiers fünf Jahre alt wurde, war ich als Redner für die Missionswoche am *Prairie Bible Institute* in Alberta, Kanada. In der Woche darauf sollte ich das Ganze am *Briercrest College* in Saskatchewan wiederholen. Die Anzahl unserer Teams wuchs so schnell, dass ich nicht mehr wusste, wie ich sie alle im Blick behalten konnte. Meine Mutter war gerade bei uns eingezogen, weil sie mit Lungen- und Knochenkrebs im Sterben lag. Sally hatte ich in Pasadena zurückgelassen, um für sie zu sorgen. Evan, David und Paul schienen an unterschiedlichen Fronten ihre Kämpfe zu haben, aber mir war nicht klar, wie ich für sie „da sein" konnte. Um noch einen draufzusetzen, versuchte Paul uns zu überreden, seinen afro-amerikanischen Freund Shadow X zu adoptieren, der von zu Hause rausgeflogen war.

Während der Woche in Alberta übermannte mich plötzlich eine Panikattacke. Ich wollte nur noch weglaufen. Wie konnte ich aus dem ländlichen Alberta nach Tahiti kommen, ohne jemanden zu sehen oder zu sprechen? Direkt nach meinen Vorträgen verschwand ich in meinem Gästezimmer. Vielleicht konnte ich die zwei Tage am *Prairie* noch schaffen, aber es war undenkbar für mich, am *Briercrest College* weiterzumachen. Ich bat jemanden, dort anzurufen und mich mit der Begründung zu entschuldigen, dass meine Mutter im Sterben lag.

Vom *Prairie Bible Institute* in Kanada kroch ich wie ein begossener Pudel zurück nach Pasadena. Greg Livingstone war gelähmt; ich lief wie im Koma herum. Ich konnte es nicht ertragen, einen Brief zu sehen oder einen Anruf entgegenzunehmen. Ich fühlte mich, als wäre ich einen Ultra-Marathon von Spanien nach Indien nach Europa in den Libanon nach Toronto auf die *Logos* von OM nach Aspen nach Philadelphia nach Pasadena gelaufen – 26 Jahre ohne Unterbrechung. Ich konnte nicht mehr weiterlaufen. Jeden Tag grübelte ich: „Wie wenig kann ich heute tun und damit ungeschoren davonkommen?"

Wenn ich bei Veranstaltungen sprach, spulte ich wie ein Politiker im Wahlkampf roboterähnlich meinen Vortrag herunter. Die Sehnsucht nach dem Alleinsein war unbändig. Ich wollte nicht einmal Freunde treffen. Ich war ängstlich, wütend, schnell gereizt und deprimiert. Ich beschuldigte andere und stellte mich selbst so dar, dass ich mich nicht blamierte. Ich machte mir Sorgen, dass ich auf dem besten Weg war, ein weiterer „netter alter Junge" zu werden, der immer beschäftigt war, aber nichts bewirkte. Mir wurde bewusst, wie wenig ich tatsächlich in einer konkreten Woche schaffte. Ein Mangel an Ergebnissen meiner Arbeit war und ist für mich ein schlimmeres Schicksal als der Tod.

Sally, meine sterbende Mutter und all die Mitarbeiter an vielen Stellen der Erde und in unserem Büro erwarteten etwas von mir. Ich brach unter dem Gewicht zusammen. In meiner furchtbaren Angst schrie ich zu Gott. Ich schrieb eine Botschaft an Tim Lewis in Marokko: „Du musst nach Hause kommen! Ich kann nicht die ganze Mission allein bewältigen. Ich muss eine Pause einlegen. Vielleicht habe ich schon einen richtigen Zusammenbruch!"

Unser neuer Geschäftsführer Keith Butler war mit meiner Entscheidung einverstanden, Tim nach Hause zu rufen. Dann begann eine ganze Gruppe von Männern, mich mit ihrer Fürsorge zu umgeben. Bill Thrall ließ seine Verpflichtungen als Pastor in Phoenix stehen und liegen und kam, um neben mir zu sitzen. Harry Evans, der früher Präsident eines Colleges gewesen war, verstand, was ich durchmachte. Er organisierte eine Gruppe von Männern der *Pasadena Covenant Church*, um mich zu unterstützen. Gary Taylor und Bob Sjogren standen neben mir wie die Leibwache des Präsidenten – perplex, aber bereit, sich in die Schusslinie zu werfen. Tim und Becky Lewis hatten gerade ihr viertes Kind bekommen. Aber als ich sie bat zurückzukommen, packten sie schnell die Sachen in ihrem Zuhause in Marokko zusammen und stellten sie für die drei Monate unter, die sie weg zu sein erwarteten. Tim reiste mit den drei älteren Kindern in die USA und ließ Becky zurück, um noch einen Pass für den neugeborenen Jungen zu beantragen und dann nach Pasadena nachzukommen. Dann wurde klar, dass Tim die Rolle des Felddirektors langfristig würde übernehmen müssen. Deshalb teilten sie ihr riesiges Team in fünf kleinere Teams, die sich auf unterschiedliche Stammesgruppen konzentrieren konnten, und schlossen sich unserem internationalen Leiterschafts-Team an.

Kaum vorzustellen, wie beschämt ich war. „Einschränkung" kam in meinem Wortschatz nicht vor. Aber mein Bollwerk war zerbröckelt. Ich hatte Rückzug, Konsolidierung und den Blick nach innen immer abgelehnt. Aber dieses Mal konnte ich mir selbst die Angst nicht mehr nehmen.

Im Rückblick sehe ich, wie unser weiser Gott eine Kette von Ereignissen gebrauchte, die zu einer Neustrukturierung führte. Dadurch wurde eine bessere pastorale Fürsorge bei Frontiers möglich. Es fühlte sich ein bisschen an wie die Geschichte von Mose, dem Gott eine Gruppe von Ältesten zur Seite stellte, die bei weniger wichtigen Anliegen vermitteln konnten.

Sally brauchte mich auf ihrer eigenen Reise durch die dunkle Nacht wiederkehrender Depression an ihrer Seite. Ich hatte kaum Möglichkeiten, ihr zu helfen. Aber die Entlastung von meiner erdrückenden (wenn auch selbst verschuldeten) Arbeitslast versetzte mich zumindest in die Lage, in ihrer Nähe zu sein und ihr zu geben, was ich zu geben übrig hatte.

Der Herr sprach zu mir durch eine Reihe von Abschnitten aus der Bibel:

> *Kommt her zu mir, alle, die ihr mühselig und beladen seid (die ihr bis zur Erschöpfung arbeitet, euch abmüht, ausholt und den Ball nicht trefft, zu kämpfen habt und euch quält – ich war wohl nicht der erste Patient des größten Arztes!); ich will euch erquicken.*

Matthäus 11,28

Wenn ihr umkehrtet und stille bliebet, so würde euch geholfen; durch Stillesein und Hoffen würdet ihr stark sein.

Jesaja 30,15

Ich liebe den HERRN, denn er hört die Stimme meines Flehens. Er neigte sein Ohr zu mir; darum will ich mein Leben lang ihn anrufen.

Psalm 116,1-2

Der HERR ist gnädig und gerecht, und unser Gott ist barmherzig. Der HERR behütet die Unmündigen; wenn ich schwach bin, so hilft er mir. Sei nun wieder zufrieden, meine Seele; denn der HERR tut dir Gutes.

Psalm 116,5-7

Pastor Thrall half mir, unsere nächsten Schritte durchzudenken, um zerstörerische Gerüchte zu vermeiden und einen klaren Plan zu fassen. Er riet mir, mich vor einer Überreaktion zu hüten, mit der ich mich selbst in die Ecke treiben würde. Sally und ich sollten uns einer Gruppe mit einigen Leuten anschließen, die als unsere wichtigsten Berater unseren Zustand im Blick behalten konnten. Aber zuerst sollten wir eine wirklich ruhige Zeit der Erholung einlegen. Und dann sollten wir einen Plan machen, wie wir unser Leben anders gestalten und „die Maschine neu verdrahten" konnten, damit sich die Batterien nicht wieder völlig entladen würden.

Mit zweihundert Erwachsenen, einhundert Kindern und einem Budget von mehr als zwei Millionen Dollar musste Frontiers neu organisiert werden. Thrall beriet sich mit anderen und schlug vor, dass ich die Frontiers-Familie über die nötige Veränderung informierte – und wie einzelne Aufgaben gehandhabt würden.

Die Ankunft von Tim und Becky war keine Enttäuschung. Als begabter Administrator setzte Tim Thralls Empfehlungen um. Seine großartige Leiterschaft führte dazu, dass er dann Felddirektor und später stellvertretender Generaldirektor wurde.

Da ich nun sicher sein konnte, dass Tim und die anderen Frontiers auf Kurs halten würden, zog ich mich nach Ventura zurück, meinem „Bethel“. Dort kritzelte ich meine Gedanken in ein Tagebuch:

10. Mai 1986

Ich muss die Kunst der „Minuten-Urlaube“ erlernen – langsam zu machen, um eine Blume zu bestaunen, mit einem Freund zu plaudern, einen Hund zu streicheln, ein Kind anzulächeln, ein paar Seiten in einem guten Buch zu lesen.

Ich brauche mehr Zeit, um nachzusinnen, abzuwägen und die Kameradschaft mit Gott zu genießen. Sieben Minuten in der Badewanne, um die Befehle meines Kommandanten für die Woche zu empfangen, sind keine erneuernde Anbetung. Ich sehne mich nach einem einfacheren Leben ohne ein Haus und ein Grundstück, das erhalten werden muss – und ohne Leute, in deren Zeitplan ich jede wache Stunde meines Tages passen soll.

Ich verbringe neunzig Stunden (vielleicht einhundert, wenn ich manche geistigen Aktivitäten dazurechne) meiner einhundertzwölf Stunden pro Woche, die ich wach bin, damit, mich an andere anzupassen, ihren Nöten zu begegnen – oder dem, was ich als ihre Nöte und Erwartungen wahrnehme. Wie bei meinem nur sehr seltenen Golfspiel, kommen meine Sehnsüchte auch sonst bei mir permanent zu kurz.

Wenn ich sagen sollte, welche Note die Teamleiter mir wohl geben würden, wäre es eine Drei oder eine Vier. Tournier bezeichnet das als „das Syndrom des benachteiligten Kindes“. Es wird entweder bitter oder der Stellvertreter des Heilands persönlich. Ich war vom ersten ins zweite Extrem verfallen.

Mit welchen „müsste“ und „sollte“ lebe ich?

Ich muss der Schrittmacher für alle Mitarbeiter von Frontiers sein.

Unsere Mitarbeiter müssen die Schrittmacher für andere „Schwäne“ sein und zeigen, wie man Dinge besser machen kann.

Denen die denken, dass wir mit der Arbeit unter Muslimen Zeit und Geld verschwenden, müssen wir zeigen, dass es zu schaffen ist.

Ich muss dafür sorgen, dass die Teamleiter glücklich sind und sich im Blick auf ihr Team gut fühlen.

Ich muss dafür sorgen, dass Frontiers effizient bleibt und tatsächlich Frucht bringt.

Wir werden ein neues Kapitel in der Kirchengeschichte schreiben. Wir werden im Glauben etwas erwarten, was unter Muslimen noch nie passiert ist.

Wir müssen darauf hinarbeiten, dass mehr als zweihundert lebensfähige Gemeinden aus ehemaligen Muslimen entstehen, wo es heute noch keine gibt – ausschließlich da, wo es nicht erlaubt ist.

Wir haben angekündigt, dass wir diesen Turm bauen werden. Was, wenn wir es nicht schaffen? (Lukas 14,28-30).

Von der Erkenntnis her könnte ich Versagen ohne große Verlegenheit erklären. Aber tief innen werde ich Versagen, verpasste Gelegenheiten oder einen Mangel an Produktivität bei Kollegen auf keinen Fall akzeptieren. Aufgeben ist ein unerträglicher Gedanke.

Zusammen mit dieser unmöglichen Liste des „zu erledigen" kämpfte ich mit der Angst, dass die Zeit mir davonlief, um die Aufgabe noch zu erfüllen. Ich stellte mir die Zukunft vor, wenn meine geistigen Fähigkeiten in ihrer Schärfe nachlassen würden. Wenn ich meinen sechzigsten Geburtstag als Fixpunkt nahm, hatte ich nur noch zwölf Jahre, um einen bleibenden und geschichtlich bedeutenden Beitrag zu leisten. Ich empfand es als meine Aufgabe, uns so weit in Richtung Ziel zu bringen, dass Frontiers genügend Eigendynamik haben würde, um die Aufgabe zu vollenden. Ich hatte Angst davor, dass wir uns mit einer ansehnlichen Leistung zufriedengeben und nur wenig bleibende Frucht hinterlassen würden. Die Möglichkeit, Mission „zu spielen", verfolgte mich.

Auch wenn andere das Gegenteil betonten, hatte ich den Eindruck, in einer Woche oder einem Monat sehr wenig zu schaffen. Ich hatte Angst, dass Sallys Bedürfnisse für mich oberste Priorität haben müssten. Aber wenn sie an erster Stelle stünde, würde mich das davon abhalten, zur passenden Zeit da zu sein, wo ich meinte sein zu sollen.

Mir war natürlich schon bewusst, dass es nicht Gottes Idee war, dass ich Jimmy Carter im Präsidentschaftswahlkampf nachahmte: acht Stationen an einem Tag, verzweifelt auf der Suche nach Wählerstimmen, immer am Händeschütteln, ohne wirklich mit den Leuten in Kontakt zu treten. Zu anderen Zeiten fühlte ich mich, als wäre ich schon gewählt worden, stünde aber jetzt unter dem Druck, meine Wahlversprechen zu erfüllen.

Weitere Auszüge aus meinem Tagebuch in Ventura:

> *Chuck Colson sagt: „Hüte dich vor dem Bestreben, die Nummer eins zu sein – es ist zerstörerisch. Bringe dein Leben nicht damit zu, Stimmen zu sammeln und täglich die Umfragewerte zu überprüfen, um deine Popularität als Leiter zu messen!" Aber ganz ehrlich, ich bin hungrig nach Anerkennung. Ich bin immer noch das kleine Kind in La Jolla, das alles daransetzt, dass irgendjemand es beachtet – um Bestätigung und Annahme zu bekommen. Deshalb brauche ich es, dass Sally immer und immer wieder sagt: „Ich liebe dich!"*

Das erreichte ich damals bei OM. Ich wurde jemand für meine Freunde und arbeitete rund um die Uhr, damit ich nicht aus der Spielerliste der *Little League* gestrichen wurde. Ich prahlte, weil ich niemanden sonst hatte, der laut gesagt hätte, dass er stolz auf mich ist.

Während ich das jetzt schreibe, ist mir bewusst, dass viele mich schätzen; einige halten mich hoch in Ehren und schauen zu mir auf. Das Wheaton College und *Missio Nexus* haben mir Auszeichnungen der Anerkennung verliehen und mich einen der wichtigsten Leiter in der Missionswelt unserer Tage genannt. Trotzdem musste ich mir selbst erlauben, mit dem Versuch aufzuhören, „Wahlen zu gewinnen" und mich stattdessen darauf zu konzentrieren, *einem einzigen* Zuschauer zu gefallen.

Die meisten meiner Jahre habe ich damit zugebracht, mich in zwei Richtungen schuldig zu fühlen: dass ich nicht mehr erreiche und dass ich nicht mal langsam mache, um an Rosen zu riechen. Ich kann mich ein bisschen mit dem identifizieren, was Paulus im 2. Korintherbrief schreibt. Auf der einen Seite musste er Missverständnisse aus dem Weg räumen, auf der anderen Seite war es ihm peinlich, sich zu rühmen.

Durch die Gemeinschaft der Gruppe von Brüdern, die mich umgaben, klang die Panik schließlich ab. Über die Jahre kroch sie immer mal wieder in mein Herz zurück. Aber sie hat mich nie wieder so vollständig dominiert wie 1988. Ich bekam dann Angst, dass Teammitglieder unsere finanziellen Regelungen ablehnen würden oder einige Teams den Eindruck bekämen, sie bräuchten Frontiers nicht. Aber schlussendlich kam ich immer an den Punkt, wo ich sagen konnte: „Was soll's, wenn sie nicht unter der Flagge von Frontiers arbeiten?"

Ich hatte viele Ängste: die Erwartungen anderer nicht zu erfüllen, abgelehnt zu werden, im Stich gelassen zu werden, von meinen Kollegen abgewertet zu werden, nicht die passend begabten Leute an die richtigen Stellen setzen zu können und an meinen Söhnen zu versagen. Aber im Laufe der Jahre habe ich die gute Angewohnheit entwickelt, meine Ängste zu meinem Meister, dem Herrn Jesus zu bringen. Und er gibt mir, seinem Kleinkind, immer ein verständnisvolles Lächeln und eine Umarmung.

Ich bin mir nicht sicher, warum ich dachte, ich sollte einen Doktortitel erwerben. Schließlich hatte ich mich gerade der Situation stellen müssen, überfordert zu sein. Und zwar derart, dass ich Tim und Becky Lewis von Marokko zurückholen und jemanden als Direktor des US-Büros einsetzen musste, um das Team in der Heimat zu leiten. Zusätzlich beschwerten sich Teams, dass ich sie noch nie besucht hatte.

Sollten sich überarbeitete, überforderte Leiter schnell wachsender Organisationen an eine Doktorarbeit machen? (Die Tatsache, dass ich nicht sah, wie irrwitzig diese Idee war, bestätigt wieder einmal die Wahrheit der Aussage meiner Pflegemutter Ruth Ringle: „Wenn Gott Greg gebrauchen kann, kann er jeden gebrauchen!")

Zumindest kämpfte ich mit mir selbst: „Geht es hier um mein Ego? Liegt es daran, dass so viele der Leiter, die ich kenne, einen Doktor machen?" An der Biola-Universität, die mit dem Auto 45 Minuten von uns entfernt war, sollte ein Doktoralprogramm in Missiologie entstehen. Dafür wollten sie unbedingt jemanden mit einem „bekannten Namen" in der Missionswelt und boten mir deshalb ein volles Stipendium an. War das Grund genug für mich, es anzugehen?

Trotz meiner Zweifel sagte ich mir, dass ich im Blick auf die besten Denkansätze und praktischen Arbeitsweisen auf dem Laufenden sein musste. Ich wollte darin Vorreiter sein, mein Verständnis davon weiterzuentwickeln, wie zweihundert Gemeindegründungsteams bleibende Frucht unter unberührten Muslimen hinterlassen konnten. Eine Promotion würde mich dazu zwingen, darüber zu lesen und nachzudenken, womit ich mich als vorbildlicher Leiter auf unserem Einsatzgebiet auseinandersetzen musste. Es ist schon seltsam, dass wir Universitäten dafür bezahlen, dass sie uns dazu zwingen, das zu studieren, was wir sowieso studieren sollten. Aber wir nehmen uns dafür keine Zeit, wenn uns nicht Professoren mit ihren Abgabefristen dazu zwingen.

Als Voraussetzung für ein Aufbaustudium musste man nach den offiziellen Regeln in Biola einen *Master of Divinity* vorweisen. Ich hatte nur einen *Master of Arts* von ihrer älteren und höher geschätzten „Schwester" Wheaton College. Außerdem verlangten sie normalerweise, dass man als Student im interkulturellen Bereich in einer weiteren Sprache außer Englisch arbeiten konnte. Ich bat dringend darum, dass meine 25 Jahre im Umgang mit anderen Kulturen (und meine Bemühungen, Französisch, Deutsch, Spanisch, Flämisch, Arabisch, Hindi und Urdu zu lernen) auch zählen sollten! Der Lehrkörper in Biola fand allerdings beeindruckender, dass ich an der *Near East School of Theology* in Beirut drei Semester Islamwissenschaften studiert hatte – unter namhaften Wissenschaftlern, zu denen auch Kenneth Cragg gehörte. (Allerdings verschwieg ich, dass ich von Craggs Vorlesungen kaum einen Satz verstanden hatte.) Trotz meiner Defizite entschied der Doktorandenausschuss von Biola sich dafür, mich zum Studium zuzulassen – mit einer Mehrheit von fünf zu vier.

Meine erste Hürde war Anthropologie. Warum hatten wir als OM-er dieses grundlegende Fach völlig missachtet? Meine Professoren waren ausgesprochen geduldig mit diesem Missionsleiter, der sich neben seiner Vollzeitstelle dazu zwingen musste, den Unterschied zwischen matrilinearen und patrilinearen Kulturen zu verstehen.

Viele Anforderungen meines Doktoralprogramms schienen mir unbedeutend oder einfach Fleißarbeit zu sein. Eines Tages regte ich mich lautstark über etwas auf, was ich als alberne Einzelheiten ansah. Ein Mitstudent, der Mitglied der Navigatoren war, sah mir in die Augen und flüsterte: „Greg, das ist *ihr* Spielplatz." In meiner gedanklichen Spur unterbrochen, starrte ich Jack an. Mir wurde plötzlich klar, dass man annehmen muss, was ein Programm fordert, wenn man etwas will, was es bietet. Voller Wertschätzung sagte ich: „Danke, Jack! Das habe ich gebraucht. Aber was ist jetzt der kürzeste Weg von hier zur Absolvierung?" Ich regte mich nie wieder über ihre „Reifen, durch die wir springen sollten" auf. (Allerdings war es hilfreich, dass ich ein einfühlsames Prüfungskomitee hatte.)

Meine Assistentin Ginny Williamson, schon über sechzig, tippte unermüdlich meine Dissertation und entzifferte meine Notizbücher, die ich normalerweise unterwegs in Flugzeugen vollgekritzelt hatte. Als ich 1990 meinen Doktortitel bekam, bestand ich darauf, dass sie mit mir auf dem Foto von meiner Absolvierung war.

Während ich an meiner Dissertation arbeitete, konnte ich durch meine Position als Vorstandsvorsitzender der *William Carey International University* zeitweise einen großen leer stehenden Klassenraum nutzen. Ich füllte ihn mit Kisten, die jeweils meine Forschung zu einem bestimmten Thema enthielten. Nach meiner Absolvierung war ich nicht erpicht darauf, dass all die Arbeit einfach in einem Regal der Universität stehen blieb. Deshalb war ich sehr dankbar, dass der Inhalt 1993 als allgemeinverständliches Buch unter dem Titel *Planting Churches in Muslim Cities: A Team Approach*[1] herauskam. Zu meiner Verwunderung wurde das Buch in zwanzig Jahren dreizehnmal nachgedruckt.

1 Gemeindegründung in der islamischen Welt: Dynamik der Teamarbeit, Brunnen, 1996.

KAPITEL 25

Zwanzig Dollar

Meine Erfahrungen mit OM und der NAM hatten mich gelehrt, dass Werke mit Mitarbeitern aus verschiedenen Ländern sowohl Tiefgang als auch Spannungen erleben. Jede Nationalität bringt ihre Vor- und Nachteile mit. Die wichtige Frage, die es zu stellen galt, lautete: „Woher wird der Herr der Ernte neue Pioniere berufen, um Gemeinden in muslimischen Gebieten zu gründen?" Die Antwort war sicher nicht „nur aus den USA oder Großbritannien". Tatsächlich gibt es inzwischen mehr Missionare aus Südkorea als aus Großbritannien. Und auf die Bevölkerung bezogen hat Südkorea jetzt mehr Missionare außerhalb der Landesgrenzen als irgendein anderes Land der Welt.

Ich fragte mich, wie wir in Europa eine apostolisch begabte Person mit einem Anliegen für Muslime finden konnten. Also versuchte ich, das dynamischste Schweizer Ehepaar, das ich aus OM-Tagen noch kannte, Heinz und Anneliese Strupler, für die Mitarbeit zu gewinnen. Sie sahen sich nicht geführt, zu Frontiers zu kommen. Aber Heinz bestand darauf, dass einer seiner jungen Bibelschüler, der schon mit Muslimen arbeitete, genau der Richtige sei.

Anthony sah mit seinen 23 Jahren noch jünger aus, als er war. Bei unserem ersten Treffen konnte ich nichts Apostolisches an ihm feststellen. Ich ging zurück zu Heinz und fragte nach anderen Vorschlägen. Er schickte mich zurück zu Anthony. Ich unterzog ihn einem Test, bei dem ich mir sicher war, dass er durchfallen würde: „Komm zu dem Treffen unseres Internationalen Rates in Kalifornien", sagte ich ihm, „und dort werden wir weiterreden." Tim

Lewis, der das Treffen in jenem Jahr organisierte, konnte es nicht ausstehen, unnötig Geld auszugeben. Also hatten er und die anderen Organisatoren das rustikale Camp Colby in einem Wald bei Los Angeles für unser drittes Treffen des Internationalen Rates gewählt. Es war der schlechteste und primitivste Tagungsort, den wir für unser jährliches Treffen je benutzt haben. Aber Anthony kam.

Mein nächster Test war, dass ich ihm einen Zwanzig-Dollar-Schein in die Hand drückte, um damit unsere europäische Sendungsbasis zu beginnen. Er nahm ihn, ohne mit der Wimper zu zucken oder zu protestieren. Er und seine liebe Frau Karin gingen einfach an die Arbeit. Etliche Jahre später übergab er die Sendungsbasen in der Schweiz und in Deutschland in andere Hände. Bis dahin hatten sich fast zweihundert Schweizer und Deutsche Frontiers angeschlossen, um die Reichtümer Christi Muslimen in Afrika, Asien und Europa zu verkünden.

Unsere nächste Sendungsbasis entstand in Kanada. Ein Freund hatte mir gesagt, dass die meisten überkonfessionellen Missionswerke ihr Büro in Toronto hatten. Alle mussten Schlange stehen, um die Möglichkeit zu bekommen, in einer der örtlichen Kirchen und Gemeinden zu sprechen. Einige Gemeinden in Toronto hatten sogar entschieden, keine Missionsvertreter in ihren Gottesdiensten sprechen zu lassen, um niemanden zu bevorzugen. Die Botschaft war klar genug. Wir siedelten uns in Vancouver an.

Bob Granholm hatte durch die Straßenveranstaltung einer Schiffsmannschaft von OM als Hippie eine dramatische Bekehrung erlebt. Eine Sendungsbasis von Frontiers ohne Geld zu beginnen, schien ihn genauso wenig zu überfordern, wie es bei Anthony der Fall gewesen war. Er begann mit dem Büro in zwei Räumen der Zweigstelle von OM in Vancouver.

Was war mit Lateinamerika? Jeder schien zu sagen, dass die Zeit für den Globalen Süden gekommen sei, den Missionsbefehl zu befolgen. Einige frühere Kollegen bei OM motivierten Latinos, in die islamische Welt zu gehen. Wir beteten darum, Sendungsbasen in Zentral- und Südamerika aufbauen zu können.

Andrés, ein Absolvent der angesehenen *Johns Hopkins Medical School*, hätte in seiner Heimat Costa Rica ein „König" sein können. Stattdessen entschieden er und seine Frau sich, alles zu verlassen.

Nachdem sie dreizehn andere Latinos zur Mitarbeit gewonnen hatten, lebten sie in einem islamischen Land mitten im Bürgerkrieg. Gott gebrauchte sie dort, um neun Hauskirchen erretteter Muslime zu gründen.

In der Zwischenzeit hatte ich den Niederländer Jan Swart getroffen, der in Südamerika als Pilot mit der *Missionary Aviation Fellowship* gearbeitet hatte. Ich forderte ihn heraus: „Warum setzt du nicht dein Leben ein, um noch einmal als niederländischer Pionier in muslimischen Ländern zu arbeiten?" Als Erstes gewann er seinen Bruder Theo dafür, und dadurch begannen die Niederländer, sich uns anzuschließen.

Frontiers war ganz offensichtlich dabei, zu einer internationalen Gemeinschaft zu werden. Aber wir würden nicht als solche gedeihen, wenn wir unsere Zentrale in Kalifornien ließen. Außerdem war Wohnraum in Kalifornien zu teuer für das magere Spendenaufkommen unserer Mitarbeiter im Büro, die von der Hand in den Mund lebten. Also entschieden wir, eine US-Sendungsbasis und ein separates Internationales Büro zu gründen und baten um des Herrn Leitung, wo wir dies tun sollten.

Persönlich hätte ich unser internationales Hauptquartier gern in Bahrain gehabt – dem genauen Zentrum der Welt zwischen den USA und Neuseeland. „Warum sollten wir unser Leitungszentrum nicht direkt unter ihren Augen errichten?", überlegte ich. In einer Demonstration ihrer Unterwürfigkeit mir gegenüber entschieden sich die anderen Leiter neunzehn zu eins gegen Bahrain. Schlussendlich einigten wir uns darauf, dass London der „Nabel" der Welt für ein Werk war, das in Nordafrika, Südosteuropa, dem Nahen Osten und Asien arbeitete.

Ich bestand darauf, dass wir unser US-Büro nicht in eine Stadt verlegen sollten, in der es schon andere Missionswerke gab. Aber für welche Städte traf das zu? Letztlich blieben Minneapolis und Phoenix als Möglichkeiten übrig.

Meg Crossman, ein altgedienter Missionsaktivist in Phoenix, sammelte eine Gruppe von Missionspastoren der Stadt, um uns zu besuchen. Sie luden uns ein, unsere Büros nach Phoenix zu verlegen. Wäre eine Wüstenstadt nicht sehr passend für eine Mission unter Muslimen? Ich zögerte. Unsere Kollegen würden in der Welt herumfliegen müssen, und zu der Zeit gingen die einzigen internationalen Flüge von Phoenix aus nach Mexico. „Wie lange braucht ihr von Pasadena zum Flughafen nach Los Angeles?", fragten sie. „45 Minuten", lautete meine Antwort. „Genau wie wir", gaben sie triumphierend zurück. Da hatten sie recht. Flüge zwischen Phoenix und Los Angeles sind kaum in der Luft und setzen schon wieder zur Landung an. Es wäre nicht schlechter als von Pasadena aus.

Keith Butler war gerade rechtzeitig für den Umzug US-Direktor geworden. Er fand ein marodes Bank-Gebäude, das für 250.000 Dollar zum Verkauf stand. Freiwillige aus Gemeinden in Phoenix halfen uns bei der Renovierung. Noch wichtiger war, dass Gemeinden bereit waren, unsere Büromitarbeiter finanziell zu unterstützen.

In England war das Willkommen für eine neue Mission aus Kalifornien nicht so herzlich. Amerikaner waren an sich schon seltsam genug, aber die Briten schienen zu denken, dass Kalifornier „aus dem Land der Früchte und Nüsse" kamen. Wir erwogen, unser internationales Büro in der Nähe von London aufzubauen. Aber man riet mir dringend, erst einmal einen echten Engländer als Direktor für unsere britische Sendungsbasis zu finden, um für die Christen in England salonfähig zu sein. Der Herr erinnerte mich an jemanden, den ich während meiner Mitarbeit in der christlichen Studentengruppe an der Universität in Oxford kennengelernt hatte. Ich hatte ihn als Mitarbeiter für OM gewinnen können, und er hatte viele Jahre im Nahen Osten gearbeitet. Ich fand ihn wieder – dieses Mal im Keller der *European Christian Mission*, wo er Literatur für Albanien entwickelte. „Nein, es tut mir leid, aber es gibt kein Gehalt und auch kein Startkapital für den Aufbau einer britischen Sendungsbasis", gab ich ihm gegenüber zu. „Aber würdest du bitte trotzdem zu uns kommen?" Zusammen mit seiner visionären Frau war er einverstanden, das britische Frontiers-Büro zu gründen. Sie begannen damit in ihrem Wohnzimmer.

Zurück in Pasadena bekam ich einen neuen Auftrag. Ich sollte 150.000 Dollar auftreiben, um das internationale Büro nach England umziehen und die US-Sendungsbasis in Phoenix aufbauen zu können. Für mich als ziemlich kläglichen Fundraiser fühlte sich die Summe wie 150 Millionen an!

Ein Freund in Memphis versuchte, uns mit wohlhabenden Spendern bekannt zu machen. Er schämte sich wahrscheinlich, nachdem er mich den Leitern einer Stiftung vorgestellt hatte, die Missionswerke unterstützte. Als ich betonte, dass Gefängnis, Ausweisung und auch der Tod zu unserem Alltag im Dienst unter Muslimen gehörten, lehnten sie uns als unbesonnen ab.

Bei OM hatte George Verwer uns beigebracht, einfach für die Finanzen zu beten, die wir brauchten. Wenn ich Leute direkt fragen sollte, war es mir unangenehm peinlich. Aber zwei treue Brüder hielten mir im übertragenen Sinne die Pistole an den Kopf, bis ich anfing, potenzielle Spender anzurufen. Unser gnädiger Gott belohnte unseren Apell. Das Geld begann von unserer kleinen Liste von Freunden des Missionsbefehls hereinzukommen. Sogar Mitarbeiter des *US Center for World Mission*, die wir verlassen wollten, beteiligten sich.

Wo in Großbritannien sollten wir unser internationales Büro ansiedeln? Ich mochte eine Pferdefarm in Guildford, die zu verkaufen war. Es gab großartige Zugverbindungen in der Nähe, und die wichtigsten Flughäfen und London waren auch nicht weit weg. Unser neuer britischer Direktor sagte, das Gebiet sei zu nobel. Potenzielle Spender würden dadurch abgeschreckt. Außerdem teilte uns die Baubehörde in Guildford mit: „Sie können auf dem Anwesen Pferde züchten, aber keine Missionare."

Dann fanden wir das ideale Gebäude. Die Kinderhilfsorganisation *Bernardo's* verkaufte ein Waisenheim in der Londoner Innenstadt mit Büros, Küchen und Wohnungen. Es lag sogar direkt neben einem Bahnhof. Perfekt! Wir rasten mit einem Scheck nach London, um eine Anzahlung zu leisten. Die Verkäufer sagten uns, wir sollten am nächsten Tag wiederkommen. Als wir wieder dort waren, meinten sie, sie würden lieber (für weniger Geld) an andere Briten verkaufen. Ich war wütend und enttäuscht.

Als Nächstes hörten wir, dass die britische Mission WEC zwei dreistöckige Gebäude in London verkaufen wollten, die sie für ihre Radioarbeit nicht mehr brauchten. Wir sagten zu, sie zu kaufen. Sie überlegten es sich doch noch anders.

Die Nachricht von unserer Notlage verbreitete sich langsam unter den evangelikalen Missionswerken in Großbritannien. John

Bendor-Samuel, der internationale Direktor der Wycliffe Bibelübersetzer, rief mich an, um mir ein Angebot zu machen. Beim Bau der Autobahn M25 durch die britische Regierung hatte Wycliffe sein Anwesen im Südosten Londons dafür aufgeben müssen. Als Entschädigung bekam die Organisation die Gebäude einer Schule für behinderte Kinder aus der Zeit des Zweiten Weltkriegs, die während des Blitzangriffs der Deutschen aus London evakuiert worden war. Sie befand sich in einer winzigen Ortschaft namens *Horsleys Green* auf halbem Weg zwischen London und Oxford. Falls Frontiers einige der alten Gebäude zu Büros und Wohnungen umbauen wollte, würde Wycliffe die Ausgaben dafür auf die Miete anrechnen.

Ich war nicht begeistert. Ich bin ein Städter. Ich bin misstrauisch Kühen gegenüber. Sie lächeln nie. (Meiner Erfahrung nach gibt es ein Tier wie *Die Kuh, die lacht* nicht.) Mein Buch trug den Titel *Gemeindegründung in muslimischen Städten.* Das Wycliffe-Zentrum war in der Wildnis.

Trotzdem sah es danach aus, dass wir keine andere Wahl hatten. Außerdem passten die alten Gebäude aus Holz, die wie Baracken aussahen, zu dem militärischen Lebensstil, den Tim Lewis als unser stellvertretender Generaldirektor vertrat. Becky Lewis entwarf drei Wohnungen: eine für ihre Familie, eine für Darrel und Linda Dorr und eine gemütliche Drei-Zimmer-Wohnung für Sally und mich. Unsere schon erwachsenen Söhne wollten wir in den USA lassen.

Natürlich wusste Gott, dass sich das alles zu unserem Vorteil auswirken würde. Unsere Verbindung mit Wycliffe ließ britische Gemeinden annehmen, dass die neuen Amerikaner in Ordnung waren. Durch unsere rustikalen Büros war klar, dass wir bestimmt nicht die Amerikaner waren, die mit Geld nur so um sich werfen konnten. Während der nun folgenden zwanzig Jahre im Wycliffe-Zentrum waren wir immer gut mit Tagungsräumen für Konferenzen und Schulungen, Wohnungen und einem Speisesaal für unsere Mitarbeiter und Missionare auf Besuch versorgt – ohne dass wir uns um die Erhaltung und Reparaturen der Gebäude Sorgen machen mussten. Wir konnten durch die Miete auch ein befreundetes Werk in der Arbeit unter den Unerreichten unterstützen. Und unsere wachsende Beziehung trug dazu bei, dass Wycliffe immer mehr Bibelübersetzungen in den Sprachen muslimischer Völker herausgab.

Anfangs nahm ich nicht wahr, dass das Wycliffe-Zentrum nur gut zehn Minuten von High Wycombe entfernt liegt, das eine der höchsten Konzentrationen pakistanischer Muslime im Vereinigten Königreich hat. (Meine Kollegen vom Ausschuss für christlich-muslimische Beziehungen in High Wycombe schätzen, dass der Anteil der Muslime dort bis 2020 auf 25 Prozent anwachsen könnte.)

Vier Jahre lang genossen Sally und ich die Annehmlichkeit, im Wycliffe-Zentrum zwei Minuten vom Büro entfernt zu wohnen. Dann empfanden wir, dass wir in die Stadt ziehen sollten. Warum sollten wir auf einem Missionsgelände wohnen, wenn nicht weit davon 20.000 Muslime lebten, unter denen es keine bekannten Nachfolger unseres Erlösers gab? Wir merkten, dass Gott uns als Schrittmacher wollte, die Wege fanden, unter den Pakistanis in High Wycombe Jünger zu machen. Wir verkauften unser Haus in Kalifornien und bekamen genau so viel dafür, dass wir die geforderte Anzahlung für ein Haus machen konnten. Es lag knapp 50 Meter von einer Straße entfernt, die von den Briten „Khyber Pass“ genannt wurde.

Der Kauf eines Zuhauses in High Wycombe beschwor einen alten inneren Kampf wieder herauf: Sollte ich das verantwortungsvolle Haupt eines Haushalts sein oder ein Jünger, der alles um Christi willen verlässt? Über die Jahre trug mein mangelnder finanzieller Sachverstand dazu bei, dass ich mich als Ehemann unzulänglich fühlte. Tatsächlich scheine ich nicht viel von dem zu können, was ein „richtiger Mann“ so können sollte. Es gab nie einen Mann in meinem Leben, der mir beigebracht hätte, mit Werkzeug umzugehen oder etwas zu reparieren. Sobald ich mit sechzehn meinen Führerschein hatte, kaufte ich mir ein heruntergekommenes Ford Coupé Baujahr 1940. Aber ich bekam es nie zum Laufen. Bis heute weiß ich kaum, an welchem Ende man einen Hammer anfassen muss. Ich komme mit den drei Fernbedienungen fürs Fernsehen nicht zurecht. Auch für einfache Reparaturen im Haushalt brauche ich immer Hilfe. Bis heute nehme ich normalerweise Zuflucht zu einer Taktik von Tom Sawyer: „Hey, es würde dir sicher Spaß machen, mir beim Zusammenbau meines neuen Geräteschuppens zu helfen, oder?“ Damit kann ich meine Mitarbeiter nicht täuschen, aber sie kommen und tun es sowieso aus Liebe zu dem alten Mann.

Von allen Bereichen, in denen ich als „richtiger Mann“ versagte, machte mir meine Unfähigkeit im Bereich Finanzen am meisten aus. Vor ein paar Jahren war ich neidisch auf einen Bruder, der weise Investitionen getätigt hatte. Ich „brüllte“ den Herrn an: „Warum hast du mich nicht zu einem besseren Geschäftsmann gemacht?“ In einer dieser seltenen, fast hörbaren Antworten, sagte mein himmlischer Vater zu mir: „Habe ich für dich gesorgt?“ – „Ja, Herr!“ – „Gibt es weitere Fragen?“ – „Nein, Herr“, flüsterte ich kleinlaut.

KAPITEL 26

Die Felsen umschiffen

Manchmal hatten wir Angst, das Frontiers-Schiff könnte an Felsen zerschellen. Ich erinnerte mich, dass die Mannschaft des OM-Schiffes *Logos* ein paar Jahre zuvor von Bord gehen musste, weil sie an der Spitze Argentiniers auf Grund gelaufen war. Das war das Ende der *MV Logos*. Genauso müssen Gemeinden und Missionswerke wachsam sein, weil Satan versucht, ihre Leiter abzuschießen und die ganze Organisation in die Bedeutungslosigkeit zu versenken. Wir waren bei OM und der NAM ganz knapp daran vorbeigesegelt. Und auch als Frontiers waren wir nicht immun dagegen. 1993 wurde es für uns ganz knapp.

Keith Butlers Ankunft in unserem Büro in Pasadena war eine klare Antwort auf Gebet gewesen. Weil er bereit war, US-Direktor zu werden, hatte ich die Freiheit, mit dem internationalen Büro nach England zu ziehen. Unser Vorstandsvorsitzender war dagegen, dass ich das Land verließ, weil er davon ausging, dass wir dadurch weniger neue Mitarbeiter bekommen würden. Ich war nicht davon überzeugt, aber er behielt recht. Es war nicht Keiths Fehler, dass er nicht die Gabe besaß, neue Mitarbeiter zu gewinnen. Aber die Teilnehmerzahlen in unseren Kandidatenkursen schrumpften.

Die Leiter unseres Internationalen Rates waren besorgt. Als wir uns in Singapur trafen, hatten wir den Eindruck, dass der Herr Rick Love berief, sein Team in Indonesien zu verlassen und als US-Direktor von Frontiers weiterzumachen. Rick würde offensichtlich mit seiner Felderfahrung und seiner Fähigkeit, andere zu motivieren, dazu beitragen können, dass wir wieder wuchsen. Keith hatte mir schon früher gesagt, dass er jederzeit bereit war, seinen Platz zu räumen, wenn ich ihn mit jemandem ersetzen wollte, der für die Aufgabe besser geeignet sei. Aber die Feldleiter übersahen bei diesem Treffen in Singapur, die Entscheidung mit Keith und dem US-Vorstand zu besprechen. Verständlicherweise wollte der Vorstand in den USA keine Entscheidung anderer in einem Verantwortungsbereich akzeptieren, den er als den seinen ansah.

Als mir schließlich klar wurde, in was für einer misslichen Lage wir uns befanden, flog ich in die USA, um die Entscheidung des Internationalen Rates mit Keith, dem US-Vorstand und den Mitarbeitern zu besprechen. Aber trotz aller Versuche, unsere Sichtweisen in Einklang zu bringen, traten Keith und der gesamte Vorstand von Frontiers USA zurück.

Auch in dieser ernsten Situation konnte der Herr über mich lachen. Früher hatte ich ja den Ehrgeiz gehabt, es einmal auf das Titelblatt der Zeitschrift Time zu schaffen. Als ich anfing, Jesus zu folgen, „christianisierte" ich meinen Ehrgeiz etwas. Nun schaffte ich es tatsächlich in die Zeitschrift *Christianity Today*, wenn auch nicht auf die Titelseite und ganz sicher nicht aus den Gründen, die ich mir erhofft hatte. *Ein* Artikel der Zeitschrift berichtete über zwei Ereignisse. Ein Frontiers-Team in Kairo war mit dem Vorwurf festgenommen und ins Gefängnis gesteckt worden, sie hätten sich für Muslime ausgegeben (die Frauen hatten Kopftücher getragen). Und der gesamte Vorstand von Frontiers USA war zurückgetreten. Ich war zutiefst beschämt. Gedemütigt. In tiefster Verlegenheit. Ich mutmaßte, dass die Leser der Zeitschrift davon ausgehen würden, dass die Mitarbeiter von Frontiers nicht verantwortlich geleitet wurden. Und dass der Leiter der Mission in eine der drei größten Fallen getappt sein musste (Veruntreuung, sexuelle Sünde oder Irrlehre). Tatsächlich war der Vorstand zurückgetreten, weil ich versäumt hatte, eine wichtige Personalentscheidung mit ihnen abzusprechen.

Der Rücktritt des Vorstands bedeutete, dass Sally und ich in die USA zurückkehren mussten. Während ich die Position des Internationalen Direktors beibehielt, leitet ich übergangsweise auch das US-Büro, bis Rick Love diese Arbeit übernehmen konnte. Die Verantwortung für diese traurige Truppe von Mitarbeitern war kein Genuss. Nach ein paar Monaten überließen wir die US-Sendungsbasis und die Mitarbeiter dort Ricks fähigen Händen.

Schlussendlich konnte ich mich mit allen Vorstandsmitgliedern versöhnen, und alle bis auf einen stellten sich wieder voll hinter Frontiers. Keith und seine reizende Frau Dolores stehen der Frontiers-Familie wie auch Sally und mir nach wie vor sehr nah und unterstützen uns. Was für einen großartigen Gott haben wir, der Leute wie mich immer wieder aus dem Schlamassel holt, egal wie oft wir den Karren in den Dreck fahren.

Einige Jahre später schrieb Keith mir:

> *Zuerst einmal versichere ich Dir, Greg, dass Du in keiner Weise um Vergebung bitten musst. Mir ist schon vor langer Zeit klar geworden, dass Gott mich nur für eine bestimmte Zeit bei Frontiers haben wollte. Ich sehe Frontiers heute und danke Gott, dass er mich von dem Platz weggenommen hat. ... (Der momentane US-Direktor) ist ganz bestimmt besser für diese Arbeit geeignet als ich es war. Gott weiß, was er tut.*
>
> *In Sprüche 29,18 heißt es: „Wenn keine Vision da ist, geht ein Volk zugrunde." (Eigene Übertragung) Greg, Gott gab Dir eine Vision, Muslime zu erreichen und dazu auch Frontiers zu gründen. Meine Erfahrung zeigt jedoch, dass stark visionäre Leute wie Du die Unterstützung guter Leute in der Verwaltung brauchen. Da kam meine Begabung zum Tragen. Gott wollte, dass ich bei Frontiers eine Rolle spielte. Ich bin froh, dass ich sie übernehmen konnte und dadurch die Möglichkeit hatte, ein Teil dessen zu sein, was Gott unter Muslimen getan hat und tut.*

Gott hatte unser Schiff offensichtlich davor bewahrt, an den Felsen zu zerschellen.

Von Routine oder Langeweile konnte in meiner Arbeit als Internationaler Direktor von Frontiers keine Rede sein. Mal gab es eine finanzielle Krise in einer Sendungsbasis. Dann hatte ein Leiter keine Perspektive mehr – fühlte sich überflüssig oder abgelehnt oder hatte den Eindruck, dass Gott das Universum im Stich gelassen hätte. Mein Problem war, dass ich ein sehr lausiger Calvinist war.

Ich meine nicht, dass es lausig ist, Calvinist zu sein. Aber zu behaupten, man sei einer, und dann in Sorge und Angst zu leben, ist lausig; es bedeutet, die Tatsache der großen, alles bestimmenden und langfristigen Ziele Gottes zu verleugnen. Zu oft hatte ich den Eindruck, ich müsste in allen Situationen der jüngere Stellvertreter des Retters sein. Aber das steht im Widerspruch zu dem, was ich andere über Gottes wunderbare allumfassende Souveränität lehre. Es stimmt tatsächlich, dass alle Dinge sich für die zum Guten entwickeln, die Gott lieben und ihr Äußerstes tun, um seinen Willen zu erfüllen (Römer 8,28 nach meiner groben Übertragung).

Ich habe auch dabei versagt, ein guter Leiter für die Frauen bei Frontiers zu sein. Oft habe ich versäumt, die von ihnen geäußerten Bedenken als wichtig zu erkennen. Durch meine eigene Erfahrung hätte ich einfühlsam sein sollen. Ich kenne die Angst davor, dass mich jemand von dem abhalten will, was Gott nach meinem Empfinden durch mich tun möchte. Deshalb habe ich mich verpflichtet, keine meiner Schwestern davon abzuhalten, ihr ganzes Potenzial auszuleben. Und ich möchte allen die Möglichkeiten geben, dem Herrn ganz und gar in dem zu folgen, wie sie sich von ihm geführt sehen.

Nach dem Treffen unseres Internationalen Rates 1996 brach ich nach Mittel- und Südamerika auf. Es war an der Zeit, Leute aus der Karibik als Mitarbeiter zu gewinnen und als Internationaler Direktor unsere erste lateinamerikanische Sendungsbasis in San José, Costa Rica, zu besuchen. Meine Tagebücher offenbaren, dass ich unzählige Male gelobte, „zu reduzieren", um mehr Zeit zum Nachdenken zu haben oder längere Phasen im Gebet zu verbringen. Aber es gelang mir nicht. Es gab eine nicht enden wollende Zahl von Leuten, denen ich schreiben musste, festgefahrenen Situationen, die es zu reaktivieren galt, Schafen und Hirten, die Ermutigung brauchten, Gebetsbriefen zu lesen und durchzubeten. Ich kann nur hoffen, dass mein Herr über mich lächelte wie ein Papa, wenn sein Kleinkind einen viel zu schweren Gegenstand bewegen will.

Die Tragödien und Schwierigkeiten nahmen kein Ende. Ein Teamleiter in Pakistan erkrankte an Gehirnmalaria und starb innerhalb von drei Tagen. Ein anderer Bruder ertrank vor der Küste Nordafrikas. Die Mitarbeiter einer Sendungsbasis rebellierten gegen ihren Leiter. Die ersten drei Leiter einer anderen Sendungsbasis ließen uns nacheinander nach kurzer Zeit im Stich. In einem Land machte sich der Buchhalter mit dem größten Teil des Bankguthabens der Sendungsbasis aus dem Staub. Drei aufeinander folgende Leiter der mexikanischen Sendungsbasis gaben ihren Posten auf, um unter muslimischen Volksgruppen in Asien und Afrika zu arbeiten. Das war einerseits eine sehr positive Entwicklung, die aber andererseits auch Herausforderungen mit sich brachte.

Mir wurde klar, dass wir mehr Mitarbeiter im Internationalen Büro brauchten. Welche Art von Begleitung, Rechenschaft, pastoraler Begleitung und Leitung würde unsere Missionarsfamilie in die Lage versetzen, das Ziel sich vervielfältigender Gemeinden unter jeder muslimischen Volksgruppe zu erreichen? Egal wie viele talentierte Leiter sich uns anschlossen, ich wollte immer noch mehr Teams unter unberührten muslimischen Völkern sehen. Aber mir war auch klar, dass es letztlich kontraproduktiv wäre, nur zahlenmäßig zu wachsen und nicht auch in unserem Charakter Gott ähnlicher zu werden – ganz zu schweigen davon, dass wir dadurch das Ziel verfehlen würden, dem Herrn zu gefallen. Unsere Gemeinschaft von Pionieren konnte weiter vorangehen, weil Gott uns mit begabten Leitern beschenkte, die um mich waren. Es würde viele Seiten füllen, allen die Anerkennung zu geben, die sie verdienen. Aber ich möchte wenigstens ein Beispiel erwähnen.

Tim Lewis ist für mich immer wie Jonathan für David gewesen, seit wir 1980 begannen, den Weg gemeinsam zu gehen. (In jenem Jahr wurde Tims Schwiegervater Ralph Winter auch mein Tutor.) Mehr als dreißig Jahre lang ist Tim immer für mich *da* gewesen.

Zusammen „entwarfen“ wir NAM Associates, dann Frontiers. Ich war sein kritisches Gegenüber, als er eine verantwortungsvolle Position im *US Center for World Mission* einnahm. Dann war Tim bereit, der dritte Internationale Direktor von Frontiers zu werden. Niemand war darüber glücklicher als ich. In dieser Rolle erwartet Tim immer noch kritische Rückmeldungen von mir. Er ist selten davon überzeugt, dass meine Antworten die richtigen sind. Aber ich helfe ihm, Dinge durchzudenken, bis er die Antworten findet, die dann oft vom Herrn zu sein scheinen.

Wir beide leben auf eine ähnliche Art und Weise mit Gott. Wir mögen nicht so heilig klingen wie andere Leute. Jedenfalls sind wir beide allergisch gegen die Auffassung, wir seien mehr als nur Sünder, die sich abstrampeln – aber mit einer apostolischen Koste-es-was-es-wolle-Entschlossenheit. Wir sind uns auch einig, was Leiter betrifft. Leiter sind Menschen, denen andere in ein Wagnis folgen, das für sie selbst zu groß wäre. Leiter machen Dinge möglich im Blick auf ihr Ziel, das so wichtig ist, dass es auch Versagen auf dem Weg dorthin wert ist.

KAPITEL 27

Rücktritt

Als der Jahrtausendwechsel näher kam, machten sich viele um mich herum Sorgen über den möglichen weltweiten Zusammenbruch aufgrund eines Konstruktionsfehlers in Computersystemen. Währenddessen war ich überzeugt, dass ich mit der Vollendung meines sechzigsten Lebensjahres meinen Posten als Generaldirektor von Frontiers niederlegen sollte. Strategisch gesehen und gefühlsmäßig belastete mich die Frage, wer „mein Baby" in Zukunft leiten sollte, viel mehr als die Möglichkeit, es könne bei allen Computern dieser Welt am 31. Dezember um Mitternacht drunter und drüber gehen.

Als wir unsere Grundsätze für Frontiers entwarfen, hatten wir nicht an eine Regelung für einen Wechsel in der Leiterschaft gedacht. Niemand machte Andeutungen, dass ich weiterziehen sollte. Trotzdem empfand ich, dass die neue Generation von Missionaren einen jüngeren Leiter brauchte, der ihre Art zu denken und sich auszudrücken besser verstand.

Rick und Fran Love waren Gründungsmitglieder von Frontiers und nachahmenswerte Vorbilder. Sie waren einverstanden gewesen, dass Rick US-Direktor wurde und hatten dadurch Weitsicht und ihre Bereitschaft zur Teamarbeit bewiesen. Noch beeindruckender war, dass sie angesichts der Opposition des US-Vorstands nicht das Handtuch warfen. Rick schaffte es, die treuen, aber verletzten Mitarbeiter zu besänftigen, denen ihre Liebe zu den bisherigen Leitern Keith und Dolores Butler wichtiger war als ein schnelleres Wachstum. In den folgenden Jahren wuchs die Mitarbeiterschaft unter Ricks Leiterschaft zahlenmäßig, gewann aber auch an Tiefgang und Weisheit. Rick war auch erfolgreich darin gewesen, neue Spender zu gewinnen. Die Familie der Frontiers-Unterstützer wuchs während seiner Zeit als Direktor der US-Sendungsbasis erheblich.

Mein Studium der Geschichte verschiedener Missionswerke hatte mich davon überzeugt, dass es einen Faktor gab, der bei unserem Leiterwechsel wichtiger als alles andere war. Mein Nachfolger musste ein Visionär sein, der andere motivieren konnte, nicht ein Administrator.

Rick und ich bildeten eine Mini-Ausgabe von Mose und Josua. Rick fand einen christlichen Experten im Bereich Leiterschaft und gewann andere Missionsleiter dafür, uns durch die Stabübergabe zu begleiten. Führungskräfte anderer Missionen staunten über unseren Wechsel vom Gründer zum zweiten Gesamtleiter und sahen ihn als Vorbild dafür, wie solch eine Veränderung gestaltet werden sollte.

Darrell Dorr ist ein so zuverlässiger und genauer Geschichtsschreiber, wie man ihn sich als Gemeinschaft nur wünschen kann. Er schrieb eine sorgfältige und analytische Zusammenfassung unseres Wachwechsels:

> *Frontiers wuchs während der 90er-Jahre weiter und wurde ein Schrittmacher für andere Missionen: in seiner Haltung der Erwartung, in seiner Bereitschaft, den Teams Mut zum Experimentieren zu machen und in seiner Bereitwilligkeit, auch riskante Modelle des kontextualisierten Zeugnisses Muslimen gegenüber anzunehmen. Bei mehr als einer Gelegenheit merkte Livingstone an: „Ich musste Mitarbeiter gewinnen, um meine Schwächen auszugleichen. Deshalb ist Frontiers so groß!" Livingstone war immer bereit, Schwächen einzugestehen und seine Sünden zu bekennen. Diese Bereitschaft war teilweise durch seine Zeit bei OM genährt worden, wo ein zartes Herz und ein zerbrochener Geist des „Weges nach Golgatha"[1] hoch angesehene Werte waren. Und diese Bereitschaft war Teil dessen, was ihn für viele, die zu Frontiers kamen und mit ihm arbeiteten, so wertvoll machte (einschließlich des Schreibers dieser Zeilen)...*

1 Nach Roy Hession: *The Calvary Road.*

In einer internen Memo zum „Wachwechsel" schrieb Livingstone 1998: „Frontiers bewegt sich weg vom Gründer und Generaldirektor hin zu einer Gruppe von Hirten, die die Gesamtleitung des Werkes innehat." Er notierte eine Reihe von Kriterien (hauptsächlich Charaktereigenschaften und berufliche Fähigkeiten), die von der Gruppe der Hirten erwartet wurden, die unter seiner Ermutigung und Pflege herangewachsen waren: die „Aufseher" der Teamleiter, die sich in kleinen Gruppen gegenseitig coachten, „Meister des Gemeindebaus" und andere verantwortliche Leiter im Werk. Er notierte auch das Schema des Wachstums, das Frontiers erlebt hatte:

„Frontiers ist auf über 600 Erwachsene plus Kinder verteilt auf 38 Länder angewachsen. Über die letzten zehn Jahre hat Frontiers im Durchschnitt ein jährliches Netto-Wachstum zwischen 13 und 17 Prozent erlebt. Seit vier Jahren kommen viele der neuen Pioniermissionare aus Lateinamerika, Afrika und Asien."

Bis zu diesem Zeitpunkt war unter den Teamleitern, in den Sendungsbasen und im internationalen Hauptquartier von Frontiers eine ganze Anzahl von beachtenswerten Leitern herangewachsen. Bei der Wahl seines Nachfolgers als Generaldirektor hatte Livingstone eine Reihe von brauchbaren Möglichkeiten. Aber seine Präferenz war ganz klar Rick Love, der sich seit den ersten Tagen von Frontiers als Teamleiter in Pioniersituationen ausgezeichnet hatte...

Love war der Leiter bei Frontiers, der Livingstone im Temperament (extrovertiert, heiter) und in seiner Mischung an Gaben (Lehre, Ermahnung und Ermutigung) am ähnlichsten war. Was Livingstone manchmal (nur halb im Scherz) zu anderen sagte, traf besonders auf Love zu: „Was ich an dir mag, ist, dass du mich an mich erinnerst." Steffen (2002) hat angemerkt, dass Gründer sich oft Nachfolger suchen, die ihnen ähnlich sind...

Im Vorfeld der Internationalen Konferenz von Frontiers im August 2000 brachte die US-Sendungsbasis eine Ausgabe ihrer Zeitschrift „FrontLines" mit folgender Titelgeschichte heraus: „Dr. Greg Livingstone: Ein Vermächtnis der Demut." In dieser Geschichte bekam Livingstone eine weitere Möglichkeit, ein Lieblingszitat hervorzuholen und auszugestalten:

„Der Leiter ist jemand, der Mitarbeiter findet, um seine Schwächen auszugleichen. Deshalb ist Frontiers so groß. Ich habe so viele. Es versetzt mich immer wieder in Ehrfurcht, dass so hochwertige Leute sich mir in dieser großartigen Besessenheit angeschlossen haben... Gott hat uns trotz der Tatsache zusammengehalten, dass wir aus einer großen Bandbreite theologischer und kultureller Hintergründe kommen. Das hat mich immer am meisten begeistert, und wir gehen immer noch gemeinsam weiter und werden Gott ähnlicher."

Rick Love schrieb als „designierter Internationaler Direktor" einen Nebenartikel in derselben Zeitschrift und zollte darin auch selbst Livingstone seine Anerkennung. Ein Auszug daraus zeigt die weit verbreitete Zuneigung für den Gründer und auch seine Bereitschaft, die eigenen Schwächen anzuerkennen. Die Biografie hatte sich noch nicht in Hagiografie[2] *verwandelt:*

„Wegen Greg Livingstone werde ich nie wieder derselbe sein. Greg ist mehr als mein früherer Chef und Vorgänger. Er ist mein Mentor, enger Freund und Mitsoldat für das Kreuz. Er ist ein Onkel für meine Kinder und Liebhaber meines Herrn. Schwachheiten – ja! Versagen – ganz sicher! Aber wenn Greg sündigte, tat er schnell wieder Buße. Während des Internationalen Rates von Frontiers 1994 wurde Greg klar, dass die Haltung, die er ein Jahrzehnt lang an den Tag gelegt hatte (‚Wir können es in der muslimischen Welt schaffen!') unabsichtlich Stolz und Überheblichkeit unterstützt hatte. Er bekannte schnell seine Sünde und leitete unsere Teamleiter durch eine Zeit gemeinsamer Buße.

Gregs großartiger Sinn für Humor macht es schwer, ihm dauerhaft böse zu sein. Seine Liebe für die Frontiers-Familie und die Leidenschaft, mit der er nur das eine Ziel verfolgte, Muslime zu Jüngern zu machen, überwogen seine Fehler bei Weitem. Ich bin überglücklich, dass Greg weiter mit Frontiers seinen Dienst tun wird – als Coach und als ‚Katalysator'. Deshalb sagte er mir gleich nach meiner Bestimmung zum Internationalen Direktor: ‚Rick, ich möchte, dass du Frontiers so führst wie Josua das Volk, und ich möchte dein Kaleb sein.'

2 Darstellung des Lebens von Heiligen.

Das führt mich zu meinem letzten Punkt – Gregs Demut. Nur wenige Männer können eine Bewegung ins Leben rufen und dann nach einem Leiterwechsel eine neue Rolle übernehmen. Es ist nicht leicht, von Mose auf Kaleb umzuschalten. Deshalb braucht Greg Ihre Gebete. Beten Sie auch um Weisheit für Josua, wie er Kaleb einsetzen soll.“

... Als Livingstone den Staffelstab im August 2000 an Love weitergab, gehörten fast 600 Erwachsene in 109 Einsatzteams zu Frontiers, die in 39 Ländern arbeiteten und die Entstehung von Gemeinschaften aus ehemaligen Muslimen in 79 Volksgruppen unterstützten. 78 Gemeinden oder Gemeinschaften waren schon entstanden...

Nach der Übergabe legten Greg und Sally Livingstone 2000/2001 ein Sabbatjahr ein, währenddessen Greg auch lehrte und schrieb. Inzwischen leben sie in Malaysia. Von dort aus hat Greg als „Coach und Katalysator“ in verschiedenen kulturellen Gebieten gewirkt (wie es die Strategie von 1998 bis 2000 ursprünglich vorsah). Aber er wurde dort auch Teamleiter eines Frontiers-Gemeindegründungsteams. Also schreibt der frühere Generaldirektor jetzt über den Felddirektor, den er 1994 rekrutieren half, Berichte an seinen Nachfolger...

Aber hat Livingstone es seit August 2000 geschafft, sich nicht in die Geschäfte des neuen Generaldirektors einzumischen? Von Love kam ganz schnell Lob für den Gründer: „Greg hat sich in großartiger Weise herausgehalten! Er ist immer noch mein Mentor, aber ich gebe dabei die Themen vor. Greg ist einer meiner besten Freunde. Ich denke es war sehr weise, dass Greg für das erste Jahr nach Pasadena ging.“ (Dorr, 2004, S. 50-62)

Da ich mir keine Sorgen machen musste, was mein Nachfolger so tat, war es genau richtig, mir eine neue große Herausforderung zu suchen: Die Welt der Malaien. Das war ein gutes Gegenmittel gegen die Gefahr, mich einzumischen. Es überraschte mich jedoch, wie sehr ich die Beschäftigung mit Themen vermisste, die Muslime weltweit betrafen.

Als Rick und ich uns darauf vorbereiteten, den Staffelstab zu übergeben, mussten wir als Erstes einen Nachfolger für ihn als

Direktor der US-Sendungsbasis finden. Wir empfanden es als Gottes Bestätigung, dass wir beide an denselben Mann dachten – Bob Blincoe. Bob und seine Frau Jan hatten sich im jahrelangen Dienst unter den muslimischen Kurden im Nordirak bewährt. Jan war die erste Missionarin, die als Mutter dort lebte. Sie hatte nur darauf bestanden, dass sie irgendeine Möglichkeit finden mussten, um mit der Außenwelt in Kontakt zu bleiben. Die Southern Baptists stellten ihnen ein Satelliten-Telefon zur Verfügung, das damals 5.000 Dollar kostete. Ich kann mich erinnern, dass ich sie besuchte und Bob dabei zusah, wie er sich über das Balkongeländer beugte, um einen Anruf nach Europa machen zu können.

Bob half inzwischen kurdischen Flüchtlingen in Seattle und gab uns eine Absage. Rick und ich baten den Herrn flehentlich und riefen Bob ein zweites Mal an. Wieder sagte er „Nein". Wir runzelten zwar unsere Stirnen und fragten uns, was wir als Nächstes tun sollten, waren aber immer noch sicher, dass wir den Herrn richtig verstanden hatten. Inzwischen forderte Jan Blincoe ihren Mann auf, „aus dem Gepäckabteil zu kommen" und die Aufgabe anzunehmen. Jetzt machen Bob und sein Team in Phoenix so eine fruchtbare Arbeit, dass es uns schwerfällt, unser Ziel, dass die Amerikaner maximal die Hälfte unserer Mitarbeiter stellen, zu erreichen.

Der Internationale Rat von Frontiers wählte Rick Love fast einstimmig als meinen Nachfolger. Die Frontiers-Familie, die sich jenes Jahr in England traf, kam aus 43 Ländern zusammen und überschüttete Sally und mich mit Lob – plus Orientteppichen und anderen Geschenken.

Zwei unserer Söhne waren bei der Abschiedsfeier auf der Konferenz dabei. Auch wenn sie nicht in allem unseren Fußstapfen nachgefolgt sind, schätze ich es, dass jeder unserer Söhne unsere Werte teilt. Sie kümmern sich um die Armen und Entrechteten. Sie sind Profis auf ihren Fachgebieten. Ich bin stolz auf Evan, der als Anwalt seine Dienste auch kostenlos anbietet. David lehrt als Professor in Mitteleuropa, dass Rassenhass gegen Zigeuner keine Einstellung ist, die Jesus Freude macht. Paul verdient sein Geld als Musiker und hat genauso Mitleid mit den schwachen und gequälten Menschen dieser Welt. Einmal wurde er bei einer Demonstration auf der Wall Street sogar festgenommen. Auch wenn ich mit dem Gefühl kämpfe, an meinen Söhnen versagt zu haben, sind Sally und ich stolz auf alle drei.

Auf der Konferenz ehrte unser Sohn Paul uns, indem er auf der Sitar spielte (was unsere Mitarbeiter aus Südasien besonders schätzten). Aber der Höhepunkt der Konferenz war für mich die Rede unseres Sohnes David mit dem Titel: „Rebellen nicht ohne Grund“:

> *Es ist nicht leicht, ein Missionarskind zu sein. Egal wie sehr du auch versuchst, ein Rebell zu sein, schaffst du es einfach nicht, deine Eltern dabei zu übertreffen. Oft fragen mich die Leute in der Tschechischen Republik, wo ich seit zehn Jahren lebe: „Was meinen deine Eltern dazu, dass du dich entschieden hast, hier in Mitteleuropa zu leben?“ (Tschechen sind zutiefst beleidigt, wenn man sie als Osteuropäer bezeichnet.) Ich merke am Klang ihrer Stimme und dem Ausdruck auf ihren Gesichtern, dass sie erwarten, von bitteren Eltern zu hören, die nicht verstehen können, wie ihr Sohn seine geliebte Heimat hinter sich lassen konnte.*
>
> *Stellt euch ihre Überraschung bei meiner Antwort vor: „Oh, sie denken, dass mein Leben ziemlich langweilig ist.“ – „Langweilig?“ – „Ja, langweilig. Sie hätten es lieber, wenn ich in irgendeinem exotischeren Land lebte und mich nicht einfach in Mitteleuropa niedergelassen hätte.“*
>
> *Meine Frau Ladislava und ich haben zwei Kinder, und das dritte ist unterwegs. Eine meiner liebsten Aspekte an einer Schwangerschaft ist, dass ich meine Frau ärgern kann, indem ich mir absurde Namen für das Kind ausdenke. Mein persönlicher Favorit ist Julius Erving (oder Dr. J als Kurzform – ein großartiger Basketball-Spieler der Philadelphia 76ers). Ladislava scheint das nicht wirklich schätzen zu können – vielleicht teilweise deshalb, weil Julius der Name des widerwärtigsten kommunistischen Autors der Tschechen ist. Aber wieder einmal scheinen meine eigenen Anstrengungen schwach im Vergleich zu den Errungenschaften meiner Eltern. Mein älterer Bruder Evan hat es nicht allzu schlecht; er bekam die beiden zusätzlichen Vornamen Martyn (natürlich nach Henry Martyn) und Dale (nach*

Dale Rhoton, glaube ich). Ich habe schon einen größeren Zungenbrecher erwischt: Verwer (nach dem Spieler der Baltimore Bullets, Jack Verwer... nein, nicht wirklich, ich denke ihr wisst nach wem); und Coltman, den Geburtsnamen meiner Mutter. David Verwer Coltman Livingstone – versuch mal, das in einem Bewerbungsformular unterzubringen. Aber mein jüngerer Bruder hat das große Los gezogen: Zwemer (nach Samuel Zwemer) und Schaeffer (nach dem Theologen und Philosophen Francis Schaeffer). Paul Zwemer Schaeffer Livingstone – Sitar-Spieler.

Mein Vater sagt gern, dass er stolz darauf ist, dass seine Söhne keine Materialisten sind. Das ist nur ein anderer Ausdruck für die Tatsache, dass keiner von uns wirklich Geld verdient. Ich habe mich selbst immer als eine Art Radikalen gesehen, der die amerikanische Tretmühle des Massenkonsums ablehnt. Aber im Vergleich zu meinen Eltern komme ich mir manchmal wie Donald Trump[3] vor. Stellt euch vor, sie haben ihre Hochzeitsgeschenke verkauft, um ihre Flugtickets nach Europa kaufen und die Welt evangelisieren zu können. Einer Legende nach hat mein Vater Teebeutel nur einmal kurz ins Wasser getaucht, um sie so oft wie möglich benutzen zu können. Es sind Leute, die mit 20 anderen in einer Wohnung gewohnt haben und in Schlafsäcken in VW-Bussen herumgefahren sind.

Im Laufe der Jahre haben meine Brüder und ich uns viel Mühe gegeben, unsere Eltern zu schocken. Ich habe Schlangen, Frösche und Spinnen mit nach Hause gebracht – nur damit meine Mutter diese furchterregenden Exemplare begeistert untersuchte. Ich vergaß öfter mal, dass sie in Wheaton Zoologie studiert hatte. Auch lange Haare, Irokesenschnitte, Glatzköpfe und Ohrringe verfehlten ihr Ziel. Empörendes Verhalten? Das ist doch nichts gegen meine Mutter, die mit unserem Hund und einer dunklen Sonnenbrille einkaufen ging, um als „Blinde" einen Nachlass zu bekommen. Wie soll man Leute aus der Reserve locken, die fast jedes Land der Welt besucht und Menschen aller „Formen und Größen" getroffen haben?

Man könnte meinen, die einfachste Art, Missionare zu beleidigen, wäre mangelnder Respekt der Gemeinde gegenüber.

3 Amerikanischer Immobilien-Milliardär.

Aber wie kann man einen Vater übertreffen, der mit vorgehaltener Pistole vom Gelände der Bob-Jones-Universität eskortiert wurde, der Jerry Falwell und seine ganze Gemeinde beleidigt, den früheren US-Senator und bekannten evangelikalen Leiter Mark Hatfield beschimpft und seinen eigenen Kindern verboten hat, ein christliches College zu besuchen?

Natürlich hatten nicht nur wir Schwierigkeiten. Manchmal verstanden meine Eltern nicht, was mit ihren Söhnen passierte. Mein Vater konnte nie nachvollziehen, warum ich Poster von bekannten Footballspielern an den Wänden hatte, wenn stattdessen doch Hudson Taylor oder C. T. Studd mich über meinem Bett hätten anstarren können. Er konnte nie etwas damit anfangen, dass ich Karten mit Baseballspielern sammelte: „Nolan Ryan", spöttelte er, „echt toll! Ich hätte gern eine Karte von Jim Elliot oder David Livingstone. Das wäre wirklich etwas!"

Ich bezweifle, dass sie anfangs verstehen konnten, warum ihr Sohn Paul solch ein hingegebener Musiker wurde. Ich habe so meine Theorie, dass keiner der beiden ein einziges Lied bis zum Ende singen kann. Nicht dass sie nicht musikalisch begabt wären; meine Mutter hat eine schöne Singstimme und spielte, glaube ich, Blockflöte; mein Vater flirtete mit der Ukulele. Sie hatten eine annehmbare Schallplattensammlung, als wir Kinder waren: zum Beispiel das komplette Programm der Slightly Fabulous Limeliters[4]*. Falls ihr mit deren Werk nicht vertraut seid, bin ich sicher, dass mein Vater euch sehr gern seine beste Aufnahme gibt. Ich muss allerdings zugeben, dass sie auch eine Kopie von ‚Sergeant Pepper' von den Beatles hatten.*

Überhaupt ist mein Vater morgens immer zum Singen aufgelegt. Jeder Morgen, an den ich mich als Kind erinnere (wenn mein Vater nicht unterwegs war, natürlich) fing folgendermaßen an. Erst imitierte mein Vater ein Horn: täterätää! Dann kam die philosophische Äußerung: „Wenn ihr Manns genug seid, die ganze Nacht aufzubleiben, dann seid ihr auch Manns genug, morgens aufzustehen!" Danach folgte das bekannte tschechische Volkslied „Rollt das Fass heraus, wir werden ein Fass voller Spaß haben". Schließlich endete er mit dem geheimnisvollen,

4 Amerikanische Folk-Band 1959-65 und ab 1981 in anderer Besetzung.

tiefgründigen Sprichwort, das er vielleicht selbst aus dem Arabischen übersetzt hatte: „Wenn du eine Gewehrkugel in den Ofen wirfst, explodiert sie.“

Ich muss aber auch zugeben, dass es vieles gibt, wofür ich dankbar sein kann. So radikale Eltern zu haben, hat mir als Ehemann und Vater sehr geholfen. Wenn meine Frau sich zum Beispiel Sorgen über eine lange Reise mit den Kindern macht, kann ich einfach antworten: „Kein Grund zur Sorge! Meine Mutter ist allein mit drei Kindern im Greyhound-Bus drei Tage lang quer durch die USA gereist und hat jede Minute genossen!“ (Im Blick auf den letzten Teil bin ich mir nicht so sicher.) Wenn sie zögert, die Kinder zum Schwimmen mit ins Meer zu nehmen, sage ich: „Hör auf, dich anzustellen! Mein Papa ging mit meinem Bruder und mir an der iranischen Küste schwimmen, wo das Wasser voller tödlich giftiger Seeschlangen war, und uns ist nichts passiert.“ Wenn meine Tochter ihr Essen nicht mag, habe ich Folgendes zur Verfügung: „Ha, du hast Glück! Als ich Kind war, mussten wir alle möglichen furchtbaren Dinge essen. Wir konnten uns nur drei grauenvoll ekelhafte Dinge aussuchen, die wir nicht essen wollten. Alles andere mussten wir schlucken: Affengehirne, Raupen, Pferdeherzen usw.“ Ein bisschen Übertreibung schadet nie. Ich kann mich nur erinnern, die letzte Delikatesse auf der Liste gegessen zu haben.

Wenn also Leute sagen, dass Pastorenkinder und Missionarskinder zu Rebellen werden, muss ich widersprechen – zumindest im Blick auf die zweite Gruppe. Wenn du den Fußstapfen deiner Eltern folgst, wirst du im schlimmsten Fall des Mangels an Originalität beschuldigt; wenn nicht, dann wirst du, zumindest war das bei mir so, für immer erfolglos versuchen, es deinen Eltern in ihrer Radikalität gleichzutun.

Allerdings ist noch nicht alle Hoffnung verloren. Sie ziehen sich endlich von ihrer Arbeit bei Frontiers zurück. Jetzt können sie sich mit einem Mittelklasse-Lebensstil in einem netten Vorort niederlassen... in Malaysia!

KAPITEL 28

Neubeginn

Ich war überzeugt, dass ich Platz machen sollte, damit unsere Gemeinschaft sich unter dem neuen Internationalen Direktor neu ausrichten konnte. Deshalb nahm ich die Einladung an, als außerordentlicher Professor an der *School of World Mission* des *Fuller Seminary* mitzuarbeiten. Ich will diese Erfahrung nur ganz kurz zusammenfassen: Während dieser fünfzehn Monate zeigte mein himmlischer Vater deutlich, dass formaler Unterricht weder meine Gabe noch meine Berufung ist. Lehren und Mitarbeiter gewinnen sind nicht dieselben Gaben!

Wir waren sehr dankbar, dass wir in der Nähe unserer Söhne Evan und Paul und deren Familien im Süden Kaliforniens leben konnten. Aber mein wichtigstes Ziel für diese Zeit war, ein Lehrbuch über die christliche Mission unter Muslimen seit Mohammed zu schreiben. Der Unterricht ließ mir wenig Zeit für die Forschung, sodass dieses Geschichtsbuch ein Projekt ist, an dem ich immer noch arbeite.

Als der Hütehund verließ mich nie die Leidenschaft, erleben zu wollen, dass der Herr der Ernte mehr Arbeiter in seine Ernte sendet. Also kehrten wir zurück zur Arbeit mit Menschen. Nach meinem Rückzug als Missionsleiter und dem Ende meiner Arbeit als Professor konnten Sally und ich endlich als Mitarbeiter in Malaysia leben – einem mehrheitlich muslimischen Land.

Während meiner Zeit als Professor hatte ein Teamleiter in Malaysia mich gebeten, als „Hütehund" mehr Mitarbeiter zu gewinnen, die Jünger machen konnten. Für die 24 Millionen malaiischen Muslime wurden weitere Gemeindegründungs-Teams gebraucht.

Er kalkulierte, dass mit 27 neuen Teams in allen mehrheitlich malaiischen Provinzen Malaysias, Singapurs und Indonesiens Muslime zu Jüngern gemacht werden könnten.

Traurigerweise ist Malaysia ein erstklassiges Beispiel dafür, wie die Kirche in der Geschichte den Dienst unter Muslimen vernachlässigt hat. Muslime sind in Malaysia bei Weitem die größte Religionsgruppe, aber zur Bevölkerung gehört auch eine nennenswerte Minderheit von Chinesen, von denen viele Christen sind. Der Vergleich zwischen der christlichen Arbeit unter den Chinesen in der Region und der unter Muslimen ergibt ein klares Bild. Robert Morrison arbeitete im 19. Jahrhundert als Pioniermissionar unter den Chinesen. In den 200 Jahren nach seiner Ankunft in Macau sind vermutlich mehr als 2.000 Mitarbeiter aus dem Westen Gottes Ruf gefolgt, unter den Chinesen Jünger zu machen. Dagegen hat es in diesen 200 Jahren keine dauerhaften Bemühungen gegeben, unter den muslimischen Malaien Gemeinden zu gründen! Ironischerweise wurde Malaysia zu einem Sammelpunkt für Missionare, um Chinesisch zu lernen und sich auf den Tag vorzubereiten, an dem sich die Tür nach China wieder öffnet. Aber nur etwa fünf dieser Diener Gottes haben vor 1980 versucht, die gute Nachricht von Jesus an malaiische Muslime weiterzugeben.

Die Malaien sind nicht das einzige muslimische Volk, um das die Gemeinde Jesu einen Bogen gemacht hat. Nach einem gescheiterten kommunistischen Putschversuch 1965 ließen sich ungefähr 900.000 javanesische Muslime taufen. Aber nur wenige von ihnen waren bereit, kulturelle Grenzen zu überwinden, um lebendige biblische Gemeinden unter ihren muslimischen Nachbarvölkern auf anderen Inseln zu gründen – den Aceh, den Maduresen, den Minang, den Bugis und den Banjar. Bis heute haben auf Sumatra große Bevölkerungsgruppen nicht einmal eine Gruppe von Nachfolgern Jesu. Die weltweite Gemeinde hat auch in anderen Teilen der Welt muslimische Völker übersehen. In Lateinamerika und Afrika haben Bibelübersetzer bewundernswerten Einsatz gezeigt, um Stämmen mit nur 500 Menschen das Neue Testament in ihrer Herzenssprache zu geben. Im Gegensatz dazu mussten muslimische Völker mit Millionen von Menschen in Usbekistan, China, Tadschikistan und Malaysia bis nach 1990 warten, um des Neue Testament in ihrer Sprache zu bekommen.

Sally und ich hatten den Eindruck, dass es richtig war, nach Malaysia zu ziehen und das umzusetzen, wozu wir andere schon seit vierzig Jahren herausforderten. Während ich noch Generaldirektor war, hatten wir auch als „Teamleiter-Aufseher“[1] für zwei Teams im Westen Malaysias fungiert. Die Malaien waren schon zu dem Volk geworden, das uns nach den Libyern am meisten auf dem Herzen lag. Unser Team in Kuala Lumpur hatte nach zwölf Jahren des beständigen Dienstes vor Ort noch nicht einen neuen malaiischen Gläubigen zum Jünger machen können. Glenn, der das Team in der Stadt damals leitete, war froh, es an mich übergeben zu können.

Erst später verstand ich, dass ich die ursprüngliche Bitte des Teamleiters falsch verstanden hatte. Er hatte nur gewollt, dass wir aus der Ferne Mitarbeiter für Malaysia gewinnen und nicht, dass wir selbst dort hinziehen. Er dachte, dass ich als Missionar viel zu bekannt sei. Andere Mitarbeiter im Land würden sicher des Landes verwiesen, wenn sie mit uns im Kontakt stünden! Ein anderer Leiter protestierte, niemand könne „so gut Mitarbeiter gewinnen“ wie ich. Meine Arbeit vor Ort, um Einzelne zu Jüngern zu machen, sei eine Verschwendung dieses Potenzials.

Ich kann mich nicht daran erinnern, dass wir andere Angebote hatten. Also richteten wir unseren Blick auf Malaysia. Obwohl wir seit 1963 Missionare gewesen waren, wurde mir erst im letzten Moment klar, dass wir praktisch keine Ahnung hatten, wie man eine Sprache effektiv lernt. Nur 48 Stunden vor unserer Abreise rief ich Betty Brewster an. Sie hatte sich als Professorin am *Fuller Seminary* darauf spezialisiert, Missionaren beizubringen, wie man sich Sprache und Kultur aneignet. Ohne die Zeit, uns in einem richtigen Kurs zu unterrichten, bepackte sie uns mit Büchern, Kassetten, zwei Aufnahmegeräten und einem Gebet.

Natürlich gab es für Malaysia keine Missionarsvisa – zumindest nicht für Leute, die zum Ziel hatten, dass malaiische Muslime sich an den Herrn Jesus als ihren Retter hielten. Aber es gab ein

---

1 Personen im Betreuungssystem von Frontiers, die Teamleiter (oft auch als Ehepaar) begleiten.

Programm mit dem Namen „Malaysia, meine zweite Heimat". Wir bekamen ein Visum für zehn Jahre. (Zu der Zeit war mit diesem Visum noch nicht das Verbot verbunden, Muslime zu evangelisieren.)

Der nächste Schritt war, ein Zuhause zu finden. Freunde empfahlen uns ihre frühere Wohngegend. Sie kannten eine Frau, die die Damen aus der Umgebung morgens um halb acht im örtlichen Park im Tai Chi anleitete, bevor es dafür zu heiß wurde. Sally war so entzückt von dieser Idee, dass sie forderte, dass wir ein Haus zur Miete fanden, von dem aus der Park gut zu Fuß zu erreichen war. Ich hatte keinen so großen Glauben, aber Sally bestand darauf, immer wieder durch die Wohngegend zu fahren. Kurz bevor wir aufgeben wollten, bemerkten wir ein winziges Schild mit einer Telefonnummer am Tor von Persiaran Zaaba 155. Der Besitzer, Scheich genannt, war ein gemütlicher Manager der *Shell Oil* im Ruhestand. Wie die meisten Malaien der Oberklasse hatte er Missionsschulen besucht und sprach fast fehlerloses Englisch.

Trotzdem waren wir entschlossen, Malaiisch zu lernen. Wir dachten, dass wir vielleicht an einer Universität Studenten finden würden, die offen waren, mit uns über die Forderungen Jesu zu reden. Also fuhren wir jeden Morgen 45 Minuten zur *Malaysia State University*. Wir waren die einzigen Studenten in der Anfängerklasse. Der Lehrer konnte einfach nicht verstehen, warum wir nicht so schnell vorwärtskamen wir seine früheren ausländischen Studenten. Wie konnten wir ihm erklären, dass wir schon sechzig waren – und sie erst sechsundzwanzig und dazu noch Mitarbeiter von Wycliffe mit Abschlüssen in Linguistik?

Nach neun Monaten an der Uni mussten wir unsere Prüfung ablegen. Um sein und unser Gesicht zu wahren, gab unser Lehrer mir eine Eins und Sally (zu ihrem Verdruss) eine Eins minus. Offensichtlich war es kulturell unpassend, dass eine Frau im Können ihrem Mann gleichkam. Wir machten an einer Sprachschule in Kuala Lumpur weiter, aber wir lernten tendenziell immer noch neunzig Wörter, vergaßen achtzig davon und sprachen die restlichen zehn falsch aus. Als mich einmal der Portier eines Hochhauses zur Tür eines Kollegen geführt hatte, dankte ich ihm nicht mit dem malaiischen Ausdruck „*terima kasih*" sondern mit dem schwedischen „*tack så mycket*"!

Um auszuloten, inwiefern mein Gegenüber Allah gefallen wollte, versuchte ich in jedem Gespräch, etwas zum Thema Erlösung fallen zu lassen. Aber im Gegensatz zu den Arabern, die wir kennengelernt hatten, entdeckten wir, dass malaiische Muslime es vermieden, über Religion oder Politik zu sprechen – sogar untereinander. Man macht das einfach nicht in der höflichen Gesellschaft. Ich war, gelinde ausgedrückt, frustriert.

Die schönsten Beziehungen hatte ich in Kuala Lumpur mit zwei Malaien in unserer Nachbarschaft. Nasir lernte ich bei einer Feier im Haus eines gemeinsamen Nachbarn kennen. Der Gastgeber hielt viel von seiner eigenen schlecht fundierten Meinung. Beim Kaffee verkündete er den anderen Männern, für jeden Mann gäbe es vierzehn Frauen in dieser Welt. Ich sah, wie Nasir mit den Augen rollte, und dachte: „Ah, dieser Mann denkt wahrscheinlich mehr nach."

Und so war es auch. Nasir war pensionierter Finanzchef eines Energieversorgers und hatte in Perth, Australien, die Universität besucht. Sein Umgang mit mir, dem drei Jahre älteren, war völlig entspannt. Er lud mich zum Kaffee auf seine Veranda ein. Als ich erfuhr, dass er ganz systematisch jeden Morgen außer sonntags genau um sieben Uhr zwanzig fünf Kilometer zu Fuß ging, beschloss ich, mich ihm anzuschließen. Über die nächsten fünf Jahre redeten wir über alle Probleme in dieser Welt und eine große Bandbreite der Vorstellungen verschiedener Religionen. Natürlich flocht ich mindestens zweimal pro Woche etwas aus der Lehre der Bibel mit ein.

Es wurde klar, dass er nur in dem Sinne Moslem war, dass der Islam die Identität seines sozialen Umfeldes darstellte. Er betete nicht – außer der Wiederholung eines auswendig gelernten Gebetes in Arabisch am Grab seiner Mutter einmal im Jahr. Als ich ihn fragte, ob diese Handlung ihm oder seiner Mutter einen religiösen Verdienst einbrachte, antwortete er fast ungeduldig: „Hör auf, Greg! Ich bin der älteste Sohn. Es ist eine familiäre Verpflichtung." Das war auch seine Eheschließung durch den Imam in der Moschee gewesen. Ansonsten ging er nur selten hin.

Man muss in jeder Kultur definieren lernen, was ein echter Freund ist. In Malaysia ist ein Freund jemand, der da ist, wenn du ihn oder sie brauchst – egal wie ungelegen es kommen mag. Nasir ist der einzige Malaie, von dem ich den Eindruck hatte, dass ich ihn anrufen könnte, wenn mein Auto in der Tiefgarage eines Einkaufszentrums nicht anspringt.

Obwohl wir jetzt wieder in England leben, rufe ich ihn gelegentlich an, und es ist immer ein Vergnügen, mit ihm zu plaudern. Als ich 2009 und 2012 Zwischenstation in Kuala Lumpur machte, gingen wir morgens zusammen unsere traditionelle Runde. Zu meiner Überraschung begann er unsere Unterhaltung so: „Du kommst in den Himmel, Greg, und ich auch. Die Buddhisten haben recht. Frieden und Mitleid. Das fasst alles ziemlich gut zusammen." Bei all diesen Spaziergängen und Gesprächen war es mir gelungen, einen Moslem zu bekehren – zu einem Buddhisten!

In meiner Missionsausbildung hatte ich gelernt, in der Evangelisation nicht alles auf ein Pferd zu setzen. Aber wo konnte ich sonst noch einen denkenden Menschen finden, mit dem ich über die Forderungen Jesu reden konnte? Ich fragte mich, ob es einen malaiischen Rotary Club gab. Bevor ich etwas darüber herausfinden konnte, erzählte ein indischer Christ mir, dass er in die Vereinigten Staaten umzog. Das einzig Bedauerliche daran sei, dass es in seinem Rotary Club dann kein christliches Zeugnis mehr gebe. Ob ich daran interessiert wäre, dass er mich für eine Mitgliedschaft empfahl?

Nach Gottes Vorsehung hatte ich mich viele Jahre zuvor während meiner Zeit als Pastor in Aspen dem Rotary Club angeschlossen. Deshalb konnte meine Mitgliedschaft übertragen werden. Die Mitarbeiter von Frontiers bestanden darauf, dass ich mich mit einer weltlichen Identität vorstellte – als Geschichtsprofessor, dessen Doktorarbeit die Geschichte der Beziehung zwischen Christen und Muslimen zum Inhalt hatte. Das war im Prinzip richtig. Im Rückblick wünschte ich mir jedoch, ich hätte mich als Professor für Geschichte und die Bibel präsentiert. Das hätte vielleicht die Möglichkeit beinhaltet, in unserem Zuhause einen Kurs über die Bibel anzubieten. Menschen mit einem Hang dazu, mehr über das Neue Testament herauszufinden, hätten mit uns studieren können. Sie hätten möglicher Schande begegnen können, indem sie ihren Familien erklärten: „Es ist ein Kurs. Wir sollen als Muslime doch den Propheten Isa al-Masih ehren. Aber wie können wir das tun, wenn wir nicht wissen, was er gelehrt hat?"

Im Rotary Club entwickelten sich freundliche Beziehungen, wenn auch die Gespräche über den Schöpfer wieder nicht von langer Dauer waren. Dann gab es ein Bankett, zu dem die chinesischen Rotarier männliche Transvestiten als Stripper eingeladen hatten. Sally und ich verließen den Saal. Beim nächsten Klubtreffen ließen wir uns ein wenig darüber aus. Der Präsident fasste das als persönliche Kritik auf und suchte im Internet nach mir. Dort entdeckte er, dass ich *Gemeindegründung in der islamischen Welt* geschrieben hatte. Das Leitungsgremium rief mich zu sich. Sie mochten mich. (Ich bekam sogar den Eindruck, dass sie mich mehr mochten als den Präsidenten des Klubs.) Aber sie fragten mich: „Ist dir klar, dass es sehr schwierig ist, malaiische Muslime als Mitglieder des Rotary Clubs zu gewinnen? Im Allgemeinen wird er als Verein empfunden, in dem viel getrunken wird. Wenn die Leute auch noch mitbekommen, dass wir einen christlichen Missionar im Klub haben, werden wir kaum noch Muslime als Mitglieder gewinnen können. Könntest du dir vorstellen, zum Wohle unseres Klubs zu einem chinesischen Klub zu wechseln?" – „Aber natürlich! Zum Wohle des Klubs trete ich aus", gab ich zurück.

Ich hatte mich für einen anderen Missionar eingesetzt, damit er auch Mitglied werden konnte. Nun fragten sie mich, ob er auch bei Frontiers sei. Da er vom Missionswerk der Evangelical Presbyterian Church ausgesandt war, konnte ich ihnen versichern, dass er nicht zu Frontiers gehörte. Sie stellten keine weiteren Fragen. Ein paar Wochen später baten sie John, mich zum jährlichen Golf-Turnier des Klubs mitzubringen. Alle außer dem Präsidenten begrüßten mich freundlich.

Malaiische Muslime sind begeisterte Golfspieler. Das hatte ich gewusst, bevor wir Kalifornien verließen. Also hatte ich meinen himmlischen Vater gebeten, mich zu einem Garagenflohmarkt zu führen, bei dem eine geschiedene Frau die wertvolle Golfausrüstung ihres Ex-Ehemannes verscherbeln würde. Direkt am nächsten Tag passierte genau das. Für das ausgezeichnete Set von Golfschlägern plus einigen Zubehörs zahlte ich 30 Dollar.

Die Hazards (Erschwernisse) auf den 25 Golfplätzen Kuala Lumpurs beschränken sich nicht auf Wasserhindernisse und Sandgruben. Es gibt auch immer wieder Affen, die sich aus Bäumen fallen lassen und deinen Ball stehlen oder Warane, die plötzlich vor dir her watscheln, wenn du zum Schlag ausholst.

Beim abendlichen Festessen nach dem Turnier gab es eine Verlosung. Als die Preise gezogen wurden, überraschte mich ein ehemaliger Klubkollege damit, dass er mich ansah und verkündete: „Der Hauptpreis geht an... Greg Livingstone!“ Ich wusste, dass sie die Verlosung manipuliert hatten. Es war ihre Art zu sagen: „Wir mögen dich, und es tut uns sehr leid, dass du den Klub verlassen musstest!“ Der Preis war eine Waschmaschine. Wir schenkten sie einer malaiischen Gläubigen, die die Wäsche ihrer Familie immer von Hand gewaschen hatte.

Nach fünf Jahren in Malaysia war mir klar, dass ich darin versagt hatte, Menschen so zu Jüngern zu machen, wie es meine Hoffnung gewesen war. Sally hatte eine Malaiin in der Jüngerschaft angeleitet, die den Herrn während ihres Studiums in Neuseeland kennengelernt hatte, bevor wir sie trafen. Aber ich hatte keinem einzigen Mann helfen können, sich für die Nachfolge Christi zu entscheiden. Andererseits wuchs die Zahl der Mitarbeiter, die malaiische Muslime zu Jüngern machten, während dieser fünf Jahre von unter zwanzig auf fast neunzig. Einige Freunde hatten das vorhergesehen. Ich merkte wieder, dass Jesus mich einfach als seinen Hütehund einsetzt.

KAPITEL 29

Zuhause

So sehr mich meine erfolglosen evangelistischen Bemühungen enttäuschten, waren sie doch nicht der Grund dafür, dass wir Malaysia verließen. Sally und ich waren dabei, Frontiers-Teams in Indien zu besuchen, als sie plötzlich emotional wie gelähmt war. Sie fiel in eine tiefe Depression. Als wir wieder in Kuala Lumpur waren, wollte Sally das Haus nicht mehr verlassen, nicht mehr kochen oder irgendetwas anderes tun. Sie sprach nicht mehr als unbedingt nötig und immer nur ein bis drei Worte auf einmal. Die Ärzte waren ratlos. Ich war es auch. Und unsere Teammitglieder nicht weniger.

Unsere Leiter wiesen darauf hin, dass es zwei gute Gründe gab, Malaysia zu verlassen. Die Zahl der Frontiers-Teams, die unter Malaien arbeiteten, war von zwei auf neun angewachsen. Aber dass der Rotary Club mich gebeten hatte, zu gehen, ließ einige der Teamleiter annehmen, dass die Polizei wusste, wer ich war. Deshalb fürchteten sie gemeinsame Treffen – und dass sie wegen meiner Anwesenheit ausgewiesen werden könnten.

Aber der wichtigere Grund, Malaysia zu verlassen, war Sallys Situation. Die einfachsten Dinge des Lebens stellten für sie eine Überforderung dar. Mir wurde klar, dass meine liebe Frau mir 43 Jahre lang treu durch die ganze Welt gefolgt war. Vielleicht war es an der Zeit, ihr den Ruhestand zu ermöglichen. Deshalb sagte ich zu ihr: „Sally, du bist mir in so viele Länder gefolgt und hast 26-mal für uns ein Zuhause geschaffen. Ich denke, dass unser nächstes Zuhause das sein sollte, von dem aus wir in den Himmel gehen. Du sollst wählen, wo das sein wird. Ich werde darauf vertrauen, dass ich das, was ich noch tun soll, von da aus tun kann, wo du leben möchtest." Ihre Antwort war absolut klar: „Ich möchte zurück in unser Haus in England!"

Durch Gottes weise Vorsehung waren die Kollegen, die unser Haus gemietet hatten, zu der Zeit gerade dabei, in die Vereinigten Staaten zurückzukehren. Mitarbeiter in High Wycombe kümmerten sich um alles Nötige für unsere Rückkehr, sodass Sally überhaupt nichts tun musste. Frontiers war immer noch unsere Familie.

Während unserer Zeit in Malaysia hatte ich begonnen, mein Leben der Arbeit rund um die Uhr zu verändern. Mit der inneren Überzeugung, dass man aus jeder Gelegenheit das Beste machen musste, hatte ich in der Regel bis zehn Uhr abends gearbeitet. Meine „Aufseher" ermahnten mich, einen regelmäßigen Feierabend um achtzehn Uhr fest einzuplanen. Ich sollte daran denken, dass die wichtigste Liebessprache meiner Frau war, „da zu sein". Zurück in England schränkte ich mein Arbeitsleben weiter ein, um für Sally sorgen zu können. Sie konnte immer noch nicht kochen, putzen oder sich unterhalten. Sie schlief, setzte Puzzles zusammen und las Romane aus der viktorianischen Zeit. Als ihre jüngere Schwester Mary an Krebs starb, empfand Sally nichts. Ich besuchte die Beerdigung in Frankreich ohne sie. Es war, als wäre bei Sallys gesamten Gefühlen der Stecker gezogen worden. Sie hatte keine Ängste, keine Freuden, kein Interesse an irgendetwas. Also lernte ich ein bisschen, das Haus zu putzen, einzukaufen und tiefgefrorene Mahlzeiten aufzuwärmen. Für Sally zu sorgen war ein Auffrischungskurs in Dienstbereitschaft und Geduld.

Wenn ich nicht damit beschäftigt war, unseren Haushalt zu führen, arbeitete ich etwas an meinem Geschichtslehrbuch, das sechs Jahre geschlummert hatte. Ich fand es schwierig, keinerlei Rolle in der Organisation zu spielen, die ich gegründet hatte. Aber inzwischen hatte ich verstanden, dass es Gott selbst ist, der unsere Schritte lenkt. Wenn ich diskutieren wollte, musste ich das mit ihm tun.

Wir suchten an allen erdenklichen Stellen nach Lösungen für Sallys Zustand. Ihr Bruder Dr. Charles Coltman machte Termine an der bekannten *Mayo Clinic* in Minnesota aus. Nach einer Woche mit einer engen Abfolge verschiedenster Untersuchungen zuckten sie mit den Schultern. Die Spezialisten für Neurologie an der Universität in Oxford nannten es bipolare Depression – und merkten an: „Das ist die schlimmste Form. Es ist die Es-macht-alles-überhaupt-keinen-Sinn-Depression, die nicht medikamentös behandelbar ist.“ Ich schätzte die Damen unseres Büroteams und Hilary aus unserer Gemeinde in Hazlemere, die sich dabei abwechselten, Sally zu besuchen und für sie zu beten.

Wohlmeinende Freunde aller theologischen Richtungen vertraten ihre Lieblingstherapien oder besondere Arten des Gebets. Verschiedene Leute empfahlen alles vom Kauf eines liebevollen Hundes über den Gebrauch einer Sonnenlicht-Lampe bis hin zum Besuch des Heilungsgebets in einer bestimmten Gemeinde in Florida. Der örtliche Psychiater empfahl Elektroschocks. Schließlich empfand ich, dass der Herr uns dahin führte, die Suche nach der Lösung durch eine Wunderwaffe aufzugeben und einfach zu warten, bis der himmlische Vater das entscheidende Wort sagte.

Zu seiner Zeit, zwei Jahre und acht Monate nachdem sich die seelische Dunkelheit während unserer Indienreise auf Sally gelegt hatte, nahm der Herr sie weg. Ihr fröhliches, liebevolles und kreatives Selbst kam wieder zum Vorschein. Trotzdem erlaubt der Herr uns in seiner geheimnisvollen Weisheit, zwischen „verregneten“ und „sonnigen“ Monaten zu wechseln. Wir wissen nicht warum, aber wir nehmen an, was passiert, und stellen uns darauf ein. Wir haben einfach gelernt, im Gehorsam unserer lebenslangen Berufung gegenüber vorwärtszugehen, ob es Sally nun gut geht oder nicht. Evangelikale haben in der Vergangenheit zu viele Patentantworten gehabt und damit dem Leben als Christen das Geheimnis genommen. Sally und ich haben verstanden, dass Gottes Leute genauso leiden wie Nichtchristen. Manche haben Diabetes oder Multiple Sklerose, Migräne, Krebs oder sitzen im Rollstuhl. So ist es einfach in einer gefallenen Welt. Jetzt, in unseren Siebzigern, sind wir uns beide dessen voll bewusst, dass Verstand und Körper früher oder später immer mehr abbauen werden. Trotzdem haben wir Frieden, weil wir ohne Zweifel wissen, dass Gott der Vater alle Dinge gut macht.

Sally schenkt mir ganz viel Bestätigung dafür, dass ich für sie sorge. Und in den Zeiten, in denen sie mehr Energie hat, tanzen wir; unsere Ehe ist ein Genuss. Wir sind wie zwei jung Verliebte.

Ich muss an das Gedicht *Rabbi Ben Ezra* von Robert Browning denken, das mit folgenden Zeilen beginnt:

Lass uns gemeinsam alt werden!
Das Beste liegt noch vor uns,
das Letzte des Lebens, für das das Erste geschaffen wurde:
Unsere Zeiten sind in Seiner Hand.

KAPITEL 30

Hier hast du Libyen

Nach unserer Rückkehr aus Malaysia fiel es dem von Gott in mich hineingelegten „Mach-es-möglich-Aktivisten" schwer, länger die Finger davon zu lassen, neue Mitarbeiter zu gewinnen. Als es Sally besser ging, betraute mich der Herr nach und nach wieder mit mehr Verantwortung. Vor Ort machte ich mich an die Arbeit, wieder ein Team aufzubauen, das entschlossen war, unter pakistanischen Muslimen in High Wycombe eine Gemeinde zu gründen.

Meine Denomination (die *Evangelical Presbyterian Church*, kurz *EPC*) bat mich, ihnen dabei zu helfen, neue Gemeindegründungsteams zu bilden und auszusenden. Während der Anfänge von Frontiers in Pasadena hatten wir diese Denomination entdeckt, die gerade dabei war, flügge zu werden, und uns dort sofort zu Hause gefühlt. Es dauerte nicht lange, da wurde ich wieder als Pastor und Ältester in der Lehre ordiniert. Nach Malaysia empfand ich, dass ich mich zur Verfügung stellen sollte, um das Missionswerk dieser Denomination, *World Outreach*, aufzubauen. Ich forschte in der Geschichte nach und schrieb eine Abhandlung, um zu zeigen, dass die Presbyterianer die ersten Pionier-Gemeindegründer unter den Muslimen in der Türkei, im Nahen Osten, Ägypten, dem Iran, Afghanistan, Pakistan, Nordindien und Indonesien gewesen waren. Als dieses Papier die Runde machte, entschloss sich die Denomination dazu, dass die Muslime unser Auftrag waren. Sie beschlossen, den zu Boden gefallenen Staffelstab wieder aufzunehmen. George Carey, der Direktor von World Outreach, berief mich zum Koordinator für die Dienste unter Muslimen. In dieser Funktion startete ich ein Projekt, um achtzig neue Pioniermissionare von EPC-Gemeinden in Teams unterzubringen. Das Ziel ist, Gemeinden unter Muslimen zu gründen, wo es noch keine gibt. Als ich die Aufgabe sechs Jahre später wieder abgab, hatten sich sieben der elf Kirchenregionen der EPC zum Einsatz dafür verpflichtet. Sie waren bereit, Mitarbeiter aus EPC-Gemeinden zu gewinnen, zu unterstützen und bei ihrer Arbeit in Pionierteams pastoral zu begleiten. Die anderen vier Kirchenregionen arbeiteten an entsprechenden Plänen.

Die Aufgabe bei der EPC nahm einen Teil meiner Energie in Anspruch, aber nicht alle. Deshalb traf ich mich mit meinem König, dem Herrn Jesus. „Was sonst noch, Herr?“ Seine Antwort lautete: „Hast du es vergessen? Du hast Libyen!“ Ich war bei jenem Gebetstreffen am Freitagabend 1959 im Moody Bible Institute in der Hoffnung auf Kaffee, ein paar Donuts und ein paar nette Mädels aufgetaucht. Stattdessen hatte ich George Verwer kennengelernt, der mir eine Gebetsaufgabe in die Hand gedrückt hatte. Während all der Jahre, die wir in Europa, Indien und im Nahen Osten arbeiteten und andere dafür gewannen, unter muslimischen Völkern zu leben, blieb Libyen eine besondere, nicht widerrufene Bestimmung. 1971 schickte ich vom Libanon aus vier Männer nach Libyen, um dort Neue Testamente zu verteilen. Sie landeten für acht Monate im Gefängnis. 1980 forderte ich in meinem Dienst bei der *North Africa Mission* die vier Absolventen der Penn State heraus, für ein Jahr in Libyen Englisch zu unterrichten. Aber ich war nie selbst dort gewesen. Und was viel wichtiger war, es gab immer noch keine Gemeinde unter den sechs Millionen Libyern.

Ich hörte von einem jährlichen Treffen von Mitarbeitern vieler Werke, die in Nordafrika arbeiteten. Ich empfand, dass ich dort hingehen sollte, um herauszufinden, was in Libyen passierte. Auf dem Treffen bekam ich mit, dass die gesamte Missionarstruppe in Libyen aus drei kanadischen Ehepaaren bestand.

Gaddafi hatte 1988 eine Passagiermaschine der *Pan American* über Schottland in die Luft gejagt. Deshalb hatte der amerikanische Präsident Ronald Reagan eine Bombe auf Gaddafis Haus abwerfen lassen. Amerikaner und Briten wurden nicht nach Libyen hineingelassen. Die Leiter vieler Werke sahen keinerlei Möglichkeit, Missionare nach Libyen zu senden.

In meinen Jahren als Hütehund war mir klar geworden, dass Amerikaner oft Initiatoren sind. Wir sind nicht so stark darin, etwas durchzuziehen. Wir haben nicht unbedingt Tiefgang. Aber Amerikaner lieben die Herausforderung: „Hier passiert nichts! Krempelt die Ärmel hoch! Wir probieren es!“ Ich hatte den Eindruck, dass der Mangel an Missionaren auch darin begründet lag, dass Amerikaner keine Visa bekamen.

Eine kleine Gruppe von Leuten in Europa und Amerika betete seit vielen Jahren für Libyen. Als alter Hütehund begann ich, an den „Knöcheln“ der Missionsleiter „zu knabbern“: „Ist es nicht an der Zeit, dass wir den nächsten Schritt gehen? Lasst uns Gottes Lösungen finden, damit Mitarbeiter für Jüngerschaft und Gemeindebau langfristig in libyschen Städten leben können!“

Mit neuer Kraft verstärkten wir unsere Gebete darum, Wege zu finden, wie Leute im Land leben konnten. Während einige der Veteranen mit den Augen rollten, baten wir den Herrn der Ernte, bis Weihnachten 2012 siebzig neue Mitarbeiter mit einer Arbeitsstelle bei libyschen Arbeitgebern nach Libyen zu senden.

Im Februar 2011 brach die revolutionäre Bewegung der Menschen, die schnell als der Arabische Frühling bekannt wurde, auch über Libyen herein. Der Bürgerkrieg beendete die 42-jährige Herrschaft Gaddafis als Diktator. Plötzlich war dieses „geschlossene“ Land offen für alle Nationalitäten – sogar für Amerikaner.

Die neue Regierung war noch im Werden begriffen, sodass es mit viel Aufwand verbunden war, ein Visum zu bekommen. Aber mit der Hilfe anderer schafften Sally und ich es im Mai 2012, die begehrten Stempel in unseren Pass zu bekommen. 52 Jahre und fünf Monate nach der Beauftragung bei jenem Gebetstreffen dort in Moody betraten Sally und ich libyschen Boden. Es fühlte sich an, als kämen wir ins verheißene Land. „Danke, Vater!“, rief ich aus. „Du hast uns diesen Besuch ermöglicht, bevor du uns zu dir nach Hause holst!“

Die Revolution war für die Libyer noch taufrisch. Sie sonnten sich in ihrer neuen Freiheit und wollten unbedingt den Rest der Welt unter neuen Bedingungen kennenlernen. Angefangen von unseren Mitreisenden im Flugzeug, begrüßten uns fast alle Libyer, die wir trafen, sehr herzlich. Auf den Straßen, in den Geschäften und Wohnungen sagten sie wiederholt zu uns: „Willkommen! Willkommen! Willkommen!"

Nicht lange danach schwand die Ausgelassenheit, da Extremisten die Bildung einer neuen Regierung verhinderten. Das Chaos im Alltag wurde zur neuen Normalität für die Menschen. Einige Christen, die ins Land kamen, um Entwicklungshilfe zu leisten, wurden ins Gefängnis geworfen; einer von ihnen starb dort. Seitdem haben noch mehr Gläubige ihr Leben lassen müssen.

Trotz aller Rückschläge haben zwei Dinge mich all die Jahre in Bewegung gehalten. Das eine ist, dass ich „jenen Tag" im Blick behalte – jenen Tag, an dem ich den Herrn Jesus Auge in Auge sehen werde. So wie er es zu seinem Vater sagen konnte, möchte ich zu ihm sagen können: „Ich habe das getan, wozu du mich gesandt hattest." Das hilft mir, fokussiert zu bleiben. Wie ein Marathonläufer möchte ich an der Ziellinie einfach in die Arme meines Trainers fallen und sein breites Lächeln sehen. Ich möchte den Herrn Jesus die wunderbarsten aller Worte sagen hören: „Du bist das Rennen gelaufen, um zu gewinnen. Gut gemacht, du tüchtiger und treuer Knecht."

Das andere, das mir geholfen hat, das Ziel im Auge zu behalten, ist ein Bild aus dem Gleichnis Jesu vom Haushalter des reichen Herrn in Lukas 16,9. Jesus trägt seinen Jüngern auf, „... sich Freunde zu machen... die euch in den himmlischen Wohnungen willkommen heißen (eigene Übertragung). Ich stelle mir das folgendermaßen vor. Wenn wir den Himmel erreichen, bekommen wir alle einen Ausdruck. (Das ist der Ort, an dem alle Computer tadellos funktionieren werden.) Auf meinem Ausdruck wird eine Liste all der Menschen sein, die Gott in meinem Leben gebraucht hat: Judith, die mich in die Baptistengemeinde lockte, ihre Eltern, die mich zu einem Abendessen einluden, der Pastor, der mir ein christliches College empfahl, die Vater-Figuren in Wheaton und an anderen Orten, George Verwer und die anderen OM-er – all die Leute, die mich dazu gebracht haben, dem Herrn Jesus von ganzem Herzen zu folgen.

Wozu? Damit ich sie in den ewigen Wohnungen willkommen heißen kann. Stell dir alle im Himmel vor, eine unermessliche

Zahl, und wir haben alle unseren Ausdruck. Ich möchte, dass mein Name auf Tausenden dieser Ausdrucke steht.

Diese beiden Bilder des Willkommens im Himmel – durch Jesus und diejenigen, deren Leben wir berührt haben – helfen Sally und mir, nicht aufzugeben.

Nachwort

von Sally Livingstone

Ich habe einen Wirbelwind geheiratet.

Ich bin mit diesem Wirbelwind an viele Orte gegangen, und ich bin froh darum. Viele Leute haben mich gefragt, warum ich Greg geheiratet habe. Ich sage ihnen: „Er sieht gut aus. Er hat Humor. Und Gott sagte mir, dass ich ihn heiraten soll!“ Es gab Zeiten, in denen ich mich daran erinnern musste, dass Gott es mir aufgetragen hatte. Aber ich weiß, dass ich zu ihm berufen war und zu dem Dienst, den Gott uns gemeinsam gab. Nach unserer goldenen Hochzeit kann ich ehrlich sagen, dass Greg und ich uns mehr lieben als je zuvor.

Es stimmt, dass einige der Orte, an denen wir zeitweise lebten, richtig furchtbar waren. Ein paar sind mir besonders in Erinnerung geblieben: das Haus mit Bettwanzen in Toronto; das kleine Haus in Pasadena, in dem Greg und ich auf der Veranda schliefen; und das Haus, das wir als großes Team teilten und wo ich als die Introvertierte in der Spannung lebte, die ganze Zeit mit Leuten reden zu müssen.

Manche Leute meinen vielleicht, es sei kein Wunder, dass ich depressiv bin, wenn man sich unseren nomadischen Lebensstil ansieht. Aber ich denke nicht, dass es irgendeine Verbindung zwischen meiner Depression und dem Lebensstil gibt, den wir praktiziert haben. Meine Depressionen fingen erst an, als wir wieder in die USA zurückgekehrt waren. Und da hatten wir vorher schon an vielen exotischen Orten gelebt!

Unsere Zeit im Libanon habe ich besonders genossen. Paul wurde dort geboren, und wir hatten eine Mietwohnung für uns als Familie. Es war eine Hilfe, dass es andere Familien mit kleinen Kindern in unserem Team gab. Evan mochte die britische Schule, die er besuchte. Und wir genossen die Ausflüge in die Berge mit den Kindern während des Sommers.

Auch unsere Jahre in Aspen waren eine sehr gute Erfahrung für mich. Ich genoss es, ein Bibelstudium mit jungen Frauen in der Gemeinde zu leiten. Und natürlich ist Aspen ein wunderschöner Ort zum Leben, den unsere Jungs auch sehr mochten.

Da ich sehr gern studiere, war es eine große Freude für mich, in Philadelphia wieder an die Uni zu gehen und meinen Mastertitel in Seelsorge zu machen. Aber die leichte Depression hielt an. Eine Therapie half mir beträchtlich, aber der Umzug nach Pasadena war dann sehr schwer für mich. In Philadelphia war ich als Seelsorgerin in einer Klinik aufgeblüht. Aber in Pasadena arbeitete ich schließlich in einer Seelsorgebeziehung, die mich total herunterzog. Gregs Mutter und ihr Ehemann Carl lebten bei uns, und die beziehungsmäßigen Herausforderungen belasteten mich zusätzlich, während ich mit meiner eigenen Depression kämpfte. Als ich letztlich ins Krankenhaus musste, war ich so dankbar, dass Greg alles daransetzte, um mich jeden Tag zu besuchen – obwohl er hin und zurück je 90 Minuten unterwegs war. Wenn ich ihm gesagt habe, was ich brauche, hat er mich immer nach Kräften unterstützt. Bis zum heutigen Tag hat er sich nie meiner Depression geschämt. Er sieht sie einfach als eine Krankheit, die man behandeln muss – wie Diabetes auch. Das war immer eine große Bestätigung für mich.

Wir fanden einen Psychiater, der mich vom Krankenhaus nach Hause schickte und mir ein neues Medikament gab, das meine Stimmung stabilisieren half. Nicht lange danach zogen wir nach England. Seitdem habe ich gute und schlechte Zeiten erlebt, einschließlich eines sehr langen Tiefs, das begann, als mein Arzt in Malaysia mir ein weniger wirksames Medikament gab.

Ja klar, es gab schwierige Zeiten. Aber es gab nie eine Zeit, in der ich dachte, ich hätte Greg nicht heiraten sollen. Gott hatte mir so klar deutlich gemacht, dass ich ihn heiraten sollte! Ich denke, dass mein Vertrauen im Blick auf Gottes diesbezügliches Reden zu mir eine Hilfe war, meine Hingabe aufrechtzuerhalten.

Als Greg bei der Konferenz 2000 als internationaler Direktor zurücktrat, hat es mir so viel Freude bereitet, dass all die Teams auf die Bühne kamen, um uns zu ehren. Es war eine wunderbare Erfahrung, all diese Leute zu sehen, die das Evangelium an vielen verschiedenen Orten dieser Welt auslebten. Die Frauen, die mit Kindern im Einsatzland leben, haben mich besonders beeindruckt. Ich kenne das Opfer, das sie bringen, um die Arbeit zu tun, zu der Gott sie berufen hat.

Ich muss zugeben, dass ich den Herrn gefragt habe: „Warum hast du mich nicht anders gemacht?" Ich dachte, es wäre eine Hilfe gewesen, wenn er mich im Bereich Gastfreundschaft mehr begabt hätte. Es ist mir nie leichtgefallen, Leute bei uns zu bewirten. Gottes Antwort an mich war: „Ich habe dich so gemacht, wie du bist, weil ich dich möchte, so wie du bist!"

Als ich eines Tages meine Schwester besuchte, sagte ich zu ihr: „Ich denke nicht, dass ich mich je so um ein Haus kümmern könnte, wie du das tust. Ich wäre dabei ständig überfordert." Sie antwortete: „Aber du bist gut in dem, was du tust – hierhin umziehen und dahin umziehen. Das ist solch eine Gabe!" Die Wahrheit ist, dass Greg mich nicht in der Welt herumgeschleift hat. Mission war meine Berufung, bevor ich ihn überhaupt kennenlernte, und ich bin glücklich, dass wir gemeinsam auf dieser Reise sein können.

Epilog

Schnappschuss eines Wanderlebens

- 6 Monate in **Boston** – Geburt
- 6,5 Jahre in **San Diego** bei drei verschiedenen Pflegefamilien
- 6 Jahre in **La Jolla** mit meiner Mutter und meiner Tante Charlotte, dann mit Mutter und Bob Livingston
- 6 Monate in **New Jersey** mit meinen Großeltern Berge
- 5 Jahre in **Aspen** in der Mittelschule und High School
- 5 Jahre in **Wheaton** im College und bei der Gründung von OM
- 6 Monate in **Frankreich, Spanien und England** mit OM
- 1,5 Jahre in **Indien** mit OM
- 3 Jahre in **Österreich, Großbritannien, Deutschland, der Schweiz und den Niederlanden** in der Leitung evangelistischer Arbeit an Universitäten und der Gewinnung und Begleitung von Mitarbeitern
- 6 Monate zurück in **Wheaton**, um meinen Master abzuschließen
- 2 Jahre in **Belgien** als Leiter des Teams im europäischen Hauptquartier von OM
- 2 Jahre im **Libanon** stationiert, um Einsätze im Nahen Osten und Nordafrika zu fördern
- 1 Jahr in **Toronto**, um OM Kanada ins Leben zu rufen; dann eine Tour im Camper durch die USA

- 6 Monate **im Iran und in Indien** als Kaplan auf der Logos
- 6 Monate in **Rosemead** mit dem Studium an der California State University
- 3 Jahre in **Aspen** als Hauptpastor meiner Heimatgemeinde
- 5 Jahre in **Philadelphia** mit der North Africa Mission
- 9 Jahre in **Pasadena**, um Frontiers und das Zwemer Institute of Muslim Studies ins Leben zu rufen; Doktorarbeit an der Biola-Universität
- 9 Jahre in **Horsleys Green und High Wycombe**, um Frontiers International weiterzuentwickeln
- 1,5 Jahre in **Pasadena** als Professor am Fuller Theological Seminary
- 5 Jahre in **Kuala Lumpur** in einem Gemeindegründungsteam und um neue Mitarbeiter zu gewinnen
- Seit 2006 in **High Wycombe**, Gemeindegründung unter Pakistanis, Mitarbeitergewinnung für die Evangelical Presbyterian Church, Mobilisation von Mitarbeitern für Libyen, Arbeit an einer Geschichte der christlichen Mission unter Muslimen
- 2 Wochen (endlich... mehr als 52 Jahre nach meiner Berufung) in **Libyen** 2012

Als die seelische Dunkelheit wieder verschwand, die Sally am Ende unserer Zeit in Malaysia gepackt hatte, sagte sie mir, dass sie gern mit mir reisen wollte. Deshalb besuchten wir gemeinsam Argentinien, Brasilien, die Schweiz und Norwegen. Dort forderten wir Menschen dazu heraus, ihren Karrieren zu Hause zu sterben, um in Städten zu leben, in denen der Prinz der Finsternis muslimische Männer, Frauen und Kinder immer noch in seiner Gewalt hält. Wir hatten unsere Enkelkinder dabei und nahmen uns deshalb auch Zeit, die Sehenswürdigkeiten dieser Länder anzusehen. (Man sieht, wie sehr wir uns verändert haben!)

Ich war schwer versucht, mich mit voller Kraft an einer neuen Initiative von Frontiers zu beteiligen. Das Ziel waren 500 neue

Mitarbeiter aus Indien und 100 von außerhalb für gemeinsame Gemeindegründungsteams unter den 170 Millionen Muslimen in Indien. Mein barmherziger himmlischer Vater gebrauchte verschiedene Umstände, um mir zu zeigen, dass Indien dieses Mal eine Nummer zu groß für mich war.

Aber warum war ich versucht? Weil 86 Prozent der 1,7 Milliarden muslimischen Männer, Frauen und Kinder auf unserem Planeten keine Ahnung davon haben, dass der Schöpfer die Erde besucht und sich als unser Retter geopfert hat. Momentan ist es sehr unwahrscheinlich, dass sie jemanden treffen, der ihre Sprache spricht und ihnen die Geschichten von Weihnachten und Ostern erzählen kann.

Soweit mir bewusst ist, hat der Herr mir in meinem Leben nur zwei Träume gegeben. Ich meine dabei die biblische Art von Träumen mit geistlicher Bedeutung, die du im Schlaf bekommst. Ich möchte mit dem Traum schließen, der meine Gedanken beunruhigt, wenn ich wach bin.

Zwei Muslime starben. Sie waren anständige Männer gewesen, gute Familienväter. Sie hatten ihre Frauen nicht geschlagen. Sie hatten hart gearbeitet, um ihre Kinder zur Schule schicken zu können. Sie bemühten sich, treu ihre Gebete zu verrichten, auch wenn es wegen ihrer vielen Arbeit nicht immer gelang, die fünf pro Tag vorgeschriebenen Gebete einzuhalten.

Plötzlich waren sie in der Dunkelheit. Sie schrien nicht, aber sie waren völlig schockiert. Es war der Augenblick der Wahrheit. Sie merkten, dass Mohammed nicht der Weg und die Wahrheit war, nicht die Tür zum Paradies. Sie waren betrogen worden. Sie waren fassungslos, brachten kein Wort mehr heraus.

Schließlich fand einer von ihnen seine Sprache wieder und flüsterte dem anderen zu: „Hattest du... hattest du... je einen christlichen Freund?“ Der andere Mann dachte angestrengt nach und antwortete dann traurig: „Nein. Nein, niemals. Und du?“ Der erste Mann sah voller Todesangst hinunter in die Dunkelheit, knirschte mit den Zähnen und schwieg für eine gefühlte Minute, bevor er zurückgab: „Nein... Ich auch nicht.“

Muslimen in der Liebe Jesu dienen

Frontiers ist eine internationale Bewegung, die 1982 gegründet wurde. Ihr gehören inzwischen mehr als 1500 Mitarbeiter und Mitarbeiterinnen aus 55 Nationen an, die in 57 Ländern tätig sind.

Unsere Vision

Gott hat versprochen, dass Er Menschen aus allen Stämmen, Sprachen, Völkern und Nationen in Seine Nachfolge beruft. Seine Vision aus Offenbarung 7,9 ist auch die unsere.

Unsere Mission

Wir respektieren und lieben Muslime und dienen ihnen. Als Nachbarn, Kollegen und Freunde versuchen wir, ihnen die Liebe Jesu durch Leben, Tat und Wort näher zu bringen. Bis heute sind auf diese praktische Weise bereits über 320 Gemeinden und Gemeinschaften von Jesusnachfolgern aus islamischem Hintergrund entstanden. Viele davon sind zu eigenständigen Bewegungen geworden.

Unser Ziel

Bis zum Jahr 2025 soll unter jeder islamischen Volksgruppe mindestens ein Gemeindegründungs-Team arbeiten.

Grundsätze

Frontiers arbeitet ausschließlich unter Muslimen und konzentriert sich dabei auf ganzheitliche Gemeindegründung. Die Mitarbeiter sind in Teams unterwegs und berücksichtigen eine Vielfalt von Arbeitsweisen, Lebensstilen und theologischen Standpunkten. Jedes Team wird beratend begleitet und angemessen betreut.

frontiers
überwindet Grenzen

Frontiers Deutschland
Postfach 13
38534 Meinersen
Fon +49 5372 972 390
Fax +49 5372 972 39 19
info@frontiers.de
www.frontiers.de

Frontiers Schweiz
Postfach 263
9404 Rorschacherberg
Fon +41 71 858 57 57
Fax +41 71 858 57 58
info@frontiers.ch
www.frontiers.ch